ELIZABETH KIM

Ungeliebtes Kind

Buch

Sie ist das Kind einer Koreanerin und eines amerikanischen Soldaten: ein Bastard, noch dazu weiblich, ohne Namen, ohne Geburtsdatum, ein Nichts. Ihre Mutter musste mit dem Leben dafür zahlen, weil sie sich geweigert hatte, der Familie zu gehorchen und ihre Tochter als Sklavin zu verkaufen. Sie nennen es »Ehrentötung«. Und auch die Tochter zahlte – fast ein Leben lang. Das Mädchen, verstört und voller körperlicher und seelischer Schmerzen, wird in ein christliches Waisenhaus für Mischlinge im Nachkriegs-Seoul abgeschoben. Sie wird von einem amerikanischen Missionarsehepaar adoptiert und nach Amerika gebracht. Schnell lernt sie, dass sie keine andere Wahl hat, als sich anzupassen. Doch wie sehr Elizabeth sich auch anstrengt: Sie ist und bleibt eine Außenseiterin. In Korea war ihr Haar zu lockig, in Amerika sind ihre Augen zu schmal – für ihr Mitschüler ist sie »das Schlitzauge«. Den frömmelnd tyrannischen Pflegeeltern entzieht sie sich durch frühe Heirat – mit einem pathologischen Sadisten, wie sich später erweist. Erst mit Hilfe ihrer eigenen kleinen Tochter gelingt es ihr sich zu trennen und der emotionalen Hölle ihrer Kindheit zu entkommen.

Autorin

Elizabeth Kim ist heute zwischen 46 und 50 Jahre alt. Ihre Geburt ist nicht dokumentiert, ihren Namen erhielt sie von ihren amerikanischen Adoptiveltern. Sie lebt und arbeitet als Journalistin in Kalifornien.

Elizabeth Kim

Ungeliebtes Kind

Eine koreanische Kriegswaise kämpft um ihr Leben

Aus dem amerikanischen Englisch
von Maria Mill

GOLDMANN

Die deutsche Erstausgabe erschien
unter dem Titel »Weniger als nichts«
im Blessing Verlag, München.

Namen und Eigenschaften handelnder Figuren
wurden zum Schutz ihrer Privatsphäre
teils geändert.

Umwelthinweis:
Alle bedruckten Materialien dieses Taschenbuches
sind chlorfrei und umweltschonend.

Der Goldmann Verlag ist ein Unternehmen
der Verlagsgruppe Random House.

1. Auflage
Vollständige Taschenbuchausgabe April 2004
Wilhelm Goldmann Verlag, München,
in der Verlagsgruppe Random House GmbH

Originaltitel: »Ten Thousend Sorrows.
The Extraordinary Journey of a Korean War Orphan«
Originalverlag: Doubleday, New York
Design: Dana Leigh Treglia
Umschlaggestaltung: Design Team München
Umschlagfoto: Elizabeth Kim
Druck: GGP Media, Pößneck
Verlagsnummer: 15232
KF · Herstellung: Sebastian Strohmaier
Made in Germany
ISBN 3-442-15232-7
www.goldmann-verlag.de

Prolog

Wie alt ich war, als ich die Ermordung meiner Mutter mit ansehen musste, weiß ich nicht, und ich weiß auch nicht, wie alt ich heute bin. Weder meine Geburt noch mein Name sind urkundlich belegt. Auch über das kurze Leben meiner Mutter gibt es keine Aufzeichnungen. Kein Dokument bezeugt ihren Tod, eine von ihrem Bruder und ihrem Vater vollzogene »Ehrentötung«.

ERSTER TEIL

Kapitel 1

In Ommas Todesnacht schien das Land der Morgenstille ungläubig den Atem anzuhalten vor dem Grauen, das über seine Kinder hereinbrach. Der stürmische Dezemberwind hörte auf zu blasen, und bittere, reglose Kälte senkte sich über unser kleines Haus. Die Luft war dünn und schneidend.

Zusätzlich zu unserem gewohnten Reis, Kimchi und Quittentee hatte Omma ein spezielles Bohnenquarkgericht mit Chili und Knoblauch zubereitet. Sie war lebhafter als sonst und sprach mit mir, als sei ich eine Erwachsene, eine ihr Ebenbürtige und nicht ihre kleine Tochter. Ihre knittrige Seidenhaut hatte etwas Fiebriges, und während sie redete, schossen ihre Blicke hin und her.

An irgendeinem Ort der Welt, sagte Omma, werde es mir möglich sein, eine Person zu werden. Sie erklärte mir ihren buddhistischen Glauben: dass das Leben aus zehntausend Freuden und zehntausend Schmerzen bestehe, die sich letztendlich alle als Trittsteine zum inneren Frieden erweisen würden. Nichts komme je wirklich zu einem Ende, meinte sie, nicht einmal das Leben. Alles wiederhole sich und folge aufeinander wie der Tag auf die Nacht, wie Licht auf Finsternis und Wiedergeburt auf Tod. Ehre, sagte Omma, bestehe darin, dass man der Stimme seines Herzens gehorche – und nicht den Regeln der anderen. Sie sprach über Macht. Auch eine Frau – ja sogar eine Unperson – könne Macht besitzen.

Als das Geschirr aufgeräumt und der Boden gefegt war, füllte Omma den großen, geschwärzten Eisenkessel mit Wasser und stellte ihn über die Heizgrube, bis das Wasser eine angenehme Wärme erreicht hatte. Sorgfältig aber rasch – damit mir nicht kalt wurde – badete sie mich und kleidete mich in einen sauberen *hanbok,* den knöchellangen Baumwollrock mit kurzem Wickeloberteil. Sie bürstete und flocht mein langes, dunkles Lockenhaar, das normalerweise von einem weißen Kopftuch bedeckt war. Dann reichte sie mir ein gefaltetes, mit feiner Schrift bedecktes Stück Reispapier und befahl mir, am nächsten Morgen vor Tageslicht auf dem Fußpfad das Dorf zu verlassen und das Papier mitzunehmen, bis ich auf der Hauptstraße jemandem begegnen würde, dem ich es zeigen könnte. Verwirrt, doch gewohnt zu gehorchen, nickte ich nur.

Omma packte mich heftig, drückte mich an sich und überschüttete mich mit einem Schwall geflüsterter Liebesworte. Immer wieder versicherte sie mir, wie kostbar ich sei, wie schön und vollkommen. Mein Leben bedeute ihr mehr als ihr eigenes. Ich sei ihr das Liebste auf der Welt.

Sie ließ mich los, schob mich ein Stückchen von sich weg

und befahl mir dann, in den großen geflochtenen Bambuskorb zu steigen, der neben unserem Bett stand und der uns als »Schrank« diente. »Was auch geschieht«, sagte sie, »du tust keinen Mucks und rührst dich bis zum ersten Sonnenstrahl nicht von der Stelle.« Schweigend gehorchte ich, ohne den Blick von ihr zu wenden, und kauerte mich in den Korb. Sie legte den Deckel auf und Dunkelheit senkte sich auf mich herab.

Etwa eine Stunde verstrich, ich hockte mit gekreuzten Beinen im Korb, beobachtete durch die Ritzen des Bambusgeflechts das Flackern der Kerzenflamme und konnte auch ein Stückchen von Omma sehen, die reglos vor ihrem kleinen hölzernen Buddha verharrte. Ihr Singsang erfüllte den Raum, eine reine, aufsteigende und dann wieder fallende Tonfolge. Ich wartete, hellwach, angespannt, bang.

Die Kerze war heruntergebrannt, und der Raum lag in düsterem Zwielicht, als plötzlich eilige Schritte die Stille zerrissen und Stimmen den Raum erfüllten. Ich registrierte ein wirres Durcheinander von Geräuschen und Bewegungen und schob das Gesicht näher an die Latten heran, um durch die etwa ein Zentimeter breiten Ritzen hinausspähen zu können und besser zu sehen, was da vor sich ging.

Ich erkannte die Stimme von Ommas grimmig blickendem Vater, einem Dorfältesten, der noch nie auch nur ein einziges Wort zu mir gesagt hatte. Und ich erkannte die Stimme ihres älteren Bruders, eines lauten jungen Mannes, der ein wichtiger Dorfführer war.

Am Nachmittag dieses Tages hatten die beiden etwas ganz Unerhörtes getan. Sie waren zu der auf dem Reisfeld arbeitenden Omma hingegangen und hatten mir ihr gesprochen. Wir arbeiteten schnell, um nicht zu frieren. Als ich merkte, dass jemand näher kam, richtete ich mich einen Moment lang auf und war erstaunt, meinen Großvater und meinen Onkel zu erblicken. Da sie zu den Dorfältesten gehörten, war klar, dass es sich um etwas Wichtiges handelte. Omma stand auf, rieb sich den müden Rücken, verbeugte sich und erwartete sie schweigend. Die Männer verbeugten sich nicht, sondern fingen sofort, in schneidendem Ton, zu reden an. Zwar sprachen alle drei so leise, dass ich nicht verstand, was gesagt wurde, doch ich beobachtete sie aus der Ferne. Alle drei wirkten wütend; meine Mutter betrachtete die Männer voller Verachtung. Keiner verbeugte sich, als das Gespräch zu Ende war.

Und nun drängten diese Männer in unser winziges Haus herein. Die junge Ehefrau von Ommas Bruder war auch dabei. Sie schwieg und hielt den Kopf gesenkt. Die Männer trugen die hohen Netzhüte, die sie als Dorfführer auswiesen. Ommas Vater war ein dunkelhäutiger, breitbrüstiger Mann mit einem strengen, schmalen Mund und tief in den Wangen eingekerbten Falten. Der Bruder war etwas größer und hellhäutiger. Die Schwägerin trug einen gestärkten weißen *hanbok.*

Ommas Bruder übernahm das Reden. Seit sie ihr am Nachmittag auf dem Feld ihre Forderungen unterbreitet hätten, habe die Familie die Angelegenheit aufs Neue erörtert, und er, sein Vater und seine Frau seien gekommen, um die getroffene Entscheidung in die Tat umzusetzen. Eine Familie habe sich erboten, das *honhyol* – mich also – als Dienerin zu sich zu nehmen. Sie hätten mich auf den Reisfeldern arbeiten sehen und wären zu dem Schluss gekommen, dass ich alt genug sei, mich sowohl im Haus nützlich zu machen als auch verlobt zu werden. Die Leute, von denen dieser Vorschlag kam, wollten zwei Fliegen mit einer Klappe schlagen: für ihren Haushalt eine Magd und für einen ihrer jungen Knechte die künftige Frau erwerben.

Dem heftigen Drängen von Ommas Bruder war zu entnehmen, dass es dabei auch um Geld ging. Obwohl unsere Verwandten geachtete Stellungen innehatten, waren sie arm wie alle im Dorf, und die Aussicht auf einen unerwarteten finanziellen Segen sowie die gleichzeitige Befreiung von der Familienschande, muss ihnen als unglaublicher Glücksfall erschienen sein.

Omma kniete noch immer vor dem Altar. Sie rührte sich nicht und ihre Stimme klang stählern.

An ihren Gefühlen, sagte sie zu den Männern, habe sich seit ihrem Gespräch auf den Feldern nichts geändert, niemals werde sie ihre Tochter in die Sklaverei verkaufen.

Ein weibliches *honhyol* sei sowieso schon geringer als jeder Sklave, erwiderte ihr Bruder, und die Erhöhung eines solchen in den Stand einer Dienerin sei ein Aufstieg. Die Familie, die das *honhyol* kaufen wolle, sei angesehen, und diese Chance sei schon weit mehr, als Omma und diese Unperson von ihrem Kind überhaupt verdienten.

Außerdem, schob der Bruder in seinem belehrenden Ton noch nach, beharrten diese Leute auf Ommas Zustimmung; ohne diese käme der Handel nicht zu Stande. Zwar seien sie willens, eine Dienerin zu kaufen, nicht aber, gegen den Wunsch der Mutter zu handeln. Ommas Billigung dieser Transaktion könne Beträchtliches zur Tilgung der Familienschande wie zur Versöhnung Ommas mit ihrer Familie beitragen.

Meine Mutter verharrte kniend vor dem Buddha, als sie ihr letzten Wort dazu sprach. Egal, wie das Angebot auch ausfallen mochte oder wie dringend die Familie ihr Einverständnis wünsche, es sei nicht möglich, und zwar aus einem ganz einfachen Grunde: Ihr Kind sei nicht mehr da. Sie habe ihre Tochter fortgeschickt, um sie vor den Absichten der Familie zu schützen, und sie befinde sich in einem Versteck, wo sie sie niemals finden würden.

Ommas Bruder machte zwei Schritte nach vorn und versetzte ihr einen so wuchtigen Schlag, dass sie stürzte und der kleine hölzerne Buddha zu Boden fiel. Speichel spritzte ihm aus dem Mund, als er schrie, sie sei Unflat, nicht zu retten, ihre Unbußfertigkeit lasse ihnen nur noch einen Ausweg.

Er packte sie bei den Haaren, riss sie zu Boden und befahl seiner Frau, ihr Hände und Füße zu binden. Omma setzte sich nicht zur Wehr, hielt die Augen geschlossen und rief leise den barmherzigen Buddha an. Ihr weißer *hanbok* war mit Schmutz besudelt, doch die blaue Schärpe spannte sich noch immer in makelloser Reinheit über ihre Brust. Ihr Haar hatte sich gelöst und floss ihr glatt und glänzend über den Rücken.

In meinem Bambuskorb versuchte ich verzweifelt, mein Keuchen zu unterdrücken, zerbiss mir dabei die Unterlippe, und das Blut lief mir übers Kinn.

Großvater warf ein Seil über den kräftigen, altersschwarzen Balken in der Ecke des Raums. Er sprach kein Wort, hielt die Lippen fest aufeinander gepresst. Die beiden Männer arbeiteten rasch, knoteten eine Schlinge und schoben sie über Ommas gesenkten Kopf. Als sie das Tau festzurrten, erhob sich meine Mutter in die Luft, bis ich – durch die Bambuslatten hindurch – nur noch ihre baumelnden bloßen Füße erkennen konnte. Ich sah, wie diese milchweißen Füße – fast wie im Rhythmus des *hwagwan-mu*-Tanzes – zuckten und dann erschlafften. Sie schienen sich zu strecken, und die Zehen wiesen zum Boden, als ob sie auf den Spitzen Pirouetten drehen wolle.

Mir war nicht bewusst, dass ich aus dem Bambuskorb gestiegen war. War mir der Tränen und des Bluts, die mir übers Gesicht rannen, nicht gewahr. Ich sah nur meine geliebte, zwischen Himmel und Erde schwebende Omma. Ich rannte zu den weißen schlaffen Füßen und bedeckte sie mit Küssen. Ich rief nach meiner Mutter, bis ich keinen Atem mehr hatte.

Erst als ich mich von rauen Hände gepackt und auf den Altar gedrückt fühlte, fielen mir die anderen im Zimmer wieder ein. Ommas Bruder fluchte und schrie, sogar im Angesicht des Todes habe sie sie noch belogen. Und nun müssten sie sich mit dieser Missgeburt abgeben, die sie ihnen hinterlassen habe. Er befahl seiner Frau, mir die Arme festzuhalten, während sein Vater meine Beine packte. Sein Vater hatte noch keinen Ton von sich gegeben. Seine Frau ergriff zum ersten und letzten Mal an diesem Ort das Wort; sie bat die Männer, mein Leben zu schonen, und versprach, mich am nächsten Tag fortzuschaffen. Ihr Mann spuckte aus, ehe er ihr antwortete. Er erinnerte sie daran, dass ich ein Nichts sei – kein Mensch und nicht wert, dass man meinetwegen Gefühle verschwende.

Er zerrte mir den sauberen *hanbok* vom Leib, griff sich die auf dem Altar liegenden Zündhölzer und riss das erste an. Dann drückte er mir die Beine auseinander und hielt mir die Flamme ans Fleisch.

Der Schmerz war so erbarmungslos, dass er jeden klaren Gedanken in mir auslöschte und ich nur noch weiße Feuerräder vor mir kreisen sah.

Kapitel 2

Kindliche Ergebenheit galt in dem konfuzianischen Dorf, in dem ich mit Omma lebte, als oberste Tugend. Ahnenverehrung bestimmte unsere Lebensweise, und der Gehorsam gegen die Ältesten war absolut und unhinterfragbar. Wer sich dem Wort eines Ältesten widersetzte, riskierte gesellschaftliche Ächtung von gewaltigen Ausmaßen. Frauen nahmen die untersten Plätze der Dorfhierarchie ein und waren lediglich dazu da, Männern zu dienen oder Männer zu gebären. Man erwartete von ihnen, dass sie ihre Stimmen dämpften, die Blicke senkten und sich ansonsten zurücknahmen. Nicht zum Denken waren sie auf der Welt, sondern einzig und allein zum Gehorchen. Sich einem männlichen Verwandten – vor allem einem älteren – zu widersetzen, war ganz undenkbar.

In dieser klar geordneten Welt stellte Omma wohl von Kindesbeinen an ein Problem dar. Den Konfuzianismus lehnte sie ab und verkündete, dass sie sich zum Buddhismus bekehrt habe. Die Grenze zum Ungehorsam aber überschritt sie eindeutig in dem Augenblick, als sie ihren Eltern erklärte, dass sie keine arrangierte Ehe eingehen werde – eine Sache, die die meisten koreanischen Frauen stillschweigend akzeptierten.

Die wenigen Male, die Omma mir von sich erzählte, machte sie mir unmissverständlich klar, dass sie nichts getan hatte, dessen sie sich schämen musste. Sie war ein freier, kreativer Geist, der um Selbstausdruck rang. Auf ihre Familie und die Nachbarn muss diese Rastlosigkeit bedrohlich, ja gefährlich gewirkt haben. Auch wenn sich ihre Träume nicht verwirklicht hatten, sie hielt dennoch an ihnen fest. Sie machte sich keinerlei Selbstvorwürfe, sondern akzeptierte einfach, dass sich das Rad der Fortuna gedreht hatte.

Diese bejahende Lebenseinstellung sog ich quasi mit der Muttermilch in mich ein und verbrachte die meiste Zeit meines Lebens in dem Glauben, dass alles, was geschah – ob gut oder schlecht – einfach so war, wie es sein sollte. Mit dem Schicksal zu hadern, war sinnlos, man konnte nur hinnehmen, was einem das Leben an Möglichkeiten bot.

Als Omma aber dann älter wurde, erzürnte sie mit ihrer aufsässigen Art und ihren ketzerischen Ideen die Dorfältesten und entsetzte die Frauen. Ihr grimmiger Vater schlug sie, die heftige Mutter schrie auf sie ein, doch nichts zeigte Wirkung. Innerlich allerdings kochte sie und schmiedete Fluchtpläne. Immer wieder mahnte die Familie sie an ihre Tochterpflichten und drohte ihr mit der schrecklichsten aller Konsequenzen: der völligen Entfremdung von Familie und Dorf. Falls sie Schande über die Familie bringe, werde sie für sie gestorben sein – würden sie in ihr nicht mehr die Tochter, ja nicht einmal einen Menschen sehen. Jeden Tag drohte man ihr damit, doch Omma zuckte nur die anmutigen Schultern und arbeitete weiter auf den Feldern.

In ihrer sanften Art war sie eine Rebellin. Sie sehnte sich nach der Großstadt, nach ihren Lichtern, nach Gelächter und Gespräch. Sie stieß sich an den engen Grenzen ihres Daseins. Und von einem inneren Hoffnungsfunken beseelt, hörte sie nicht auf, von der Liebe zu träumen.

In dieser strikt konfuzianischen Kultur verblieben Mädchen bis zu ihrer Verheiratung unter der Obhut der Mütter, um danach die Sklavinnen ihrer Schwiegermütter zu werden. Ihr ganzes Leben lang warteten Frauen darauf, dass die Schwiegermutter sterben und der Sohn heiraten würde, damit sie endlich über einen anderen Menschen herrschen und jenen bewusstlosen Zyklus der Grausamkeit fortsetzen konnten.

Unwiderruflich entehrt aber war man als Frau, wenn man sich eines der *chilgo chiak,* der sieben Übel, schuldig machte:

Den Schwiegereltern nicht gehorchen
Keinen Sohn gebären
Einen lockeren Lebenswandel pflegen
Eifersüchtig sein
Trägerin einer Erbkrankheit sein
Zu viel reden
Stehlen.

Für Männer gab es keine derartigen Regeln.

Schließlich lief Omma weg, ging nach Seoul. Sie wollte Sängerin werden. Meisterhaft tremolierte ihre hohe Stimme über der koreanischen Fünftonskala, und in ihren Tagträumen war sie eine *kisaeng* aus alter Zeit, die den Adel unterhielt und mit ihrem Talent und ihrer Schönheit alle in Erstaunen setzte. In diesen Träumen ließ sie das Dorf – seine erstickenden patriarchalischen Gesetze und die dumpfe Selbstzufriedenheit – weit hinter sich.

Als sich ihr die Chance bot, zögerte sie nicht. Irgendwie, vielleicht mit der Arbeit auf den Reisfeldern, hatte sie sich zuletzt doch noch genug Geld für die Zugfahrt zusammengespart. Sodass sie lange vor der Dämmerung ihren besten *hanbok* und ein paar andere notwendige Dinge zu einem sauberen Bündel schnürte und den ausgetretenen Pfad hinabeilte, der aus dem Dorf hinausführte.

Seoul war gewaltig. Doch sie ließ sich nicht einschüchtern und bald hatte sie Arbeit und auch einen kleinen Bekanntenkreis. In dem einfachen Nudelhaus, in dem sie *naeng myon* in kalter Brühe servierte, freundete sie sich mit einem der Stammkunden an. Er kam aus Amerika, einem Land, das ihr so fern erschien wie der Mond. In gebrochenem Koreanisch und mit Hilfe eines Wörterbuchs erzählte er ihr von seiner Familie, seiner Heimat und seinen Soldatenpflichten. Er schenkte ihr eine winzige amerikanische Flagge und erklärte, sie sei Symbol dafür, dass dort, wo er herkomme, alle frei seien. Er spielte ihr Jazz-Platten vor. Auch über ihr eigenes Land wusste er weit mehr als sie selbst. Er erzählte ihr von dem kurz zuvor geschlossenen Waffenstillstand, mit dem der Koreakrieg zu Ende gegangen und das Land geteilt worden war.

Für die nach Wissen und Austausch dürstende Omma war er einzigartig und unvergleichlich. Sie war fasziniert und bald auch verliebt. Wie so viele Frauen ihres Alters und Standes hoffte auch meine Mutter, dieser Soldat sei anders als die anderen: Er werde sie zu sich und sogar mit nach Amerika nehmen, werde sie niemals im Stich lassen.

Doch er verließ sie, und Ommas rascher federnder Gang wich einem müden Schlurfen; ihre muntere Stimme wurde heiser und dumpf; und bald wurde auch ihr Leib plump und schwerfällig. Als sich die Schwangerschaft nicht mehr verheimlichen ließ, verlor sie ihre Stelle und auch jede Aussicht auf eine andere. Nur eines blieb ihr jetzt: ins Dorf zurückzukehren und das unverkennbare Mal ihrer Schande vor sich herzutragen.

Sie sah nur die Größe ihres Verlusts, den untröstlichen Zustand ihrer Verlassenheit. Nichts, was ihr Vater oder die Dörfler sagen oder tun mochten, konnte sie treffen; jede Faser ihres Seins war bereits reiner unvermischter Schmerz.

Sie war schwanger, trug das Kind eines GI im Leib. Sie war mittellos und verzweifelt. Sie war ein Nichts gewesen, als sie das Dorf verließ, und war nun weniger als nichts. Eine Unperson, die mit einer Unperson schwanger ging – schamgebeugt und ohne Hoffnung.

Am Tag ihrer Rückkehr ins Dorf befanden sich die meisten der Einwohner draußen auf den Feldern. Sie trat in eine Hütte am Dorfrand, von der sie wusste, dass sie leer stand – keiner wollte dort leben, weil sie so abgelegen und dürftig war – und begann mit dem Reinemachen. Inzwischen war ihr alles gleichgültig; sie wollte nur noch schlafen. Als die Leute von ihrem Tagwerk zurückkehrten, verbreitete sich in Windeseile die Nachricht, dass die Unruhestifterin des Dorfes heimgekehrt sei.

Auch wenn man ihr zunächst nicht feindselig begegnete, willkommen hieß man sie auch nicht. Man duldete sie, doch man nahm sie nicht auf. Nie wurde sie von ihrer Familie besucht. Und wer immer auch ihre Freunde gewesen sein mochten, jetzt konnte es keiner mehr riskieren, sich mit ihr sehen zu lassen. Von nun an hielt sie sich ganz am Rande des Dorfgeschehens. Keiner sagte etwas, als sie still an ihren alten Platz auf dem Reisfeld zurückkehrte. Keiner sagte überhaupt etwas zu ihr.

Ich weiß nicht, wie sie zurechtkam, als die Zeit ihrer Niederkunft näher rückte. Vielleicht beschloss die Dorfhebamme, gegen entsprechende Bezahlung Ommas unehrenhaften Stand zu vergessen. Vielleicht aber war sie auch ganz auf sich selbst gestellt. Jedenfalls kam ich gesund zur Welt. Und Omma besaß nun ein Kind – und eine Verbündete. Hatte jetzt einen Menschen, dem ihr Status und die Sünden ihrer Vergangenheit nichts bedeuteten. Einen Menschen, der sie brauchte, sie liebte und jeden Augenblick mit ihr zusammen sein wollte.

Wahrscheinlich kehrte Omma schon wenige Tage nach meiner Geburt aufs Feld zurück. Es gab keine Erholungszeit, keine liebevollen Verwandten, die sie verwöhnt hätten. Sie wickelte mich in eine Trageschlinge, band mich vor ihre Brust und ging wieder an die Arbeit.

Ich wurde ihre ständige Begleiterin, und als ich dann alt genug war, arbeitete ich an ihrer Seite. Wir ernteten gerade so viel Reis, dass es uns zum Essen und zum Tauschen und damit zur Befriedigung der grundlegendsten Bedürfnisse reichte.

Hin und wieder hielten wir bei der Arbeit inne und streckten unsere schmerzenden Rücken, wobei wir, die Hände in die Hüften gestützt, die Schultern lockerten und die Finger spreizten. Von den Feldern aus konnten wir in der Ferne das Dorf liegen sehen, das sich vor der kargen Schönheit der Berge klein und unbedeutend ausnahm.

Das Dorf diente nur einem einzigen Zweck: dem Reisanbau. Was die Organisation der Arbeit anging, war man aufeinander angewiesen. Vom Reisanbau profitierte nicht nur das Dorf sondern auch der weitere Umkreis, und alles drehte sich ums Reisfeld. Es war das Herzblut seiner Bewohner, verschaffte ihnen etwas zu essen und zu verkaufen, sodass sie sich das zum Leben Notwendigste, wie Kohle für die Heizgrube und Tee und Heilkräuter, leisten konnten.

Das kleine Dorf war von atemberaubender Schönheit – ein üppiges grünes Tal am Rande Seouls, umgeben von den hunderttausend Gipfeln Koreas. Es bot sich dem Auge als Inbegriff von Koreas Namen dar: Land der Morgenstille.

Nebelverhangene Gipfel umstanden uns; zu unseren Füßen

lagen prächtige Kosmeen-, Azaleen- und Gingkofelder. Zarte Reissprossen ragten wie winzige smaragdgrüne Speerspitzen aus schimmernden Beeten.

Kapitel 3

Ich war ein kleines dunkelhaariges Mädchen, lief an der Hand meiner Omma über die staubige Straße zu unserer kleinen Hütte zurück. Ich reichte ihr etwa bis zur Taille, und während des Gehens blickte ich immer wieder zu ihr hoch, um den Augenblick abzupassen, wenn sie das Gesicht zu einem kurzen angedeuteten Lächeln verzog. Jeden Tag legten wir diese Strecke zurück – nach stundenlangem Stehen in den durchweichten Feldern, wo wir die kostbaren Reispflanzen setzten, hegten und ernteten.

Waren wir allein auf der Straße, blieb Omma stehen, damit ich noch etwas Lavendel und rote Kosmeen für meinen duftigen Strauß pflücken konnte, den wir in einem Kimchi-Topf aus Keramik arrangieren und auf unseren kleinen Altar stellen würden.

Vor uns ragten die Berge auf, und müde schleppten wir uns in der Dämmerung dahin, wobei ich im Bemühen, mit Omma Schritt zu halten, beinahe schlurfte. Omma blickte starr geradeaus, um den Kopf hatte sie ein weißes Tuch geschlungen und ihr *hanbok* war schmutzig. Ich folgte ihr wie ein Schatten, hielt mich eng an ihrer Seite und stellte eine ebenso ausdruckslose Miene zur Schau wie sie. Die Luft war frisch und beißend, und ich freute mich schon auf den *ondol,* die kleine Heizgrube, die uns sowohl zum Beheizen der Hütte als auch zum Reiskochen diente.

Aus dem Augenwinkel heraus registrierte ich eine Bewegung. Mehrere Leute standen vor einer der Nachbarhütten und hoben nach ihrem langen Tagwerk Teeschalen an die Lippen. Mitten in der Bewegung hielten die Schalen inne. Und das ungezwungene Geplauder verstummte. Schweigen trat ein, und dann hörte ich, wie das Ausspucken begann. Der erste Kieselstein traf mich; ich spürte ihn im Rücken, direkt unterhalb des Schulterblatts. Ich weinte nicht, ich sah mich nicht um. Omma schirmte mich nicht ab. Wir schwiegen. Sie drückte meine Hand ein wenig fester, und wir setzten unseren Weg fort, schneller nun, doch immer noch den Blick nach vorne gerichtet und ohne eine Schwäche zu zeigen. Der nächste Stein traf mich auf die Wange, und dann prasselten sie wie ein ganzer Hagelschauer auf uns nieder: auf Rücken und Arme, Beine und Gesicht.

Nun begann das Pfeifen und Johlen: *»Honhyol«,* schrien sie, dieses widerwärtige Wort, das »Unperson, Mischling, Tier« bedeutet. Nach jeder Schmähung spuckten die Steinewerfer aus, als müssten sie ihre Münder von diesem Ausdruck reinigen.

Sobald wir das eigentliche Dorf hinter uns hatten, erreichten uns auch die Steine nicht mehr. Wir waren auf dem Weg zu unserer Hütte am Rande des Dorfes, am Ende der langen unbefestigten Straße, fernab von allen anderen. In der untergehenden Sonne erhoben sich purpurfarben die Berge. Die Gipfel im Blick und mit kerzengeraden Rücken wanderten wir, ohne zu zögern, ohne zu stolpern, bis wir unser Häuschen erreicht hatten. Sobald die Tür hinter uns zugefallen war, nahm Omma mich in die Arme und wiegte mich an ihrer Brust. Sie tupfte mir das Blut von der Wange und rieb mir sanft den wunden Rücken, verlor jedoch kein Wort über das eben Geschehene.

Warm eingemummt kochten wir unser Abendessen und trugen es ins Freie, setzten uns so, dass das Dorf unseren Blicken entzogen war. Wir schlürften den siedenden Tee, aßen heißen Reis, scharfen Rettich und Kohl-Kimchi aus unseren Keramikschalen, während wir zusahen, wie sich die purpurroten Berge allmählich schwarz färbten.

Bei meiner Mutter hielt sich eine kleine Schale Reis ziemlich lange, denn wir verzehrten sie langsam und mit zeremonieller Höflichkeit. Omma schöpfte den Reis, nahm dann die Schale in beide Hände und verbeugte sich vor mir. Ich erwiderte ihre Verbeugung und nahm die Schale in Empfang; wir saßen einander gegenüber, nahmen gemächlich kleine Reisbissen, genossen die winzigen Stückchen würzigen Kimchis und den heißen Gerstentee. Die Mahlzeiten mit meiner Mutter waren Bankette des Gefühls.

Höflich wartete sie ab, bis ich den ersten Bissen nahm, und oft holte sie mit ihren Essstäbchen ein besonders knuspriges Stückchen Weißkohl aus der Kimchischale, um es mir in den Mund zu stecken. Manchmal versuchte ich auch, sie zu füttern, war aber nicht so geschickt mit den Stäbchen wie meine anmutige Mutter. Dennoch lächelte sie mir zu und aß, was immer ich ihr reichte.

Immer wieder mussten wir auf der staubigen Straße Spießruten laufen. Und nie verlor meine Mutter ein Wort darüber. Nie hob sie den Arm, um die Steine abzuwehren, noch schob sie ihren Leib je schützend vor den meinen. Mir wiederum wäre es nie in den Sinn gekommen, sie danach zu fragen. Rückblickend glaube ich, dass sie damals schon wusste, wie nah ihr der Tod bevorstand. Wusste, dass sie bald nicht mehr da sein würde, um mich zu beschützen. Und welchen Preis sie dafür zu bezahlen hatte, ein Kind unreinen Bluts in die Welt gesetzt und es dann auch noch behalten zu haben.

Und während sie sich als Rebellin und Abtrünnige ihrer Kultur betrachtete, bereitete sie mich auf sehr koreanische und die einzige ihr vertraute Weise auf meine Zukunft vor: Sie blieb an meiner Seite und teilte meinen Schmerz, zwang mich jedoch, mich der Situation gemeinsam mit ihr zu stellen und es hocherhobenen Hauptes und tränenlosen Blicks zu tun.

Nie versuchte sie, mich zu trösten, indem sie etwa gesagt hätte, dass ich genauso viel wert sei wie die anderen. Nie behauptete sie, dass die anderen das Problem seien. Im Grunde zweifelte sie wohl an meiner Gleichwertigkeit. Sie nahm es hin, dass ich eine Unperson und wir beide Ausgestoßene waren, und liebte mich dennoch. Wir waren wie zwei Aussätzige, die in ihrer winzigen Siedlung leben, zwar um ihre Krankheit wissen und sich vom Rest der Welt fern halten müssen, sich aber ihren eigenen kleinen friedlichen Hafen schaffen.

In der asiatischen Kultur, in der man Abstammung und Ehre ungeheure Bedeutung beimisst, war man gegenüber Mischlingskindern schon immer intolerant. Der Nationalstolz ist tief in den Seelen verwurzelt, und in Korea findet die tiefe Liebe zu den Kulturschätzen und Traditionen des Landes ihr dunkleres Gegenstück im Hass auf alles, was die Reinheit dieses Erbes beschmutzen könnte.

Ich erinnere mich nicht, je Groll darüber empfunden zu haben, dass Omma mich nicht vor den Steinen beschützte, noch darüber, dass keiner mich vor den Brocken beschützte, die später kamen. Da ich nie etwas anderes gekannt hatte, nahm ich an, es müsse so sein.

Omma war eine ernste Frau. Früher war sie wohl lebhaft und verschmitzt gewesen. Und zuweilen entdeckte auch ich noch etwas von jenem Mädchen in ihr, allerdings nur, wenn wir alleine waren und miteinander spielten oder tanzten. Obwohl erst Anfangs zwanzig, hatte sie schon Falten um die Augen und gebeugte Schultern.

Nur selten sah ich sie lächeln. Doch wenn wir zusammen im Reisfeld standen und sie mich neben sich arbeiten sah, entspannten sich ihre zusammengepressten Lippen und ihre Stirn wurde glatt. Oft blieben mir die Füße im quatschenden Schlamm stecken, wenn ich durchs Feld stapfte und mich bemühte, genau so schnell und geschickt zu arbeiten wie meine flinke Mutter. Hin und wieder hielt sie inne, um mir zu helfen oder mein Kopftuch zurechtzurücken, damit man meine Locken nicht sah. Mein Gesicht aber ließ sich nicht verstecken. Ich sah, wie sie zitterte, wenn wir untertags miteinander draußen waren; sah, wie sich die nachdenklichen Blicke der Vorübergehenden in verächtliches Erkennen wandelten, sobald sie begriffen, was ich war.

Omma war schön, wenigstens ich fand sie schön. Ihr glattes schwarzes Haar war ein »Wasserfall«, der ihr über die seidige Haut bis auf die Hüften fiel. Sie hatte einen schönen Mund, zart geschwungene Lippen. Ihre Stirn war hoch, die Nase klein und fein geformt. Und sie besaß kräftige Hände voller Schwielen, die sie jedoch mit äußerster Anmut bewegte. Sie roch nach Holzfeuer und den Räucherstäbchen, die sie am Abend verbrannte. Verglichen mit den anderen Frauen im Dorf war sie groß, und anders als viele von ihnen hielt sich sehr gerade. Ihre Haltung hatte etwas Vornehmes.

Ommas Haare waren glatt; meine lockig. Meine Nase war ein wenig größer als die ihre, meine Augen etwas runder. Meine Haut aber besaß den gleichen Ockerton.

Sie war eine große Verehrerin der Natur und brachte mir viel über die prachtvollen Pflanzen bei, die in unserem Land wild gediehen: die Forsythie, die Sharon-Tulpe und den heiligen Lotus. Wir liebten sie fast ebenso sehr wie die Berge, die Tag und Nacht über uns wachten.

Abends saßen wir vor unserer Hütte und betrachteten schweigend die Gipfel. Manchmal saßen wir Seite an Seite, meist aber kuschelte ich mich zwischen ihre Knie, und sie hielt mich sanft und wiegte sich vor und zurück, während wir auf die Berge blickten. In ihren behutsamen Armen lernte ich das Meditieren, ohne dass auch nur ein einziges Wort der Belehrung fiel.

Ich war ein ziemlich ruhiges, in mich gekehrtes Kind. Omma brachte mir alles bei, was sie selber konnte, vom Gärtnern und Kochen bis zum Musizieren und Geschichtenerzählen. Wurde es Zeit, den Reis aufzusetzen, maß Omma ihn in der Hand, und ließ ihn mich dann mit der meinen messen. Wollte sie sehen, ob er gar war, so probierte sie ein Korn und ließ auch mich eines kosten. Wenn sie das Kimchi auf die richtige Würze hin testete, guckte sie auch mir beim Kosten zu, wie ich kaute und ernsthaft nickte, falls ich meinte, dass genug roter Pfeffer daran sei.

Vor dem Haus hatten wir einen kleinen Garten angelegt, in dem wir Rettiche und grüne Zwiebeln, Kartoffeln, Kohl und Gurken zogen.

Unser Häuschen besaß Wände aus getrocknetem Schlamm, ein Strohdach und einen sauber gefegten Boden aus gestampfter Erde. In den Ecken befanden sich starke Holzbalken. Es bestand aus einem einzigen Raum: ein Bauernhaus, das den Elementen trotzte und an dem es nichts Überflüssiges gab. Hier knieten wir, wenn wir unsere abendliche Reis-Kimchi-Mahlzeit beendet und die Schalen gespült hatten, vor dem hölzernen Altar und beteten zum Buddha der Gnade und Barmherzigkeit.

Der kleine hölzerne Buddha gehörte zu den wenigen Dingen, die Omma aus Seoul mitgebracht hatte, und er bedeutete ihr viel. Ehe sie mit dem Rezitieren begann, traf sie einige schlichte Vorbereitungen: Sie zog sich die Schuhe aus und wusch sich Gesicht und Hände.

Ich beobachtete die rezitierende Omma und dachte bei mir, dass wohl niemand auf der Welt so schön sein könne wie sie. Sie hatte das Kopftuch, das sie auf den Feldern trug, abgenommen, und das seidige Haar floss ihr über den Rücken. Ich liebte Ommas Haar. Ich fuhr mit den Fingern durch die Strähnen, machte Schlingen daraus und spielte damit. Manchmal, wenn sie vor dem Altar kniete, schlich ich mich von hinten an und schob stumm den Kopf unter den schwarzen Haarvorhang, der dann über meine Schultern und meinen Rücken fiel.

Zwar schalt Omma mich nie, wenn ich ihre Meditation unterbrach, ihren Platz vor dem Altar verließ sie allerdings auch nicht. Sie lächelte vielleicht oder schüttelte sanft den Kopf und setzte ihren Singsang oder ihre schweigende Meditation fort, verharrte kniend und kerzengerade; nur die winzigen Füße lugten unter dem Saum ihres *hanbok* hervor.

Omma trug ihr Haar nur selten offen; meist drehte sie es zusammen und steckte es hoch, wobei sie es mit einer geschickten Bewegung und einer polierten Holzsichel befestigte. Ihre Bewegungen waren sparsam, voller Anmut und so schön, dass es wehtat. Ich saß auf dem Bett und sah ihr zu, wie sie – während ihr die *hanbok*-Ärmel von den zarten Handgelenken rutschten – die Arme hob, um sich das Haar hochzustecken. Erst lösten sich ein paar Strähnen, dann begann die ganze schwere Masse zu rutschen, und sie steckte sie aufs Neue hoch, immer und immer wieder.

Wenn sie abends noch nicht zu müde war, sang Omma

»Arirang« und die anderen Volkslieder, die ich liebte, und wir tanzten miteinander. Von ihr lernte ich, dass sich eine echte Musikerin stets mehr auf *hung* – ihre Inspiration – verlässt, als auf vorgegebene Rezepte, und so stand ich, die Augen fest geschlossen, in einer Ecke unseres Hauses und konzentrierte mich. Wenn ich spürte, wie sich der *hung* in meinem kleinen Körper zu regen begann, verschwanden der trostlose Raum und der gestampfte Boden. Dann rafften wir in der Phantasie unsere schweren Satinröcke und wirbelten im *hwagwan-mu,* dem Blumenkronentanz, über den endlosen Marmorboden, wobei wir unsere Kronen in vollkommener Weise auf unseren geschmeidigen, parfümierten Köpfen balancierten. Um uns herum pulsierte die Musik, und die Luft war von der Süße des nachtblütigen Jasmin erfüllt. Und zuletzt sanken wir ineinander verschlungen aufs Bett, mit fliegenden Haaren und nur mit unseren fadenscheinigen *hanboks* am Leib, sanken zurück in unser Zimmer mit dem Lehmboden und den kahlen Wänden, die Luft vom aufgewirbelten Staub erfüllt.

Mit ihrer süßen hohen Trillerstimme sang Omma dann:

Arirang, Arirang, o Arirang
Lang und beschwerlich ist die Überquerung des Arirang.
Doch wirst du seinen Gipfel besteigen,
Wo dir auf immer die Sonne scheint.

Arirang, Arirang, o Arirang,
Wie schwer sind doch die Zeiten, in denen wir leben.
Möge auf diesen tausend Meilen Fluss und Gebirge
Frieden und Wohlstand einkehren.

Omma bereitete zwar nur wenige Gerichte zu, doch sie schmeckten köstlich. Ihr Kimchi war ein Kunstwerk. Sie weichte den Kohl über Nacht in Salzwasser ein, am nächsten Tag wurde er dreimal gewaschen. Dann schichtete sie ihn zusammen mit Schalottenscheiben, Radieschen, Knoblauch und Ingwer in Keramiktöpfe. Darüber wurden Salz, Wasser und eine Hand voll rote Pfefferschoten gekippt. Um die Luft entweichen zu lassen, stocherte sie mit Essstäbchen darin herum, verschloss die Behälter und beschwerte sie mit Steinen. Dann vergruben wir sie im Hinterhof, bis das Gemüse zu gären begann und verzehrbereit war.

Das Ergebnis war einfach wunderbar.

Ich erinnere mich nicht, jemals Fleisch mit Omma gegessen zu haben – weiß aber nicht, ob es daran lag, dass wir zu arm dafür waren und uns das Rindfleisch, das die Koreaner so gerne essen, nicht leisten konnten, oder ob sie sich aus persönlichen Gründen für die vegetarische Ernährung entschieden hatte.

Außer Kimchi und Reis bereitete Omma manchmal einen würzigen Gurkensalat, für den man rote Chilischoten, Essig, Knoblauch und Frühlingszwiebeln benötigte, sowie eine Suppe aus Bohnensprossen und Frühlingszwiebeln – oder was immer sonst gerade Saison hatte: Pilze, Karotten oder grüne Paprika.

Drei Möbelstücke gab es in unserem Haus.

Auf dem hölzernen Altar, den wir tagtäglich polierten, standen eine winzige Buddhastatue und ein ungerahmtes Bild, das an einem Stein lehnte. Es zeigte einen jungen, lächelnden Mann in Uniform. Niemals hatte ich einen Menschen in derartiger Kleidung oder mit derart hellen Haaren und Augen gesehen. Über das Bild wurde nie gesprochen, doch manchmal, wenn ich nachts aufwachte, sah ich Omma vor dem Altar knien, wo sie sich, das Bild mit beiden Händen umfassend, leise hin- und herwiegte.

Dem Altar gegenüber stand unser Bett. Sie ließ mich zwischen sich und der Wand liegen, um mich, so gut es ging, vor der kalten Nachtluft zu schützen. In der Nacht schliefen wir eng aneinandergeschmiegt, kuschelten uns in die stets gefährdete Wärme unseres kleinen Kokons, während draußen der kalte Wind heulte.

Außer dem gemeinsamen Bett gab es noch den großen Bambuskorb, in dem wir unsere Schätze aufbewahrten: einen besonderen *hanbok,* den sie vor meiner Geburt in Seoul gekauft hatte, ein winziges Stückchen Seide mit rot-weiß-blauem Muster, das sie »das Sternenbanner« nannte, und mein geliebtes Pappdeckeldorf mit den Stäbchenleuten.

Aus ein paar alten Schachteln und Stäbchen hatte Omma eine ganze Welt für mich erschaffen. Die Stäbchen hatte sie zurechtgeschnitzt, poliert und mit ein paar Stoffresten verziert. Mutter und Tochter waren die Hauptfiguren, aber es gab auch Freunde und Nachbarn, die alle ein aufgemaltes glückliches Dauerlächeln im Gesicht sowie bunte *hanboks* und Hosen aus Baumwollresten trugen. Die Pappdeckelhäuser waren ganz unterschiedlich: Es gab einen Palast mit großen Fenstern, gemütliche Hütten und einen buddhistischen Tempel. In unserer kleinen Spielstadt war niemand traurig oder einsam. Jeden Tag kamen Leute, um Mutter und Tochter zu besuchen, und das ganze Dorf versammelte sich zum Essen und Tanzen in ihrem Haus.

Hinter unserem Haus häufte Omma ein ganzes Gebirge für unser Spielzeugdorf auf; sie besteckte die Erdhügel mit kleinen Zweigen und schuf damit fichtenbestandene Hänge – winzige Blütenblätter stellten Wiesen und Felder voller wild blühender Blumen dar. Manchmal reisten Stäbchenmutter und -kind über die Berge, und jedes Mal versammelte sich das ganze Stäbchendorf zu einer Abschiedsparty. Nach der Rückkehr der beiden gab es wieder ein Fest, und unsere kleinen Spielgeschöpfe unterhielten ihre Freunde und Nachbarn mit herrlichen Geschichten von den wunderbaren Ländern jenseits der Berge.

In dieser kleinen Pappdeckelwelt war ich die Königin. Alles war möglich. Die Stäbchenleute spielten *Ch'uinbyang-ga* nach, in dem ein Mädchen vom Lande in Seoul ihren Traumprinzen findet; und im Schmutz tanzten sie zu *Salp'uri* und befreiten ihren Geist von Ängsten und Sorgen.

Von Omma hörte ich Volksmärchen, die gewiss schon ihre

Eltern und Großeltern erzählt hatten. Anders als die abendländischen Märchen enthielten sie keine Moral – das heißt, wenigstens keine, die Omma mir vermittelt hätte. Eine Geschichte hatte immer nur die Bedeutung, die man ihr entnehmen wollte.

Am liebsten mochte ich die Geschichte von den tugendsamen Brüdern:

Es waren einmal zwei Brüder, die waren einander von Herzen zugetan. Sie sorgten füreinander und teilten alles genau halb und halb unter sich auf.

Nach der Ernte füllten sie ihren Reis in Säcke, und der ältere Bruder dachte bei sich: »Mein jüngerer Bruder hat sich eben erst frisch vermählt, und es gibt folglich vieles, um das er sich kümmern muss. Ich werde ihm einen Extrasack Reis in seinen Lagerraum stellen und ihm nichts davon sagen, denn sicherlich würde er ihn nicht annehmen, wo ich mir doch gewiss bin, dass er ihn nötiger hat als ich.«

Noch in derselben Nacht schlich er sich in die Vorratskammer des Bruders und stellte den Sack hinein.

Am nächsten Morgen jedoch zählte er wieder ebenso viele Reissäcke in seinem Haus wie am Tag zuvor. Obwohl er sich die Sache nicht erklären konnte, beschloss er, den Reissack ein zweites Mal zum Haus des Bruders zu tragen. Dies tat er, um am darauf folgenden Morgen aufs Neue verwundert fest zu stellen, dass er dieselbe Anzahl von Säcken im Hause hatte.

Nun war er ernstlich verwundert, beschloss jedoch, es noch ein drittes Mal zu versuchen. Der Vollmond schien, und als er den Pfad entlang schlich, sah er eine Gestalt auf sich zukommen, die ebenfalls etwas auf dem Rücken trug. Es war der jüngere Bruder mit einem Sack Reis. Sie sahen einander an und begannen zu lachen, da sie endlich begriffen, warum die Anzahl der Säcke sich nie veränderte. Weil der jüngere Bruder dem älteren so überaus zugetan war, hatte auch er ihm einen Extrasack gebracht.

Wir waren arm, doch war ich mir dessen nie gewahr. Ommas Phantasie schuf Paläste zum Tanzen und Nacht für Nacht neue Kleider aus Seide und Brokat. Wir hatten zwar wenig zu essen, aber ich wusste nichts von meinem Hunger. Mit Omma wurde eine Schale Reis zum Festschmaus. Wir lebten völlig abgeschnitten und ich fühlte mich dennoch nicht einsam. Omma war mir Mutter, Märchentante und Spielgefährtin, Vertraute und Verteidigerin in einem.

An arbeitsfreien Vormittagen, gingen wir zuweilen auf dem Markt, um Tee, Gewürze und Gemüse einzukaufen. An solchen Tagen waren alle auf den Beinen, erledigten ihre Einkäufe, tratschten, wuschen ihre Wäsche. Von den Dorfbewohnern sprach zwar niemand mit uns, doch Omma, die ihre Höflichkeit stets beibehielt, verbeugte sich, wann immer wir jemandem begegneten, und hielt auch mich dazu an. Manchmal sahen wir uns auf dem schmalen Fußpfad mit Ommas Angehörigen konfrontiert. Wortlos, blicklos schoben sie sich an uns vorbei, während wir zur Seite traten und ihnen Platz machten. Und immer verneigte sich meine Mutter tief und in ihrer Haltung drückten sich Liebe und Kummer aus. Sollten sie es je bemerk haben, so zeigten sie es jedenfalls nicht; Omma aber wartete immer, bis sie verschwunden waren – erst dann richtete sie sich auf und nahm wieder meine Hand.

Ohne jemals ein Urteil über ihr Verhalten zu fällen, hatte Omma mir erzählt, wer die einzelnen Dorfbewohner waren. Ich wusste, in welcher Beziehung ich zu jedem dieser Menschen stand, denen wir auf den Feldern und auf dem Pfad begegneten, und die Tatsache, dass mein *haraboji* – mein Großvater – und meine anderen Verwandten mich nicht beachteten, kümmerte mich wenig.

An den Abenden, wenn die anderen nach der Tagesarbeit in den Reisfeldern schwatzten und Tee miteinander tranken, blieben wir am Dorfrand, saßen hinter unserem kleinen Haus und spielten unsere kleinen Spiele. Omma erzählte mir Geschichten von der wunderbaren Welt jenseits der Berge, wo es immer genug zu essen gab, wo es den ganzen Winter über warm blieb und man sich vor nichts und niemandem fürchten musste. »Eines Tages wirst du das Dorf verlassen«, sagte Omma. »Eines Tages wirst du eine vornehme Dame sein und alle werden mit dir sprechen und dich anlächeln.«

»Aber du wirst auch bei mir sein, Omma«, versetzte ich und blickte erwartungsvoll in das schöne geliebte Gesicht. Doch anstatt mir zu antworten, nahm sie mich in die Arme, hielt mich fest und bedeckte mein staubiges Gesicht mit zarten Schmetterlingsküssen.

Kapitel 4

An die Nacht nach Ommas Tod habe ich kaum Erinnerungen. Es müssen wohl Stunden vergangen sein, ehe das Denken wieder einsetzte und ich mir bewusst wurde, dass ich wimmernd in einer Ecke unserer Hütte kauerte. Die Brandwunden am Po und an den Schamlippen schmerzten entsetzlich. Ommas Leiche war verschwunden. Meine Verwandten waren mit dem Zusammenpacken unserer wenigen Habseligkeiten zugange, und keiner richtete ein Wort an mich oder würdigte mich auch nur eines Blickes. Ich war wie betäubt vor Kummer, begriff jedoch, dass ich mich so still wie möglich verhalten musste.

Nach einer Weile verließen mein Großvater und mein Onkel mit dem Korb und einigen Bündeln das Haus. Meine Tante verfrachtete mich auf einen Karren und schlug den Fußpfad ein. Obwohl das ständige Durchgeschütteltwerden ziemlich wehtat, nickte ich ein und döste weiter. Ein Waisenhaus am Stadtrand von Seoul war das Ziel.

»Sie hat keinen Namen«, erklärte meine Tante. »Und ihr Geburtsdatum und ihr Alter weiß ich nicht. Sie ist ein Niemand. Ihre Mutter hat sich umgebracht und hätte auch sie sterben lassen, wenn wir sie nicht gefunden hätten.« Im Waisenhaus gab man mir eine Wundsalbe und saubere Binden, um das verbrannte Fleisch abzudecken, aber niemand verlor ein Wort über meine Wunden.

Es war eine alte, nur allzu vertraute Geschichte in der koreanischen Gesellschaft der Nachkriegszeit: Ein Mädchen bringt Schande über ihre Familie, indem sie das uneheliche Kind eines amerikanischen Soldaten zur Welt bringt, und nach ein paar Jahren kann sie die Schande und Isolation der Ausgestoßenen, zu der sie geworden ist, nicht mehr ertragen und bringt sich um. Mischlingskinder wurden häufig misshandelt, weil man sie wegen ihrer unreinen Herkunft verabscheute. Viele wurden von ihren Müttern im Stich gelassen und gerieten in eine Art Leibknechtschaft oder lebten auf der Straße, wo sie sich durch Betteln und Stehlen ernährten. Die Leute vom Waisenhaus kannten das alles zur Genüge, und weder mein körperlicher Zustand noch die Geschichte meiner Tante war ihnen neu.

Meine Namenlosigkeit war nur *ein* Aspekt meiner Schande. In der koreanischen Kultur ist der Name von so großer Bedeutung, dass Familien häufig Wahrsagerinnen um Rat fragen, ehe sie dem Kind einen Namen geben. Der Name kann über die Zukunft des Kindes entscheiden, da er Glück oder Unglück mit sich bringt. Koreanische Familien basieren auf der männlichen Linie, und das Familienbuch enthält die Namen der väterlichen Vorfahren, die sich oft über mehr als fünf Jahrhunderte zurückverfolgen lassen.

Kein Geburtsdatum zu besitzen, machte meine Schande nur noch schlimmer. Die Zukunft eines Koreaners hängt zum Großteil vom *saju* ab – Jahr, Monat, Tag und Uhrzeit seiner Geburt. Eine glückliche Kombination dieser vier kann bedeuten, dass sein Leben unter einem günstigen Stern steht.

Nach koreanischer Auffassung ist es besser, tot zu sein als die Verkörperung einer solchen Schande, wie ich es war: ein *honhyol,* weiblich, namenlos und ohne Geburtsdatum.

So weit ich mich erinnern konnte, hatte meine Mutter mich nur Soonie genannt – das war ihr Kosename für mich. Dieser abgeleitete Ausdruck ist die koreanische Verkleinerungsform für »kleines Mädchen«– die Bezeichnung für ein zärtlich geliebtes kleines Kind. Doch dies erzählte ich den Waisenhausleuten ebenso wenig wie das, was sich tatsächlich in der vorangegangenen Nacht zugetragen hatte. Viel zu verloren in meiner Verzweiflung und gewohnt, zu gehorchen, blieb ich stumm.

Während der langen Fahrt vom Dorf zum Waisenhaus hatte meine Tante nicht mit mir gesprochen. In der Nacht hatte sie ihren Mann bewogen, mein Leben zu schonen, doch was dann zu der Entscheidung führte, mich in ein Waisenhaus zu geben, weiß ich nicht. Und falls die Dörfler die Geschichte der Familie jemals bezweifelten – dass sich die junge Frau, letztlich doch von der Ungeheuerlichkeit ihrer Sünden überwältigt, erhängt und die Tochter dem Verderben überlassen hatte –, so unternahmen sie jedenfalls nichts dagegen.

Das Leben einer Frau war ohnehin nicht viel wert und seine Auslöschung zwecks Tilgung einer Familienschande althergebrachte Praxis. Ein Tod wie dieser war kein Mord, sondern eine Ehrentötung und folglich von der Tradition geheiligt.

Da das Waisenhaus von christlichen Missionaren geleitet wurde, erhielt ich dort auch meine erste Kostprobe der westlichen Religion. Die Kinder waren – übereinander – in Gitterbetten untergebracht, von denen jeweils vier einen Bettenstock bildeten. Die Betten hatten – so wie sie gut einen Meter tief drei Wände jenes großen kahlen Raumes einnahmen – große Ähnlichkeit mit den Käfigen in einem Tierasyl. Insgesamt müssen es wohl an die zwanzig gewesen sein. Außen waren Riegel angebracht, mit deren Hilfe man das vordere Gitter herunterlassen konnte, von innen aber waren sie nicht zu öffnen.

Bisher hatte ich stets große körperliche Freiheit, viel Auslauf genossen, hatte meine Tage mit der Arbeit im Reisfeld oder spielend auf den Wiesen hinter unserem Haus verbracht. Nur ein einziges Mal hatte ich Eingesperrtsein und Enge erlebt, nämlich als ich im Bambuskorb saß und zusehen musste, wie sie meine Mutter umbrachten. Das Gitterbett war entsetzlich für mich – nicht nur, weil es zu klein war und ich mich kaum bewegen konnte, sondern vor allem, weil ich nicht hinaus und hinein konnte, wann ich es wollte.

Die Wände des Zimmers waren weiß gestrichen und nur durch ein paar Jesusbilder aufgelockert. Sämtliche Oberflächen waren abwaschbar, auf dem Boden lag blankes Linoleum. Ich war schon viel zu groß für dieses Babybett und kauerte ganz konfus vor Verzweiflung in diesem Käfig. Sobald die Panik mich überfiel, schlug ich den Kopf gegen die Gitterstäbe und schrie und raufte mir die Haare, bis jemand kam und mir befahl, den Mund zu halten. Abgesehen von zufälligen Körperkontakten kann ich mich nicht erinnern, dort jemals berührt worden zu sein.

Meinem Käfig direkt gegenüber befand sich die Tür. Stunde um Stunde starrte ich auf den Spalt, der die Tür auf drei Seiten umgab und durch den Licht hereinfiel. Manchmal trübte es sich einen Augenblick lang; dann wusste ich, dass gleich jemand die Tür öffnen und hereinkommen würde. Ich hielt den Atem an, wartete auf das Aufschwingen der Tür und das Erscheinen eines menschlichen Wesens. Verzweifelt wartete ich auf jedes – egal welches – auftauchende Gesicht.

Neben der Tür stand ein Schreibtisch mit Rolltüren und zerkratzter, stumpfer Schreibplatte. Er war mit Stößen von Blättern gefüllt. Dieser Tisch faszinierte mich und machte mir Angst. Hin und wieder setzte sich eine Frau davor und zog einen Stapel heraus, blätterte darin und markierte ihn mit einem Kugelschreiber. Und kurz darauf verschwand jedes Mal eines der Kinder. Damals wusste ich noch nicht, dass es sich bei den Papieren um Adoptionsurkunden handelte, aber ich wusste, dass sie in irgendeinem Zusammenhang mit den Kindern standen. Ich fragte mich, ob wohl auch ich in diesem Schreibtisch enthalten war und eines Tages auch mein Stapel abgezeichnet und ich verschwinden würde.

Jahrelang und bis weit ins Erwachsenenalter hinein hatte ich einen wiederkehrenden Albtraum, der um diesen Schreibtisch kreiste. Barfuß tappte ich über einen kalten harten Boden an ihm vorbei. Ich hörte ein Geräusch, als ob Wind durch einen Tunnel brauste, und spürte, wie eine magnetische Kraft mich in sein Inneres zog. Ohne mich wehren zu können, wurde ich unter die verkratzte Rolltür und die Fächer gezogen, in denen die Papiere aufbewahrt wurden. Schließlich fand ich mich in einem Raum mit Lehmboden wieder, auf einen Tisch geschnallt und von Leuten umstanden, die mir mit heißen Eisen scheußliche Namen auf den Leib brannten.

Im Waisenhaus sah ich die Leute an mir vorübergehen, und in Gedanken spielte ich unaufhörlich dieselbe Phantasie durch: Ich stellte mir vor, ich könne durch die Stäbe hinausgreifen, sie packen und zu mir heranziehen, sie dazu bringen, mir die Tür zu öffnen, mit mir zu reden, mich anzusehen.

Wie ich da in meinem Käfig saß und mir die Nägel ins Fleisch grub – das war wohl der Versuch, durch Steigerung der körperlichen Qual den seelischen Kummer zu lindern. Denn direkt unterhalb des Bewusstseins dieses Schmerzes hockte – wie ein Ungeheuer, das darauf lauerte, mich zu verschlingen – das Wissen, dass Omma meinetwegen gestorben war. Mein Gesicht und mein schändliches Blut hatten den einzigen Menschen, den ich liebte und der mich geliebt hatte, das Leben gekostet.

Im Waisenhaus gab es zu viele Kinder und zu wenige Angestellte; Trost war dort nicht zu finden. Jeder war mit seinem eigenen Elend beschäftigt. Jedes Kind bekam eine Decke, die es sauber zu halten hatte und die ihm als Kälteschutz genügen musste. Alle Kinder froren. Alle Decken waren versifft. Die Matratze meines Gitterbettes war alt und der brüchige Plastiküberzug knirschte bei jeder Bewegung. Sie war mit einem Baumwolllaken mit verblichenen orangefarbenen Blumen bedeckt. Das Kinderbett war so klein, dass ich mich nicht darin ausstrecken konnte und mich daher wie ein Fötus zusammenrollte oder mit angezogenen Knien kauerte.

Ein Übermaß an Leid war dort versammelt, und im Grunde war eine Geschichte so schlimm wie die andere. So gab es ein kleines Mädchen von etwa zwei Jahren, das man gefesselt im Müll gefunden hatte. Es war entsetzlich abgemagert und heulte ohne Unterlass.

Auch ein neugeborenes Baby kam zu uns; man hatte es noch mitsamt der Nabelschnur am Vordereingang abgelegt. Weil alle Betten belegt waren, wurde es zu mir in den Käfig gelegt. Ich solle auf es aufpassen, hieß es. Ich hatte entsetzliche Angst um den kleinen Jungen. Sie hatten ihn in eine Decke gewickelt, doch ich fürchtete, dass die ihn nicht ausreichend wärmen würde und breitete auch meine über ihn. Dann saß ich, den Rücken an die Gitterstäbe gepresst und die Arme um die Knie geschlungen, einfach nur da und bewachte ihn die ganze Nacht – weil ich solche Angst hatte, ihm weh zu tun, falls ich mich bewegte oder gar einschlief. Ich fühlte mich verantwortlich für dieses winzige Leben und wollte es unbedingt retten.

Am nächsten Morgen merkte ich, dass ich gegen meinen Willen dann doch eingeschlafen war. Ich hob die Decke und berührte das Gesicht des Kleinen. Es war blau angelaufen und kalt. Ich wickelte ihn aus der Decke, berührte Arme und Füße, den geschwollenen blutverkrusteten Bauch. Noch ehe die Erwachsenen zum Nachsehen kamen, wusste ich, dass er tot war.

Immer wieder weinte ich um diesen Jungen. Nie habe ich erfahren, woher er kam, aber für mich war er mein Kind. Er war unerwünscht und namenlos wie ich. Hilflos wie ich und gänzlich auf die Gnade anderer angewiesen. Mir war, als hätte ich durch seine Rettung wieder gutmachen können, dass ich es nicht vermocht hatte, das Leben meiner Mutter zu retten. Und als er dann starb, war ich überzeugt, dass es mit irgendetwas zusammenhing, was ich getan oder nicht getan hatte. Vielleicht war ihm durch die zusätzliche Decke zu heiß geworden. Vielleicht hatte er sich aber auch verkühlt, als ich am Morgen die Decke hob.

Abgesehen vom Weinen – das fast ununterbrochen aus einem oder mehreren der Gitterbetten drang – war es im Waisenhaus ziemlich still. Die Menschen redeten nicht miteinander; und Musik wurde auch nicht gespielt.

Es gab ein paar wenige Kinder, die sich etwa in meinem Alter befanden, die meisten aber waren jünger und viele noch Säuglinge. Alle hatten wir körperliche Eigenheiten, die uns buchstäblich brandmarkten: lockiges oder helles Haar, haselnussfarbene oder runde Augen. Jeder ein *honhyol,* den die anderen jedoch nicht trösten konnten. Obgleich wir auf so engem Raum zusammenlebten, lernten wir uns im Grunde niemals kennen. Ich spielte nicht mit den anderen, ja sprach kaum mit ihnen. Jeder war auf sein eigenes kleines Elend zurückgeworfen und wir spürten, dass wir miteinander konkurrierten. Ohne recht zu begreifen, worin der Zweck des Waisenhauses eigentlich bestand oder was Adoption bedeutete, war mir klar, dass ich mit den anderen um das Wohlwollen sämtlicher Erwachsenen wetteiferte, die uns besuchten. Ich wusste, dass ein Kind den Besuchern zuweilen so gut gefiel, dass sie es mitnahmen.

Hin und wieder schlenderten Leute durch den Raum und begutachteten die Waisenkinder, entweder weil sie selbst Eltern werden oder als Vermittler für andere ein Kind aussuchen wollten. Diese Besuche waren die reine Folter. Vor Aufregung stockte mir der Atem, so sehr wünschte ich, dass die Besucher an meinem Käfig innehalten und ihn öffnen würden. Ich versuchte nett und brav auszusehen. Aber die Leute steuerten an mir vorbei und meist auf eines der jüngeren Kinder zu. Alle paar Tage kamen Besucher. Für kinderlose Paare, denen es nichts ausmachte, dass ihr Kind asiatisch aussah, war Korea damals ein ergiebiges Terrain. Es gab so viele vergessene Kinder – Hinterlassenschaften kurzer Verbindungen zwischen Soldaten auf Durchreise und Frauen auf dem Weg zur Hölle.

Das einzige Foto, das man im Waisenhaus von mir machte, zeigt ein düster blickendes Mädchen mit strähnigem Haar, das Gesicht vom Weinen verschwollen und fleckig. Wie eine ersäufte Ratte hätte ich ausgesehen, meinte meine Adoptivmutter später. Die für uns verantwortliche Frau ermahnte mich, zu lächeln; sonst würde mich nie jemand adoptieren. Keiner wollte ein quengliges kleines Ding.

Eines der Paare kam mehrere Male und zeigte sich sowohl an mir wie auch an einem jüngeren Mädchen interessiert. Das andere Mädchen war etwa zwei Jahre alt, nett und niedlich anzusehen. Und dann kamen sie eines Tages herein und nahmen die Kleine mit und ließen mich da. Die Waisenhausleiterin aber meinte zu mir, sie hätten die andere genommen, weil sie jung und ich schon zu alt sei, weil sie hübsch sei und ich hässlich.

Die Überzeugung, zu alt und zu hässlich zu sein, begleitete mich mein Leben lang. Ich war mir sicher, dass mich jeder, der mit mir ausging, im Nu um einer Jüngeren und Begehrenswerteren willen verlassen würde. Es spielte keine Rolle, ob ich intelligenter, geistreicher oder sonst etwas war: Die bloße Tatsache, dass sie jünger war, verlieh ihr eine Macht, die mir versagt blieb. Nachdem ich die dreißig überschritten hatte, wurden die Männer, die sich von mir angezogen fühlten, ironischerweise jünger. Die meisten meiner Freunde und Freundinnen waren ein bis zwei Jahrzehnte jünger als ich und scheinen sich nie daran gestört zu haben. Dennoch fürchtete ich stets, dass sie zu mir – der älteren Frau des Kreises – nur nett sein wollten. Egal, wie alt ich war, stets fühlte ich mich zu alt.

Unser Leben im Waisenhaus verlief Tag für Tag im mehr oder weniger gleichen Trott. Am frühen Morgen weckte man uns und brachte unsere Decken zum Ausschütteln und Lüften ins Freie. Der liebste Augenblick des Tages war mir der, wenn sich am Morgen die Käfigtür öffnete. Ich kletterte hinaus und marschierte in den Waschraum, rangelte mit allen anderen um die vordersten Plätze in den Schlangen vor den wenigen Toiletten. Danach mussten wir uns mit kaltem Wasser rasch Gesicht und Hände waschen.

Unser Leben spielte sich in dem einzigen großen Raum ab, dessen Wände von den Käfigen eingenommen wurden. Zu den Mahlzeiten wurden Tische und Stühle hereingetragen und in der Mitte des Zimmers aufgestellt. Beim Essen saßen wir stets auf denselben Plätzen. Jeder erhielt eine Schale Reis, unter den zuweilen ein wenig Gemüse gemischt war.

Im Waisenhaus gab es mehr zu essen als bei Omma, aber die Mahlzeiten waren längst nicht so befriedigend. Waren nicht mehr jene anmutigen Rituale, bei denen meine Mutter die besten Bissen für mich ausgesucht hatte und wir einander ansahen, während wir Reis und Kimchi miteinander teilten. Der Tee wurde mir nicht mehr mit einem Lächeln und einer Verbeugung gereicht. Im Waisenhaus war eine Schale Reis in wenigen Sekunden geleert, denn jeder aß, so schnell er konnte.

Nach dem Frühstück blieben wir sitzen, und sobald das Geschirr weggeräumt war, brachten uns die Missionare christliche Lieder wie »Jesus loves me« bei oder erzählten uns biblische

Geschichten. Diese Lieder und Geschichten trug man uns in einem merkwürdigen Mischmasch aus Englisch und Koreanisch vor, da die Waisenhausleute amerikanische Missionare waren, die nur die Anfangsgründe unserer Sprache beherrschten. Aber da es im Grunde ja auch bloß darum ging, Adoptiveltern für uns zu finden – und Englischkenntnisse uns attraktiver machen würden –, brachten sie uns englische Ausdrücke bei, deren Bedeutung uns gänzlich schleierhaft blieb. So sang ich »Dschise rab mi, dis ahno« *(Jesus loves me, this I know)*, ohne auch nur den blassesten Schimmer zu haben, was ich da eigentlich von mir gab.

Hin und wieder erlaubte man uns im Anschluss daran, je nach Wetter, eine Weile ins Freie zu gehen. Einen richtigen Spielplatz gab es zwar nicht, aber auf dem großen Grundstück lagen ein paar Spielsachen herum. Wenn wir hinausgingen, hielt ich mich stets auf der dem Gebäude abgewandten Seite des Hofs, wo ich den Bergen am nächsten war. Ich hockte im Dreck, spielte mit Stöckchen und blickte alle paar Sekunden zu den fernen blaugrauen Gipfeln auf.

Der Anblick der Berge war mein einziger Trost. Sobald ich merkte, dass Panik und Furcht in mir aufstiegen, richtete ich den Blick auf die Berge und spürte, wie der Druck unter meinem Brustbein ein wenig nachließ. Wenn wir im Haus bleiben mussten, setzte ich mich möglichst nah ans Fenster – wo auch alle anderen sitzen wollten –, weil man dort ein winziges Stückchen Berg sehen konnte.

Zu eigenständiger Tätigkeit wurden wir kaum ermutigt; es gab weder organisierte Spiele noch Handarbeiten. Abgesehen von der religiösen Unterweisung blieben wir Kinder weitgehend uns selbst überlassen und wurden, damit wir aus dem Weg waren, in unsere Betten gesperrt.

Fast die ganze Zeit über dachte ich an Omma. Mit den anderen Kindern im Waisenhaus redete ich nur wenig, aber das innere Gespräch mit meiner Mutter hielt ich aufrecht. Ich dachte mir Geschichten aus, wie sie einst welche erfunden hatte: Geschichten, in denen wir auf die andere Seite der Berge reisten und dort wundersame Welten entdeckten. Am Nachmittag bekamen wir einen Imbiss – Cracker normalerweise oder etwas anderes, für das man kein Geschirr benötigte –, wurden danach zum Schlafen in die Käfige gesperrt, um zum Abendessen – noch einmal Reis und Gemüse und gewöhnlich Kimchi dazu – wieder herausgelassen zu werden.

Vor dem Zubettgehen am Abend hörten wir eine weitere Geschichte aus der Bibel sowie ein Gebet. Mir gefiel die Geschichte von der Geburt Jesu, weil sie mich an Ommas Geschichte vom Beginn der Welt erinnerte: Hwanung, der Sohn des Schöpfergottes, stieg vom Himmel herab und besah sich gerade seine Ländereien, als er das Gebet eines Bären vernahm, der sich wünschte, Mensch zu werden.

Da gab Hwanung dem Bären Knoblauch und Beifuß, und so wurde aus diesem die erste Menschenfrau. Diese Frau betete dann um einen Sohn, wurde – ohne dass ihr ein Mann zu Hilfe gekommen wäre – schwanger und gebar Tan'gun, den Begründer Koreas. Da weder Jesus noch Tan'gun einen irdischen Vater hatten und beide allmächtig waren, fragte ich mich, ob sie nicht womöglich miteinander verwandt waren, doch die Missionare erklärten, das sei unmöglich: Jesus sei der wahre Sohn Gottes und Tan'gun bloß eine Mythengestalt. Der eine verkörpere biblische Wahrheit, der andere nichts als heidnische Unwissenheit.

Wir Kinder sollten allesamt Christen werden, auch wenn es uns nicht gefiel. Doch ob so oder so, mir war es gleichgültig. Ich war zu allem bereit, wenn man mich nur in Ruhe ließ, ein wenig nett zu mir war und mich akzeptierte. Falls Jesus mir half, aus dem Waisenhaus herauszukommen, wollte ich an ihn glauben.

Und mit der Zeit empfand ich den Gedanken an Jesus als sehr tröstlich. Zum einen schien er so freundlich. Seine Bilder an den Waisenhauswänden waren wunderschön: Wie zärtlich er das Lamm in den Armen hielt und wie makellos sein weißes Gewand schimmerte, während er mir vom Bild herab direkt in die Augen sah! Als ich älter wurde, gewöhnte ich es mir an, beim Erwachen aus den allnächtlichen grässlichen Albträumen seinen Namen zu flüstern. Ich stellte mir vor, dass er mich wie das Lamm auf dem Bild in die Arme schloss und mich vor allem Bösen bewahrte. Immer wieder flüsterte ich in den Nächten seinen Namen – wie eine Art Talisman gegen alles Übel, gegen Finsternis und Gram: »Jesus. Jesus. Jesus.«

Im Waisenhaus – ja, im Grunde mein ganzes Leben lang – quälte mich die Tatsache, dass ich absolut nichts von meiner Mutter besaß. Ommas Schwägerin hatte mich nichts mitnehmen lassen, und so hockte ich da und dachte voller Sehnsucht an meine wunderbaren Stäbchenleute und das Pappdeckeldorf, die Omma gemacht hatte, an den kleinen Buddha und Ommas herrlichen *hanbok,* ja, sogar an das Bild des Amerikaners.

Ich verzehrte mich nach etwas, das sie berührt, das sie geliebt hatte. Denn seit ich im Waisenhaus angekommen und mit Desinfektionsmitteln behandelt worden war, konnte ich nicht einmal mehr ihren Räucherstäbchenduft riechen, der an meiner Haut gehaftet hatte.

Mein Kummer war grenzenlos, doch nur gegen einen Menschen richtete sich all meine Wut: gegen mich selbst. Zwei Dinge gab es, von denen ich felsenfest überzeugt war, dass mein Leben ein schrecklicher Irrtum war und dass ich nichts als Leiden verdiente. Mein Selbsthass, der mit dem Tod meiner Mutter begann und im Waisenhaus weiter genährt wurde, wuchs mit jedem Jahr, das verging.

Und so lag ich zusammengerollt in meinem Gitterbett und begann, mir die Nägel ins Fleisch zu graben – begann mit diesem fast lebenslangen Verhaltensmuster. Ich drückte sie ins

Fleisch meiner Oberarme und Beine oder in den Hals, bis ich die scharfe Explosion des Schmerzes spürte und verbunden damit ein winziges Gefühl der Erleichterung meiner Schuld und Qual. Ich wusste nichts Besseres, um der Agonie meines Herzens Luft zu machen.

Im Waisenhaus versuchte ich, so oft es nur ging, wachzubleiben. Der Schlaf war mein Feind. In meinem Käfig wartete ich auf die Erlösung, denn ich wusste genau: Käme sie, während ich schlief, sie ginge an mir vorüber.

Und so saß ich in meiner fadenscheinigen braunen Hose, meinem abgerissenen braunen Hemd, die Arme um die hochgezogenen Knie geschlungen, und starrte durch die Stäbe. Die langen Locken, die Omma geliebt hatte, hatte mir die große, schweigsame Frau abgeschnitten – dieselbe, die uns jeden Tag unser Essen gab und uns die brennenden antiseptischen Bäder verabreichte, die angeblich sämtliche Parasiten abtöteten. Ich hockte nur da, umklammerte meine Knie, litt und wartete. Wann immer jemand vorbeikam, um sich die Kinder anzusehen, lächelte ich, lächelte und lächelte. Ich hatte Angst, einzuschlafen, während jemand, der mich womöglich retten wollte, durchs Zimmer ging. Denn wenn meine Augen geschlossen wären, würden sie mich nicht sehen.

Monate vergingen, ehe ich an die Reihe kam und das Waisenhaus verlassen durfte; allerdings kam es nicht so, wie ich es mir ausgemalt hatte. Meine neuen Eltern – ein Missionarsehepaar – hatten sämtliche Vereinbarungen getroffen, ohne mich jemals gesehen zu haben. Eines Tages wurde ich einfach in ein Büro geführt, wo mich ein großer weißer Mann – ein Vertreter der Adoptionsagentur – erwartete, und wenige Minuten später waren wir schon draußen. Der Tag meiner eigentlichen Befreiung war enttäuschend. So lange hatte ich gewartet, auf die Tür vor meinem Käfig gestarrt und mir so brennend gewünscht, dass jemand hereinkäme und mich mitnähme! Und dann, als es endlich so weit war, war alles im Nu vorüber. Ich war wie betäubt.

Da es keine beurkundeten Aufzeichnungen über mein Alter gab, bestimmte eine Angestellte des Waisenhauses ein Geburtsdatum: den Monat und Tag meiner Ankunft im Waisenhaus. Jemand sah sich meine Zähne an und schätzte das Jahr meiner Geburt. Ich besaß weder persönliche Habe noch eine Geburtsurkunde noch einen Namen. Besaß keine Identität außer der, die meine neuen Eltern mir geben würden.

Es war Frühling in Korea, und die Blumen blühten in berauschender Fülle. Das Tal war üppig und grün; auf meinen geliebten fernen Purpurgipfeln lag immer noch ein wenig Schnee. Es war jene Zeit des Jahres, zu der wir – Omma und ich – uns so oft wie möglich im Freien aufgehalten, mit unserem Phantasiedorf gespielt und jeden Tag frische Sträuße gepflückt hätten, um sie neben den Buddha auf unseren kleinen Altar zu stellen.

Am Tag meiner Abreise gab man mir ein mit rotweiß karierten Bordüren verziertes Baumwollkleid und Söckchen. In diesen Kleidungsstücken – ausrangierten Sachen, die uns, genau wie den braunen Anzug, amerikanische Kirchen geschickt hatten – fühlte ich mich unbehaglich und fremd. Das Kleid war mir zu groß. Ich trug grüne Gummischuhe mit winzigen roten Blumen darauf und hielt Bilder von meinen neuen Eltern in der Hand. Man hatte mir ein paar Wörter eingetrichtert, unter anderem auch »Mom« und »Dad«, und ich wusste lediglich, dass sie etwas mit den fremden Menschen auf den Bildern zu tun hatten.

Die Waisenhausleiterin erklärte mir, dass ich weit weg fahren würde, in ein wunderbares Land namens Amerika, um dort für immer bei einer netten Familie zu leben. Und nie, meinte sie, dürfe ich vergessen, wie viel Glück ich gehabt habe.

Mit Omma hatte ich inmitten von Reisfeldern, wilden Azaleenwiesen und Koreas hunderttausend Bergen gelebt. Nie hatte ich ein Auto oder ein Fernsehgerät zu Gesicht bekommen; wenn es dunkel wurde, gingen wir schlafen, und mit dem ersten Sonnenstrahl begann ein neuer Arbeitstag. Unsere Mahlzeiten bestanden aus einer Schale Reis mit Kimchi. Zwanzig Jahre sollten vergehen, bis ich mein nächstes Kimchi kostete.

Ich hatte keine Ahnung, was ein Flugzeug war, doch nun würde ich eines besteigen und an einen fremden Ort fliegen, wo niemand meine Sprache sprach und wo man Reis mit Kimchi nicht kannte.

Immer hatte ich geglaubt, Omma werde bei mir sein, wenn ich über die Berge in jene magischen Länder reiste, die sie mir beschrieb. Ohne sie war mir all das, was nun auf mich zukam, herzlich gleichgültig.

Kapitel 5

Die Reise nach Amerika war eine angenehme Abwechslung zum Leben im Waisenhaus. Der Mann von der Adoptionsagentur begleitete mich, und zum ersten Mal seit dem Tod meiner Mutter war ich mit einem Erwachsenen, der auf mich einging und mich verwöhnte, allein.

Endlich sprach jemand mit mir, durchbrach das Schweigen, in dem ich die ganze Zeit gelebt hatte, und gab mir das Gefühl, nicht mehr unsichtbar zu sein. Er kannte die wichtigsten Ausdrücke, Wörter für hungrig, durstig, Klo. Ich konnte *»mul«* sagen, und er reichte mir ein Glas Wasser. Ich sagte *»pyonso«*, und er führte mich zur Toilette.

Am Tag meiner Abreise nach Amerika fuhren wir in einem Taxi zum Flughafen und bestiegen die Maschine. In meiner Erschöpfung, Verwirrung, Erleichterung, das Waisenhaus endlich hinter mir gelassen zu haben, machte mir weder der große metallene Vogel Angst noch die merkwürdigen Leute, die dort herumliefen. Alles hatte etwas Surreales, wie in einem Traum. Es war mir so fremd, dass es mich nicht erschrecken konnte. Mein neuer Freund lächelte ständig und trug mich die meiste Zeit. Und ich klammerte mich an das Revers seines Jacketts, als sei es eine Rettungsleine. Doch trotz aller Freundlichkeit und Rücksichtnahme sollte er mein Führer von einem einsamen und wirren Leben in ein ebensolches anderes werden.

Als wir das Flugzeug bestiegen, wollte mich die Stewardess auf den Platz neben ihm setzen, doch ich weinte und klammerte mich an ihn, und die beiden sagten etwas auf Englisch zueinander. Sie lächelte, er lächelte, und ich durfte auf seinem Schoß sitzen bleiben, bis ich mich schließlich mutig genug fühlte und mich auf dem Nachbarsitz ausstreckte. Man brachte uns Tabletts mit kleinen Mahlzeiten, die ich faszinierend fand. Er gab mir seine Taschenuhr und ein weißes Leinentaschentuch zum Spielen. Ich schraubte den Glasdeckel ab, beobachtete, wie die winzigen Zeiger über das Zifferblatt wanderten, und wickelte die Uhr ins Taschentuch. Einen Teil der Zeit schlief er, und ich tat es ihm gleich; dann las er in einer Zeitschrift, und ich spielte mit der Uhr, und so verflogen die wenigen Stunden zwischen Misere und Misere.

Auf Hawaii hatten wir einen mehrstündigen Zwischenstopp, und er führte mich in einen kleinen Laden in Flughafennähe. Dort bekam ich zum ersten Mal in meinem Leben etwas Nagelneues geschenkt, etwas, das eigens für mich gekauft wurde.

Er kaufte mir nämlich einige Plüschtierchen; eine Tigermutter mit ihren drei Jungen und eine Pinguinmutter mit Baby. Jedes dieser Tierchen fand in meiner Hand Platz. Die Tigerchen waren goldfarben und schwarz und hatten weiße Samtkehlen. Mit einem schwarzen Seidenband waren sie miteinander verbunden. Die Pinguine waren schwarzweiß und ihre roten Filzschnäbel lächelten. Die Flossen von Mutter und Kind waren an den Spitzen aneinander geheftet, als ob sie sich an den Händen hielten. Es war das Erstaunlichste und Schönste, was ich je gesehen hatte. Diese Mütter und ihre Kinder konnte man nicht voneinander trennen, es sei denn, man riss sie mit Gewalt auseinander, was ich gewiss niemals tun würde. Ich steckte das kleinste der Tigerjungen in die Läufe der Tigermutter, denn ich wusste, der schönste Ort auf der Welt war der an Ommas Brust.

Auf Hawaii war es warm und klar, und ich verspürte fast so etwas wie innere Ruhe. Ein Mensch, der nicht meine Mutter war, war gut zu mir. Dass er meine Sprache kaum beherrschte, war nicht wichtig; er war freundlich und er lächelte. Langsam gewann ich Sicherheit. Erst zwei Tage kannte ich ihn, und schon war er mir das einzig Vertraute in einer zunehmend fremden Umgebung. Auf dem Weiterflug nach Los Angeles spielte ich mit den Tierchen. Inzwischen grübelte ich nicht mehr darüber nach, was wohl als Nächstes käme; es genügte, dass ich das Waisenhaus, den Käfig, hinter mir hatte und mit einem Menschen zusammen war, den ich mochte. Ich fragte mich, ob ich bei ihm bleiben würde, und fühlte mich ziemlich wohl.

Dann aber landeten wir in Los Angeles. Wir verließen das Flugzeug und er marschierte, mich auf den Armen tragend, über den großen glänzenden Boden des Flughafengebäudes. Verblüfft und ängstlich beobachtete ich, wie die Leute um mich herumhasteten. Ihre Schuhe klapperten über die Fliesen, das Durcheinander ihrer Stimmen wirbelte in einer unverständlichen Sprache um mich herum. Später, als ich die Geschichte des Turms zu Babel hörte, musste ich wieder an den Flughafen denken und fragte mich, ob es damals in Babel wohl auch so geklungen hat.

Zwei Leute näherten sich uns: ein Mann und eine Frau. Sie redeten laut, lächelten, sahen mich an, und ich klammerte mich noch fester an sein Jackett, presste das Gesicht an die steife weiße Baumwollbrust seines Hemds.

Die Frau machte mir Angst, weil sie zwei tote Tiere auf den Schultern trug. Sie hatte sich einen Rotfuchs mit buschigem Schwanz um den Hals drapiert, dessen hübsches Gesichtchen leblos über ihren Busen starrte, während man ihm den Schwanz des zweiten Tiers in den Mund gestopft hatte. Das größte Entsetzen aber jagten mir die weit aufgerissenen, stieren Augen der Füchse ein. Später erfuhr ich, dass sie aus Glas waren. Die Frau trug hochhackige Schuhe, die auf dem Flughafenfußboden klackende Geräusche machten, und hatte ihr hellbraunes Haar zu einer glänzenden Wolke aufgetürmt. Sie lächelte breit und plärrte unaufhörlich auf mich ein – als könne ich ihre Sprache verstehen, wenn sie nur laut genug schrie.

Ihr Begleiter war groß und schlank und trug einen schwarzen Anzug mit weißem Hemd. Er redete nicht viel, und nach wenigen Minuten wurde ich ihm ohne weitere Umschweife in die Arme gedrückt. Mein Freund verschwand ohne einen Blick zurück, und ich schrie und versuchte, mich zu befreien und ihm nachzulaufen. Mein neuer Vater aber hielt mich fest und setzte sich in einen der Flughafensessel, bis ich mich beruhigt hatte.

Ohne ein Wort der Erklärung oder des Trosts lieferte mich der Mensch, dem ich eben zu vertrauen begann, diesen Leuten aus. Und ich fragte mich, warum ich schon wieder verlassen wurde – warum mich mein Freund, der mich doch zu mögen schien, fremden Menschen aushändigte.

Während all der Jahre habe ich ihn nie vergessen. Einmal ins Herz geschlossen – wenn es dazu auch nur weniger Stunden bedurft hatte –, blieb er darin. Obwohl ich ihn nie wieder sah, begann ich später seine Karriere zu verfolgen, die ziemlich glänzend verlief. Oft dachte ich daran, ihm zu schreiben, nahm jedoch an, dass er sich nicht mehr erinnern würde, und fürchtete, ihn in Verlegenheit zu bringen oder mich zu blamieren. Im Grunde wollte ich unsere merkwürdige Freundschaft gar nicht erneuern, sondern ihm etwas mitteilen. Ich wollte ihm danken, dass er mir geholfen hatte, mich wieder lebendig zu fühlen. Dafür, dass er mich angeschaut und angelächelt hatte – nach dem Tod meiner Mutter war er der erste. Mit ihm zusammen war ich keine Unperson, keine Last, keine unadoptierbare Waise, sondern ein Mensch. Ich wollte ihm danken, dass er mir etwas geschenkt hatte, mir seine Taschenuhr anvertraut und mich freundlich behandelt hatte. Dafür, dass er mich auf seinen Armen getragen hatte. Ich wollte ihm sagen, dass mir die Erinnerung an die wenigen mit ihm verbrachten Stunden äußerst kostbar ist, und dass seine unaufdringliche umsichtige Güte einen prägenden Einfluss auf mein Leben hatte.

Ich bin überzeugt, dass jede liebevolle Tat, auch wenn sie noch so flüchtig ist, ein unbegrenzt positives Potenzial besitzt. Und dass ich so empfinde, hat vor allem mit dieser Erinnerung zu tun.

Jahrelang habe ich mich gefragt, warum er mich derart abrupt abschob; heute denke ich, dass er wohl nicht anders handeln konnte. Wahrscheinlich hatte man ihm eingeschärft, möglichst schnell, nachdem er ein Kind mit seinen neuen Eltern zusammengebracht hatte, von der Bildfläche zu verschwinden.

Während ich nun am Flughafen saß und schluchzte, näherte sich mir ein Mädchen und wollte mir einen Kaugummi schenken. Ich jedoch, völlig untröstlich und keines vernünftigen Gedankens fähig, stieß die ausgestreckte Hand mit dem Kaugummi fort. Meine neuen Eltern waren entsetzt und wiesen mich laut zurecht. Schon in den ersten Minuten meines amerikanischen Lebens wurde ich von Gewissensbissen heimgesucht. Wenn ich auch nicht wusste, was sie sagten, spürte ich doch, dass ich sie verärgert hatte. Es tat mir auch Leid, dass ich die Gefühle des kleinen Mädchens verletzt hatte, doch auch dies konnte ich nicht begreiflich machen.

Diese Augenblicke im Flughafen gaben das Muster vor, nach dem sich mein zukünftiges Leben mit meinen Eltern gestalten sollte. Mom erschien mir als eine Art Ungeheuer, das sich mit toten Sachen schmückte. Dad war ein missbilligender Schweiger. Und ich selbst das undankbare Kind, das sich nicht zu benehmen wusste.

Im Laufe weniger Monate hatte es mich aus dem Leben mit meiner einzigen Gesprächspartnerin Omma an diesen lärmenden Ort mit seinen vielen Menschen verschlagen, die in einer Sprache redeten, die ich unmöglich verstehen konnte. Ich war völlig verwirrt. Und meine neuen Eltern konnten mir nicht helfen – sie sprachen kein Koreanisch, nicht einmal »ja« oder »nein« hätten sie sagen können. Sie gaben mir einen neuen Namen. Schalten mich, wenn ich weinte. Nichts in dieser neuen fremden Landschaft war mir vertraut.

Während sich meine Eltern auf der Heimfahrt vom Flughafen auf der Vorderbank des Wagens unterhielten, weinte ich mich in den Schlaf. Erst als wir Stunden später in die Auffahrt meines neuen Heims einbogen, wachte ich auf.

ZWEITER TEIL

Kapitel 6

Ich erwachte in der Wüste, einem Ort, dessen Existenz ich mir niemals hätte ausmalen können. Draußen erstreckte sich eine gewaltige tote Sandfläche. Es gab weder Azaleenwiesen noch Reisfelder. Berge gab es zwar, doch sie waren kahl und ausgedörrt. Statt kiefernbestandener Hänge, die sich in nebligen Wolkenbänken verloren, erblickte ich schroffe Felstürme. Es gab keine Gingkobäume. Und keinen heiligen Lotus. Nur gräuliche Bärentraubenbüsche sah man und unversöhnliche Kakteen, die man *cholla* nannte.

Die wilden Tiere der Gegend hatten sich dem Leben in dieser Hölle angepasst. Es gab Skorpione, die über den Asphalt der Auffahrt glitten. Oder *vinagrones,* die sich in dunklen Winkeln versteckten, einen dann furchtbar stachen und dabei einen eigenartigen Geruch verströmten. Es gab Kojoten, die nur aus Knochen und Sehnen bestanden und in der Dämmerung aus den Hügel herabkamen, um sich ein Kätzchen oder einen wilden Eselhasen zu holen. Schlangen schlängelten sich von Busch zu Busch und hinterließen ihre kurvigen Abdrücke im Sand. Riesenspinnen wie aus Sciencefictionfilmen spannen ihre gewaltigen Netze in den Holztraufen über der Küchentür. Und in den Spalten zwischen den Zaunpfosten hockten braune Einsiedlerspinnen, die beim Stechen ein Gift verspritzten, das zentimeterweise alles weiche Körpergewebe wegfraß.

Die Luft fühlte sich an, als habe man sie aus einem riesigen Ofen herausgepumpt, und hin und wieder blies ein noch heißerer Wind, der den Sand in die Höhe riss und kleine Wirbelwinde daraus machte, die alles, was sich im Freien befand, sandstrahlten. Es gab kein Gras. Etwas richtig Grünes gedieh in dieser Einöde nicht.

An der Vorderseite des Hauses führten breite weiße Stufen zur Eingangstür hinauf. Dad trug mich hinauf und setzte mich ab, und erstaunt starrte ich auf meine Füße hinunter, die auf etwas Weichem, Pelzigem standen – von dem ich später erfuhr, dass es »Teppich« hieß –, und vor dem ich mich fürchtete. Vor mir ragte auf drei schlanken Beinen ein riesiger schwarzer Kasten auf. Ich hatte keine Ahnung, dass es der Flügel war, beziehungsweise dass ich in den kommenden Jahren einen beträchtlichen Teil meines Lebens davor verbringen sollte. Seitlich davon befand sich ein rotes Samtsofa und dahinter eine Tür, die auf den trockenen, mit Steppenläufern übersäten Hinterhof hinausging.

Dieses bescheidene Haus mit seinem beigen langflorigen Teppichboden und den großen bedeutsam wirkenden Möbelstücken überwältigte mich. Am anderen Ende des Ganges, vis-à-vis vom Wohnzimmer, lagen drei Schlafzimmer und ein rosa gefliestes Bad. Meine neuen Eltern führten mich in mein Zimmer, um mir meine neuen Spielsachen und mein Bett zu zeigen. Das Bett, ein Himmelbett aus Walnussholz, hatte eine gelbe Tagesdecke aus Chenille mit einem riesigen Gänseblümchen in der Mitte. Ich bekam einen Stofftiger, eine schwarze Katze und eine rosa Puppe mit Plastikkopf geschenkt. Später erzählten sie mir, dass ich keinerlei Dankbarkeit oder Freude gezeigt hätte und sie enttäuscht gewesen seien über mein schlechtes Benehmen.

Noch nie hatte ich in einem Bett geschlafen und wusste daher nicht, was ich von diesem Ungetüm halten sollte. Ich begriff gar nicht, dass das Zimmer und die Spielsachen für mich sein sollten.

Von Sekunde zu Sekunde wuchs meine Furcht. Entfremdung, Kummer, Verlust und Einsamkeit, das alles hatte ich in Korea gekannt – diese Furcht aber war etwas Neues. Ich hatte keine Ahnung, was als Nächstes passieren würde, und niemand konnte mir etwas erklären. Alles, was ich hier sah, hörte und schmeckte, war mir absolut fremd.

Ich sah mir alles an und schwieg. Da ich bereits im Flughafen begriffen hatte, dass diese beiden Menschen mich nicht verstanden, so wenig wie ich sie, hatte es gar keinen Sinn, irgendeinen Kommunikationsversuch zu starten.

Nach einem raschen Rundgang durchs Haus begann meine neue Mutter sogleich mit meiner Abrichtung zum idealen Kind. Sie zog mir die grünen Gummischuhe und das verblichene Baumwollkleid aus und verpasste mir ein blassblaues Kleid mit zwei Rüschenreihen und einem kratzigen Unterrock. Die Korean-Airlines-Tasche, in der sich meine kleine Plüschtierkollektion befand, wurde mir aus den Händen gerissen. Später dann, als ich schon genügend Englisch verstand, erklärte sie mir, dass die Tierchen unhygienisch gewesen seien und dass sie sie habe wegwerfen müssen. Zu diesem Zeitpunkt jedoch war ich bereits derart erschöpft, dass ich nicht einmal mehr weinte. Ich hatte schon begriffen, dass alles, was mir etwas bedeutete, ohne viel Federlesens zerstört wurde.

Ich verkroch mich mit einem meiner pieksauberen neuen Stofftiere aus meinem pieksauberen neuen Schlafzimmer unter dem Flügel und drückte mich an die Wand. Trotz meiner angehenden Klaustrophobie erschien mir diese Stelle als der sicherste Ort in diesem Haus, das nach der Einzimmerhütte, die ich mit Omma geteilt hatte, und meinem abgesperrten Gitterbett im Waisenhaus riesengroß und verwirrend für mich war.

Zur Essenszeit zog man mich unter dem Flügel hervor und führte mich ins Esszimmer, wo Brathuhn und Kartoffelbrei auf dem Tisch standen. Dass es sich dabei um Essen handelte, wusste ich zwar, aber Aussehen und Geruch waren mir fremd, ja geradezu widerwärtig. Meine Eltern schimpften und versuchten, mir das Zeug zwischen die Lippen zu schieben, die ich jedoch entschlossen zusammenpresste. Ich wollte Reis. Ich wollte Tee. Ich wollte, dass sie den Mund hielten und aufhörten, mich in einer unverständlichen Sprache vollzubrabbeln.

Inzwischen waren wohl auch sie ziemlich erschöpft und wir gingen alle zu Bett. Von der Nacht weiß ich nur noch, dass ich mehrere Male aufwachte, auf dem Bett aufstand und über das Kopfbrett und in den fünf Zentimeter breiten Spalt zwischen Holz und Wand spähte. Dieser Spalt machte mir Angst, der Spalt und das, was vielleicht in der Nacht daraus aufsteigen würde.

An meinem zweiten Tag in Amerika fasste ich einen Entschluss: Ich würde lernen, diese Menschen und ihre merkwürdigen Sitten zu verstehen. Inzwischen sah ich auch den Zusammenhang zwischen ihnen und den Fotos, die man mir im Waisenhaus gegeben hatte, und rechnete damit, bei ihnen zu bleiben, bis sie entweder genug von mir hatten oder ich sie derart verärgert hatte, dass sie mich ins Waisenhaus zurückschickten. Hellwach lag ich auf dem Bett, besah mir mein neues

Schlafzimmer und dachte über alles nach. Ich konnte mir nicht vorstellen, dass diese neue Beziehung dauerhafter sein sollte als irgendeine frühere, und glaubte, es werde von meinem Aussehen und meinem Verhalten abhängen, ob sie mich behielten oder wieder loszuwerden versuchten.

In Korea und inzwischen auch in Amerika hatte ich gelernt, dass ich unerwünscht war. Wenn ich mich nun aber sehr anstrengte, so dachte ich, könnte ich mein Aussehen und meine Sprache womöglich so stark verändern, dass ich den Menschen meiner Umgebung vielleicht doch noch gefiel.

Am zweiten Tag beim Frühstück versuchte ich, das Ei und den Speck auf meinem Teller aufzuessen. Was Eier waren, wusste ich, Speck aber hatte ich noch niemals gesehen. Das weich gekochte Ei war schleimig wie Gelatine, und schon beim ersten Bissen musste ich würgen. Der Speck war das Salzigste, was ich je gekostet hatte, salziger noch als Kimchi. Meine neuen Eltern hatten ganz klare Vorstellungen davon, welche Nahrungsmittel man zu welchen Mahlzeiten zu essen hatte, und so lange ich bei ihnen lebte, verzehrte ich jeden Morgen ein Frühstück, das aus gebratenen Eiern und Speck bestand. Geschmeckt hat es mir nie. Ich bemühte mich, die Gabel, die ich im Waisenhaus schon einige Male benutzt hatte, genauso wie meine Eltern zu halten. Das Beste am Frühstück war der Orangensaft, der aus einem großen Plastikkrug in ein winziges flötenförmiges Glas gegossen wurde. Wie frisch und süß und rein er war! Mit wenigen Zügen leerte ich mein Glas, blickte sehnsüchtig nach dem Krug und wünschte mir, ich könnte mehr davon haben. Doch auch wenn ich Englisch gekonnt hätte, hätte ich wohl keine Bitten geäußert, und später lernte ich, dass man aß und trank, was einem vorgesetzt wurde. Niemand an diesem Tisch erhielt jemals ein zweites Glas Orangensaft.

Alles Vertraute war dahin und mein Leben wurde zu etwas völlig Fremden. *»Mul«* wurde zu »Wasser«. *»Pyonso«* zu »Toilette«. Und ich selbst wurde »Elizabeth«, ein Mädchen, in dessen Haut ich noch nicht hinein gefunden hatte. Für »Omma« fand ich niemals einen Ersatz. Wo einst dieses Wort gewesen war, blieb nur eine gewaltige Leere.

Meine Erziehung – zu der Elizabeth, die sie sich wünschten – begann umgehend und mit unerbittlicher Strenge. Ständig wurde ich überwacht; jedes Wort, jede Handlung und jeder Gedanke wurde im Lichte der elterlichen Normen und der biblischen Gebote überprüft und meistens für zu leicht befunden.

Während meiner Zeit im Waisenhaus hatte ich den christlichen Glauben ein wenig kennen gelernt, damals allerdings nur die Spitze des Eisbergs zu sehen bekommen. Ich wusste zwar, dass man vor den Mahlzeiten den Segen sprach, aber die endlos langen Gebete, die ich nun aus Dads Mund hörte, waren etwas Neues für mich. Die Tischgebete in meinem neuen Zuhause bestanden aus einem detaillierten Katalog all dessen, was auf dem Tisch stand, einer Aufzählung aller bis zu dieser Stunde des Tages begangenen Sünden samt daraus folgender Reue und Buße, einer Bitte um Gesundheit und Wohlergehen für alle Kranken sowie der Klage über die Laxheit des politisch-moralischen Zeitgeists.

Langsam, nach und nach, begann ich meine Eltern zu verstehen. Am wenigsten unbehaglich fühlte ich mich noch in Gegenwart meines neuen Vaters, der zumindest nicht unausgesetzt plapperte und mich anstarrte. Nach dem Frühstück dieses zweiten Tages nahm ich ihn an der Hand, zog ihn durchs ganze Haus und deutete auf jeden einzelnen Gegenstand. Ziemlich schnell begriff er, was ich wollte, sprach mir den Namen jedes Dings zweimal vor, bis ich ihn wiederholen konnte, nickte dann und fuhr fort. Der Griff, mit dem er meine Hand umschloss, war angenehm – nicht zu fest und trotzdem verlässlich –, und ich begann ihn zu mögen. Ich deutete auf mich und auf ihn, auf den Himmel und das Gras und auf die Abbildungen von Dingen in Büchern – auf alles, was mir in den Sinn kam. Dieser Prozess der Namensgebung nahm den größten Teil des Tages in Anspruch.

Gegen drei Uhr nachmittags schlief ich ein und hielt unter dem Flügel, jenem Ort, der sich zu meinem Lieblingsplatz entwickeln sollte, mein Nickerchen. Von hier aus konnte ich die Füße meiner Eltern kommen und gehen sehen, und ich hatte eine Wand im Rücken, was mir ein wenig Sicherheit verschaffte. Wenn meine Eltern sprachen, lauschte ich aufmerksam und begann, vor mich hinflüsternd, selber Worte und Flexionen auszuprobieren. Offenbar waren sie zufrieden mit mir – Mom klatschte in die Hände, als ich auf sie deutete und »Mutter« sagte. Diese kleine demonstrative Anerkennung machte mir Mut, und ich fragte mich schon, ob ich meine neuen Eltern nicht vielleicht doch glücklich machen konnte.

Als ich aus meiner Siesta erwachte, war mir schwindlig und übel. Ich kroch unter dem Flügel hervor, ging hinüber zum roten Samtsofa und spie sämtliche Polster mit Würmern voll. Bei einem Arzt war ich noch nicht gewesen, ich hatte Parasiten – die höchstwahrscheinlich von den unhygienischen Verhältnissen im Waisenhaus herrührten. Ich weiß nicht, warum ich mir ausgerechnet das Sofa aussuchte – denn ich kann mich nicht erinnern, dass ich Zeit gehabt hätte, eine bewusste Entscheidung zu treffen. Mom kreischte, Dad packte mich am Arm und riss mich vom Sofa weg. Ich hatte etwas Scheußliches getan, ich wusste es, und war beschämt und voller Angst. Mehrere Minuten lang brüllten sie auf mich ein, während ich heulend und zitternd und mit entsetzlichem Brechreiz kämpfend in der Mitte des Wohnzimmers stand. Ein paar wenige Worte aus meinen Englischstunden mit Dad aber erkannte ich wieder: »Sofa« zum Beispiel, und »Tier«.

Meine Eltern kümmerten sich um die Schweinerei; ich rührte mich nicht vom Fleck. Wusste nicht, was ich machen sollte. Schließlich packte mich Dad an der Schulter und schob mich ins Badezimmer, wo Mom mir ein heißes Bad einließ.

Am Vorabend war ich kurz nach dem Abendessen zu Bett gegangen, sodass dies meine erste Begegnung mit einer Badewanne war. Wenn ich in Korea mit Omma badete, hatten wir Wasser erhitzt und in einen kleinen hölzernen Waschtrog gegossen. Im Waisenhaus bestand unser Bad, obwohl wir ein großes Badezimmer und Toiletten mit Wasserspülung besaßen, schlicht darin, dass man uns hin und wieder von Kopf bis Fuß mit Desinfektionsmitteln abrieb.

In diesem Badezimmer jedoch stand ein riesiges weißes Becken – groß genug, um mich zu verschlingen –, und aus einer kleinen silbernen Öffnung schoss kochend heißes Wasser. Ich starrte Vater an und flüsterte nur noch: *»Anyo, anyo, anyo«* (nein, nein, nein). Mutter riss mir das Kleid vom Leib, und dann schubsten sie mich in die Wanne. Obwohl ich versuchte, mich auf den Füßen zu halten, kippte ich immer wieder um und geriet mit dem Kopf unter das heiße Wasser. Ich kämpfte um mein Leben. Bei dem ganzen Gerangel wurden meine Eltern und das Bad tropfnass, und irgendwann einmal gab Vater mir eine Ohrfeige. Das Wasser war so beängstigend heiß und tief, und ich glaubte, dass man mich auf diese Weise für die Würmer bestrafe.

Nach ein paar Minuten zog Dad mich aus der Wanne und schob mich zu Mom hin, die mich dann abtrocknete. Nackt und zitternd stand ich im Bad, während sie mich ausschalten und mit Handtüchern Boden und Wände abwischten. Dann zog mir Mom das Nachthemd über den Kopf und sagte »Bett«.

Noch Jahre nach dem Zwischenfall mit den Würmern entschuldigte ich mich wiederholt und immer aufs Neue, sobald Mutter die Sprache darauf brachte. Unzählige Male erklärte sie mir, dass ich, als ich frisch zu ihnen kam, »wie ein Tier« gewesen sei, was die Tatsache, dass ich ein wunderschönes Samtsofa mit Würmern vollgespien habe, wohl eindeutig beweise.

Ich fühlte mich schuldig und beschämt deswegen, und wenn Mutter auch nie behauptete, dass ich selbst an meinen Würmern schuld sei, so meinte sie doch, dass man, um sich so etwas zu holen, schon etwas Widerwärtiges tun müsse, beispielsweise ohne Unterwäsche im Dreck hocken. Am häufigsten sagte sie, dass sie einfach nicht begreife, warum ich mich in einem Haus mit einem schönen Badezimmer auf ihr Sofa übergeben musste.

Mutter war geradezu besessen von dieser Geschichte. Allen ihren Bekannten berichtete sie davon; und wenn sie jemanden neu kennen lernte, erzählte sie das als Anekdote. »Wie nett, Sie kennen zu lernen. Das ist meine Tochter Elizabeth. Wir haben sie adoptiert, müssen Sie wissen. Oh, am Anfangs hatten wir's wirklich nicht leicht mit ihr. Sie war wie ein Tier. Ein paar Tage nachdem wir sie gekriegt haben, marschiert sie doch tatsächlich rüber zu meinem herrlichen roten Samtsofa und spuckt mir alles mit Würmern voll. Allein die Vorstellung! Tja, ist natürlich nie mehr ganz rausgegangen. Ich habe meinen Augen kaum getraut. Überall haben sich diese Viecher geringelt. Wo das Bad nur ein paar Schritte überm Gang liegt. Warum sie die Würmer unbedingt auf dem Sofa hat loswerden müssen, ist mir wirklich ein Rätsel. Haben Sie so was schon mal gehört?«

Die Leute, denen sie dies jeweils vortrug, lauschten höflich, verwirrt und verlegen. Warfen alle paar Minuten einen Blick auf mich, die ich stumm an Mutters Seite stand. Damals glaubte ich, dass sie mich mit Abscheu betrachteten, und dass der Widerwille, den ich in ihren Zügen las, gegen mich gerichtet sei. Im Rückblick aber denke ich, dass die meisten sich eher über sie empörten. Dass die Blicke, mit denen sie mich bedachten, voller Mitleid waren, und dass die Geschichte sie vor allem deshalb entsetzte, weil sie sie unbedingt erzählen wollte. Woran ich mich erinnerte, ist dies: dass alle so schnell wie möglich das Thema wechselten.

Was Mom damit sagen wollte, war immer das Gleiche: dass

ich mit Parasiten verseucht war, weil meine eigene Mutter und meine koreanische Kultur so barbarisch waren. Aber bei meiner Mutter, meiner Omma, war mir dies nicht zugestoßen. Nicht der Mangel an westlicher Kultur hatte mich krank gemacht, sondern das amerikanische Waisenhaus und die unsauberen Verhältnisse dort. Die weißen christlichen Missionare, die mich angeblich gerettet hatten, waren an meiner Erkrankung schuld. Und dafür, dass man mich schlecht behandelt hatte, musste ich nun büßen.

Dieser Vorfall – oder vielleicht auch Mutters unaufhörliches Erzählen davon – war einer der Hauptfaktoren für die unumstößliche Festschreibung meiner Selbstverachtung. Alles, was in mir war, ob geistiger oder körperlicher Natur, schien mir widerwärtig.

Erst kürzlich sprach meine Tochter davon, wie oft Mom – ihre Großmutter – diese Geschichte erzählt habe. Und jedes Mal, sagte Leigh, habe sie mich genau beobachtet. »Dein Gesicht hat sich verändert«, sagte sie. »Untröstlich hast du plötzlich gewirkt. Und dann sehr still und distanziert.«

Die Wände des Hauses, in dem wir lebten, waren voller Bilder. Im Wohnzimmer befanden sich Farbdrucke bekannter religiöser Gemälde: Jesus, der vor einer Gartenpforte steht und anklopft; eine Reproduktion von Dürers »Betenden Händen« sowie eine andere von einem alten Mann, der andächtig den Kopf neigt, ehe er sein karges Stück Brot verzehrt. Wenn man aus dem Wohnzimmer trat und die Diele entlangging, wurden die Bilder immer düsterer: Jesus vor Pilatus – kurz vor der Kreuzigung; sein Gang nach Golgotha mit dem Kreuz auf dem Rücken. Und direkt vor meiner Schlafzimmertüre hing ein Bild, das Christus, dem gerade die Dornenkrone aufs Haupt gedrückt wird, mit schmerzhaft verdrehten Augen zeigte. Die Augen folgten einem, wenn man an ihnen vorüber ging.

Über meinem Bett hing ein Triptychon von Hieronymus Bosch, ein Bild des Jüngsten Gerichts. Der linke Flügel zeigte das Paradies, in dem sich einige Menschen auf grüner Au ergingen. Aber sogar hier im Paradies entdeckte man einen Engel im Hintergrund, der gegen jemanden, der offenbar nicht hineingehörte, sein Schwert erhob. Auf der mittleren Tafel war das Gericht selbst abgebildet, der von Heiligen und Engeln umgebene thronende Christus. Am Boden wimmelte es vor allerlei Schreckensgestalten. Eins dieser Geschöpfe – halb Ente, halb Mensch – trug ein anderes, das an allen Vieren an einen Pfahl gefesselt war, die Brust von einem langen Schwert durchbohrt. Ein Männerkopf schwamm in einem Fass, während ein grüner Drache darauf lauerte, ihn zu verschlingen. An einem Tisch saß ein dicker Mann, dem rote Dämonen aus einem Fässchen etwas in die Kehle gossen. Leiber verschwanden in mit Eisenspitzen bewehrten Fleischwölfen. Und körperlose Köpfe bewegten sich auf Rädern fort. Der rechte Altarflügel zeigte die Hölle. Aus Kratern am Boden schossen Flammen empor. Nackte Frauen wurden von Wasserspeiern liebkost; den Bösen hatte man Dolche in die Genitalien gerammt. Tierwesen hackten auf die Leiber der Verdammten ein.

Bosch und meine Eltern hatten viel gemeinsam. Alle drei waren sie Moralisten und der Überzeugung, dass der Mensch von Natur aus böse sei und, sofern er sich selbst überlassen blieb, in der Hölle enden musste.

Im Haus war es immer düster, weil Mutter nicht wollte, dass die Sonne die massiven alten Mahagonimöbel blich. Die doppelten Vorhänge blieben Tag und Nacht vorgezogen. Das Haus war vollgestopft mit allen möglichen Gegenständen – religiösen Bildern und Büchern, Porzellanfigürchen, Dresdner Puppen und hunderten von anderen winzigen und zerbrechlichen Dingen, die mit größter Sorgfalt behandelt und einmal die Woche abgestaubt werden mussten.

Über den Flügel war ein seidenes Fransentuch drapiert. Und

auf ihm stand, wie auf praktisch jeder zweiten horizontalen Oberfläche, ein Plastikrosenstrauß. Konfektschalen aus Kristall verteilten sich über das ganze Haus, ohne dass auch nur eine von ihnen jemals Konfekt enthalten hätte. Das Haus hatte etwas Steriles in seiner Vollkommenheit, und immer hatte ich Angst, etwas anzufassen.

Am dritten Tag begann Vater, mir Klavierstunden zu geben. Inzwischen verstand ich die Sprache schon ziemlich gut und wusste auch, was Klavier bedeutete, denn Vater spielte jeden Tag. Am Abend brachte er etwas mit, das ich bei mir das »Klavierbuch« nannte. Es enthielt Stücke wie »Kitten on the Keys« und »Indian Brave«. Und wenn der Flügel auch eher gemischte Gefühle in mir auslöste, ich wollte Vater zufrieden stellen. In der ersten Stunde nahmen wir die C-Dur-Tonleiter durch. Ich sah, wie Vater den Daumen unter dem Mittelfinger durchschob, und versuchte, es nachzumachen, doch meine Hände waren nur halb so groß wie die seinen, und meine Finger noch ungeschickt. Vater, der eine Pianistenausbildung besaß, hatte keine Geduld mit mir, und jede Stunde war eine Tortur. Morgens, ehe er zur Arbeit fuhr, hatte ich eine Klavierstunde, die normalerweise damit endete, dass er, verärgert über meine Ungeschicklichkeit, aus dem Zimmer stürmte.

»Warum kannst du nicht mal eine einfache Tonleiter spielen? Ich hab's dir doch schon hundertmal gezeigt.«

Weil meine Finger nicht lang genug seien, erwiderte ich ihm.

»Das ist lächerlich. Streck mal die Hand. Du bemühst dich nur nicht. Warum bist du nur so ungezogen?«

Es fiel mir nicht leicht, die klassische Musik zu begreifen. Zwar faszinierte mich der Flügel mit seinen elfenbeinernen Tasten, doch die abendländische Musik verwirrte mich. Meine Ohren waren an Ommas koreanische Fünfton-Tonleiter gewöhnt, und diese neue Tonleiter schüchterte mich ein. Da ich nicht zuzugeben wagte, wie wenig ich begriff, täuschte ich vieles nur vor, ich beobachtete, was Vater am Flügel machte, und ahmte es nach. Gelegentlich sagte ich ihm, dass ich das, was er mir über die Musik beizubringen versuche, nicht verstünde.

»Natürlich verstehst du es. Du bemühst dich nur nicht. Bist einfach ein ungezogener Fratz.«

Die Musik diene dem Ruhm Gottes, schärfte man mir ein. Versagte ich also, so enttäuschte ich nicht nur Vater, sondern auch Gott.

Meine musikalische Begabung half mir zuweilen, Vaters Zorn zu entgehen, dann nämlich, wenn ich die Dinge, die er mir beibrachte, meisterte – wenn ich sie auch nicht begriff. Auch ohne etwas zu verstehen, konnte ich etwas nachahmen – eine Musik, eine Sprache und ein Leben, das mir fremd war. Falls ich den Verlust meines früheren Selbst irgendwie verspürt haben sollte, so war ich mir dessen nicht bewusst. Auf mein altes koreanisches Ich legte ich gar keinen Wert. Nur eines wollte ich: mich anpassen und in dieser neuen Welt akzeptiert werden.

Während meiner ersten Woche in Amerika kam eines Abends eine Frau an unsere Haustür, die eine Schachtel mit zwei Kätzchen dabeihatte. Sie seien für mich bestimmt, meinte sie, denn gewiss fühle ich mich einsam, und da habe sie sich gedacht, die Kätzchen könnten mich aufheitern. Sie gehörte der Kirche meiner Eltern an und war eine rundliche, heitere Person, die gern lachte. Mom und Dad lächelten und bedankten sich, und ich setzte mich mit der Schachtel auf den Boden. Die Kätzchen waren grauweiß und ein klein wenig ernst, genau wie ich. Ich setzte sie mir auf den Schoß, und sie schnupperten und schnurrten und miauten ein wenig. Ich war völlig hingerissen. Ich streichelte sie und liebkoste sie und flüsterte ihnen Worte ins Ohr. »Du musst ganz, ganz behutsam mit ihnen umgehen«, sagte die Frau. »Es sind ja noch Babys«.

Ich nickte. Auf Behutsamkeit verstand ich mich. Ich würde ihnen gewiss nicht wehtun. Die Frau lachte, und als sie dann meinte, wir sollten doch ein Foto von mir und den zwei neuen Hausgenossen machen, gingen wir alle ins Freie. Ich trug die Kätzchen im Rock meines Baumwollkleids und folgte den Erwachsenen auf den Hof hinaus. Dad holte seine Kamera, ich kauerte mich auf den Boden und hielt schützend die Hände um die Kätzchen, die ihre Pfoten auf meine Beine stellten.

Sie waren so niedlich, so weich, und ich blieb mit ihnen im Freien, bis die Frau sich verabschiedete. Sie kam noch einmal heraus, streichelte sie, umarmte mich und wünschte mir viel Spaß mit ihnen. Kaum war sie fort, war Mom wie ausgewechselt. Die Kätzchen seien unhygienisch, behauptete sie, und machten eine Menge Arbeit. Auch wisse sie nicht, ob ich genügend Verantwortungsgefühl besitze, um für sie zu sorgen. Dann sah sie meine Hand. Die Kätzchen hatten mich beim Spielen gekratzt, und Mutter nahm mich mit ins Haus, betupfte mir die Hand mit Jod und hielt mir Vorträge über Krankheiten, die von Katzen übertragen wurden. Ich hatte die Kratzer gar nicht bemerkt, die Tinktur aber brannte so schlimm, dass ich heulte. Ich fragte, ob ich wieder mit den Kätzchen hinausdürfe, doch sie meinte, fürs Erste hätte ich genug mit ihnen gespielt, und es sei nun auch höchste Zeit zum Schlafengehen. Sie und Dad begannen sich flüsternd zu unterhalten.

Als ich am Morgen hinausrannte, um nach den Kätzchen zu sehen, waren sie mitsamt ihrer Schachtel verschwunden. Wo sie denn seien, fragte ich, und meine Eltern erklärten mir, sie hätten sie weggegeben. »Sie haben dich gekratzt. Und nun müssen wir vielleicht mit dir zum Arzt. Keine Kätzchen für dich.«

Wieder einmal war die Lektion eindeutig: Alles, was ich liebte, wurde mir genommen, ohne dass ich gefragt wurde, ohne dass ich es begriff: wie Omma, wie meine kleinen Spielzeugtierchen. Und nie kündigte es sich vorher an, und nie gab es nachher einen Trost.

Zu weinen oder Angst zu haben war in meinem neuen Heim nicht nur eine Schande, sondern eine richtiggehende Sünde. Solche Gefühle, behaupteten meine Eltern, stammten vom Teufel, weil sie einen Mangel an Gottvertrauen verrieten. Ganz offensichtlich lief jede Emotion, die nicht Freude im Herrn war, auf Gotteslästerung hinaus. Wenn ich bestraft wurde – weil ich meiner Mutter einen »garstigen« Blick zugeworfen hatte, in »pampigem Ton« geantwortet oder »meine Haushaltspflichten nicht anständig erledigt« hatte –, galt meine Hauptsorge dem Vermeiden von Tränen. Manchmal gelang es mir nicht ganz, und meine Lippen begannen zu zittern. »Mach nicht so ein Gesicht!«, riefen meine Eltern und gaben mir eins auf den bebenden Mund.

Nach einer Weile wurde es leichter. Ich lernte, kräftig zu schlucken, bis Tränen, Zorn und Kummer sich in meiner Kehle zu einem festen Kloß zusammenballten. Und irgendwann konnte ich dann gar nicht mehr weinen. Es ging einfach nicht. Bei den wenigen Anlässen, bei denen mir in all den Jahren ein, zwei Tränen entschlüpften, war der körperliche Schmerz beängstigend.

Ständig dachten sich meine Eltern neue Methoden aus, die es mir erleichtern sollten, meine Ängste zu überwinden und auf Gott zu vertrauen. So hatten sie etwa eine kleine Übung für mich, mit deren Hilfe ich meine unbezwingbare Furcht vor der Dunkelheit in den Griff bekommen sollte. Am Ende des langen Gangs befand sich mein Zimmer. Dort legten sie meinen Stofftiger auf den Boden. Der Gang war stockfinster; meine Eltern und ich standen im Wohnzimmer. »Nun geh den Gang runter und hol deinen Tiger«, sagten sie, »und hör jetzt mit diesem Unsinn auf.« Ich musste meinen Tiger wiederhaben, aber ich fürchtete mich vor der finsteren Diele und vor dem, was mich womöglich in meinem dunklen Zimmer erwartete. Sie weigerten sich, Licht zu machen oder mit mir zu kommen, weil sie mir, nur zu meinem eigenen Besten, wie sie meinten, etwas beibringen wollten. Nach vielen Tränen und Bitten nahm ich schließlich all meinen Mut zusammen und ging den Gang hinab, weil ich die Vorstellung, dass mein Tiger allein im Finstern saß, einfach nicht ertrug.

Das Haus, in dem wir wohnten, hatte etwas Bösartiges für mich. Der Lichtschalter für die dunkle Kellertreppe etwa befand sich aus unerfindlichen Gründen am Fuße der Treppe, und abends schickte Mom mich oft hinunter, um Seife oder Toilettenpapier zu holen oder bloß nachzusehen, ob auch alles abgeschlossen war. Ich hasste es, im Dunkeln hinunterzulaufen, aber das anschließende Wiederhinaufsteigen war noch schlimmer. Ich stand, den Finger am Lichtschalter, am Fuß der Treppe und koordinierte meine Bewegungen so, dass ich, sobald das Licht erlosch, die Treppe hinaufsausen konnte. »Langsam, langsam, und dann steigst du die Treppe hoch, wie es sich gehört«, befahl Mom. »Man könnte ja meinen, du wärst ein Gespenst. Nun geh noch mal runter und komm wie eine Dame wieder hoch.«

So stieg ich also gemessenen Schritts und mit ausdrucksloser Miene die Treppe hinunter. Unten blieb ich stehen, knipste das Licht an und wieder aus und stieg wieder nach oben. »Das war zu schnell. Außerdem zitterst du ja. Diese Angst ist wirklich eine Sünde. Was soll denn der Herr von dir denken? Nun gehst du gleich wieder runter und machst es noch mal. Und diesmal lächeln, wenn du die Treppe hochkommst. Denk dran, alles was wir tun, ist zur Ehre Gottes getan, und wenn wir nur Seife aus dem Keller holen.«

Eines Nachmittags kurz nach meiner Ankunft in Amerika verließ ich mein neues Heim und schlenderte über die Straße. Ich wollte mir die dürren Blumen und Gräser, die auf einem unbewohnten Grundstück dort wuchsen, einmal aus der Nähe betrachten, und ich pflückte ein paar davon, um Mom einen Strauß mitzubringen. Sie machte gerade ihren Mittagsschlaf, Vater war bei der Arbeit, und ich hatte Langeweile und fühlte mich einsam. So öffnete ich einfach die Tür und trat ins Freie. Ich bildete mir ein, sie würde mich dann lieber mögen; schließlich hatte Omma die Sträuße, die ich ihr auf den Wiesen rings um unser Haus pflückte, immer geliebt und sie direkt neben den Buddha auf unseren kleinen Altar gestellt.

Nur ein paar Minuten war ich fort gewesen, so schien es mir wenigstens. Doch als ich wieder durch die Haustür trat, telefonierte Mom schon mit Dad, und ich hörte sie sagen: »Na endlich. Da ist sie wieder.« Sie legte den Hörer auf und stützte die Hände auf die Hüften.

Es war ganz still, während wir in der Eingangshalle standen – nur die Großvateruhr tickte. Mutters weißes Kleid hatte ein rotes Mohnblumenmuster, sie hielt sich kerzengerade, und ihre Frisur saß perfekt. Ich war erhitzt und verdreckt, meine schwarzen Lacklederschuhe und die spitzenverzierten Söckchen waren voller Staub. Während ich noch im Eingang stand, mir die Sonne auf den Rücken brannte und das welkende Sträußchen in meiner Hand zu zittern begann, warf sie mir einen kurzen Blick zu. »Was fällt dir eigentlich ein, dich da draußen rumzutreiben? Deinetwegen muss Dad jetzt früher nach Hause kommen. Wenn er kommt, kannst du ihm ja selber erzählen, was für ein ungezogener Fratz du bist.«

Obwohl ich ihr die Blumen gar nicht entgegen gestreckt hatte, riss sie sie mir aus der Hand und warf sie weg. »Bring mir bloß dieses Unkraut nicht ins Haus. Ich bin allergisch gegen das Zeug. Willst du vielleicht, dass mir schlecht wird?« Als Vater nach Hause kam, setzten wir uns im Wohnzimmer zusammen, und meine Eltern listeten mir meine Sünden auf: Diebstahl von Pflanzen von fremdem Grundstück, unerlaubtes Verlassen des Hauses, Mom Sorgen machen. »Warum bist du bloß so ein ungeratener Fratz?« Ich erhielt eine ordentliche Tracht Prügel –

die erste meines Lebens. Vater hielt mich, von sich abgewandt, in der Kopfzange und schlug mir mit einem Holzbrett auf Hintern und Beine. Schlimmer als der körperliche Schmerz war die Angst vor dieser neuen, unbekannten Strafe. Ich wusste nicht, dass eine Tracht Prügel nach etwa zwölf Schlägen endete, wusste nicht, was als Nächstes kommen würde.

Dennoch fand ich, dass ich sie durchaus verdient hatte. Ich wusste ja, dass ich ungezogen war; ich glaubte den Erwachsenen. Mein Leben in Korea hatte mich Demut und Unterwürfigkeit gelehrt. Aber da ich immer noch nicht so recht begriff, was als ungezogen galt und was nicht, hatte ich große Angst.

Nachdem man mich an jenem Abend zu Bett gebracht hatte, schlich ich aus meinem Zimmer und den Gang hinab, um mich vor die Schlafzimmertür meiner Eltern zu setzen. Noch immer graute mir vor der Dunkelheit, und ich fühlte mich allein und verängstigt. Ob sie mich wohl ins Waisenhaus zurückschicken würden? Ich wusste, dass ich nachts nicht nach ihnen rufen sollte, doch dann dachte ich mir, dass ich mich ja einfach nur still hinsetzen und ihren Stimmen lauschen könnte. »Ich glaube, die Adoption war ein großer Fehler«, hörte ich Vater sagen. Und ich schlich auf Zehenspitzen zu meinem Bett zurück, starrte an die Decke und grub mir die Nägel ins Fleisch.

Diese Selbstverstümmelung war das Einzige, was mir einfiel, um mich von meinen Gefühlsqualen abzulenken, und ich betrieb sie viele Jahre lang. Der körperliche Schmerz und das warm herabrinnende Blut konnten mich zwar nicht trösten, aber sie zwangen mich, an etwas anderes zu denken. Außerdem erschienen sie mir wie eine Art Sühne für die unerträgliche Last meiner Schuld- und Schamgefühle. Auf irgendeine Weise befriedigten diese Selbstverletzungen mein Verlangen nach Gerechtigkeit.

Als ich älter wurde, grub ich mir die Nägel oft in den Hals, bis ich mir rings um die Kehle ein grindiges Bündchen gekratzt hatte. Ich grub sie in die weichen Höhlungen um die Augen. Oft erwachte ich nachts und fand mich wie ein Fötus zusammengerollt, während mir die Tränen aus den geschlossenen Augen strömten und meine Nägel an irgendeiner verletzlichen Stelle steckten. Ich erwachte und stellte fest, dass ich sie mir in die Vagina gekrallt hatte. Manchmal flüsterte ich beim Aufwachen: »Es ist Zeit zu sterben, Zeit zu sterben.« Fast jeden Morgen fand ich Blut auf dem Laken, getrocknetes Blut auf meiner Haut.

Meine Eltern schienen nichts zu bemerken; falls aber doch, war es ihnen wohl zu peinlich, darüber zu sprechen. Außerdem erledigte ich schon wenige Monate nach meiner Ankunft die gesamte Wäsche, sodass ich die Einzige war, die die blutigen Laken zu Gesicht bekam.

Im Rückblick bin ich erstaunt, wie anpassungswillig ich war und wie erpicht darauf, zu gefallen. Nach knapp einer Woche sprach ich ein halbwegs fließendes Englisch; nach knapp einem Monat spielte ich Klavier; und fast über Nacht hatte ich gelernt, wie ich mich als die christlich-gehorsame Tochter, die sie sich wünschten, benehmen musste. Um ihre Anerkennung zu erringen, war ich zu allem bereit. Und verzweifelt hoffte ich, mir ihre Liebe zu verdienen.

Kapitel 7

Nach einigen Tagen in Amerika lernte ich zu lächeln. Ich lächelte so viel, dass es schmerzte. Und wenn ich es einmal vergaß, sah Mom sich scheinbar verdutzt im Zimmer um und meinte: »Hmm. Ich höre da zwar eine Stimme, aber ich sehe niemanden. Falls so ein kleines Mädchen allerdings lächeln würde, könnte ich es wohl doch sehen.« Also zog ich die Lippen in die Breite und strahlte sie an wie verrückt, und erst da gab sie zu erkennen, dass sie mich sah.

Dieses Spielchen wurde zum Sinnbild meines Lebens in jenem Haus: Sah ich nicht so aus oder verhielt ich mich nicht so, wie meine Eltern es wünschten, existierte ich nicht für sie. Lächelte ich einmal nicht, so verkündete Mom, »Oberhäuptling Sturmwolke« habe es geschafft, sich ins Zimmer zu schleichen und müsse umgehend wieder daraus verschwinden. Und mein Lächeln müsse so breit und sonnig sein, dass meine Mom sagen könne: »Ach, was für ein nettes kleines Mädchen. Ich glaube, wir werden es doch behalten.«

Tat ich nicht genau das von ihnen Gewünschte, war ich unsichtbar. Allmählich glaubte ich schon, ich würde tatsächlich verschwinden, falls ich mich nicht zu jenem idealen Kind entwickelte.

Verzweifelt versuchte ich mich anzupassen, zu sein wie alle anderen um mich herum. Wenn Dad vor dem Spiegel stand und – ehe er zur Arbeit aufbrach – Krawatte oder Hut zurechtrückte, stellte ich mich neben ihn und verglich unsere Gesichter. »Ich sehe genau so aus wie du«, sagte ich, während mir der Spiegel das Bild meiner ockerfarbenen Haut, meiner dunklen Locken und mandelförmigen Augen neben dem eines hoch gewachsenen, hellhäutigen Durchschnittsamerikaners zurückwarf.

Ich hasste mein Aussehen. Ob in Korea oder Amerika, mein Gesicht war und blieb verkehrt. In Korea waren meine Augen zu amerikanisch; in Amerika waren sie zu asiatisch.

In der – mir so lieben – bunt zusammengewürfelten Gesellschaft, in der ich heute lebe, ist es kaum mehr vorstellbar, dass mein amerasisches Gesicht einmal derartige Beunruhigung erzeugen konnte. Ich war die einzige Angehörige einer Minderheit in der ganzen Stadt, und ein ziemlich armseliges Exemplar noch dazu. Kaum auszudenken, was die Leute zu einer Schwarzen oder einer reinrassigen Asiatin gesagt hätten. Wo sie sich schon über mein Gesicht ständig lustig machen mussten. Auch daheim ließ man mich niemals vergessen, wie fremdländisch ich wirkte.

»Elizabeth, zerr die Haare nicht so nach hinten. Du wirkst

viel amerikanischer, wenn sie locker das Gesicht umspielen. Bleib nicht so lang in der Sonne. Siehst ja schon fast wie eine Indianerin aus, gar nicht wie ein hübsches kleines amerikanisches Mädchen.«

Meine Adoptivmutter war groß und schlank, und in ihr hellbraunes Haar mischte sich bis ins hohe Alter keine graue Strähne. Stets war sie angezogen, als erwarte sie Besuch. Bei uns konnte man an jedem Wochentag morgens um sieben an der Haustür klingeln und sie bereits in Strümpfen, Hüfthalter, Pumps mit Fünfzentimeterabsatz und einem Kleid vorfinden. Sie war stolz darauf, außer Rouge, Lippenstift und Puder kein Make-up zu benutzen. Jeden Monat ließ sie sich eine neue Dauerwelle legen.

Dad war damals Seelsorger einer kleinen fundamentalistischen Gemeinde. So lange ich denken kann, trug er einen Anzug – sogar an Samstagen. In der Regel in gedeckten Farben, und dazu ein weißes Hemd und einen dunklen Schlips. Er war freundlich zu seinen Mitmenschen und hatte echtes Interesse an ihnen. Sein größter Charme bestand darin, dass er jedem Menschen das Gefühl gab, die Begegnung mit ihm habe ihm den Tag verschönt, ja, dass allein die Gegenwart des anderen genüge, um sein Glück vollkommen zu machen. Und das meinte er aufrichtig.

Den größten Teil seiner Zeit verbrachte er damit, sich um andere zu kümmern. Er besuchte Kranke. Er war in der Kirche, wann immer er dort gebraucht wurde. Er leitete Gottesdienste in den örtlichen Altersheimen. Er besorgte Lebensmittelgutscheine, wenn Leute kein Geld hatten, und er fuhr sie zum Laden, um mit ihnen einzukaufen. Zu Hause aber war er fast nie. Abgesehen von unseren täglichen Klavierstunden und meinen religiösen Unterweisungen nahm ich wohl die letzte Stelle auf seiner Prioritätenliste ein.

Vater war der leibhaftige Widerspruch. Gewiss, seine Religion erlaubte ihm nur eine sehr enge Sicht von Richtig und

Falsch und verlangte den Glauben an absolute Sünde und absolute Verdammnis. Dennoch war er im Grunde seines Herzens ein gütiger und liebevoller Mensch, der mich zwar für jeden sündigen Gedanken streng bestrafen, anschließend aber die Nacht auf Knien, in Tränen aufgelöst und für meine Seele betend, zubringen konnte.

Ich wollte ihm unbedingt zu Gefallen sein. Und aus irgendeinem Grund fühlte ich mich für sein Glück verantwortlich. Dieses Gefühl stellte sich schon nach wenigen Tagen ein. Wir saßen in der Küche, und Mom reichte mir das letzte Plätzchen aus der Plätzchendose – eine freundliche Geste, wie sie nicht gerade typisch für sie war. Ich nahm es, blickte dann zu Vater hin und steckte ihm das Plätzchen in den Mund. Er lächelte und aß es auf, und ich war überglücklich – ich hatte etwas getan, das ihm Freude machte.

In all den Jahren steckte ich ihm immer wieder Plätzchen in den Mund. Spielten wir ein Spiel wie etwa Monopoly, so mogelte ich, damit Dad gewann. Und wenn er nicht absolut vollkommen erschien oder sich nicht durchsetzen konnte, weinte ich. Als die Kinder auf einem Sommerlager der Kirche seinen Schlafanzug aus unserer Hütte entwendeten und ihn am Flaggenmast hissten, wurde ich richtig hysterisch und versuchte, ihn wieder herunterzulassen, damit niemand auf Dads Kosten lachen konnte.

Die Vorstellung, ihn beschützen zu müssen, wurde fast zu einer Obsession. Denn trotz der Strenge, mit der er mich oft behandelte, erschien er mir sehr verletzlich, und ich fühlte mich für seine Sicherheit und sein Glück verantwortlich.

Dennoch erzürnte ich ihn oft, und er hielt mein Verhalten auch weiterhin für bewusste Sündhaftigkeit. Es war an einem Dezemberabend etwa ein Jahr nach meiner Adoption, wir hatten soeben unser allabendliches Bibelstudium beendet, und ich war mit dem Beten an der Reihe. Doch kaum hatte ich die Worte »Lieber Herr Jesus« ausgesprochen, brach ich in Tränen aus. Ich hatte mich zunehmend unbehaglicher und verzweifelter gefühlt, ohne eigentlich zu wissen warum.

Und plötzlich wusste ich es.

»Mir ist, als würde meine Mami sterben«, erklärte ich meinen schockierten Eltern. »Und als müsste auch ich sterben. Ich will sie wiederhaben. Kann Jesus sie nicht zurückbringen?« Die Schluchzer schüttelten mich, und es war mir unmöglich, der Tiefe meiner Qual Ausdruck zu geben.

Vater war wütend. »Hör sofort mit dem Geflenne auf«, befahl er. »Und das meine ich ernst. Auf der Stelle.«

Ich gab mir zwar die größte Mühe, war aber so überwältigt von meinem Kummer, dass ich nicht aufhören konnte, obwohl ich wusste, dass er mich dafür bestrafen würde – da meinen Eltern, die mich ja sogar wegen meiner zuweilen traurigen Miene schalten, unkontrolliertes Schluchzen als absoluter Frevel galt.

Dad schlug mir ins Gesicht, erst links, dann rechts, und das Schluchzen wurde schwächer, verwandelte sich in ein Husten und schließlich einen würgenden Schluckauf. Der Schmerz, den mir das Ersticken meiner Schluchzer bereitete, war entsetzlich. »Sie ist nicht deine Mutter!«, brüllte er. »Sie war ein sündiges Weib, das dich nicht die Spur geliebt hat. Und sie schmort in der Hölle. Bildest du dir etwa ein, du wüsstest mehr als Gott? Willst du etwa seine Entscheidungen in Frage stellen? Weißt du, was mit Leuten geschieht, die das tun?«

Und er erzählte es mir, indem er mir aus der Bibel nacheinander sämtliche Beispiele vorlas, in denen jemand die Kühnheit besessen hatte, Gottes Handlungen anzuzweifeln. Stets war die Strafe eine fürchterliche gewesen. »Gott ist ein Gott des Zorns!«, sprach Dad. »Wie kannst du es wagen, seine Gesetze in Frage zu stellen.«

Mom saß schweigend daneben, beobachtete das Ganze und schüttelte ungläubig den Kopf angesichts meiner Sündhaftigkeit. »Es macht mich sehr, sehr traurig, dass du derart ungezogen sein kannst«, sagte sie. »Ich dachte, unser Kind wäre ein richtiges Gotteskind. Gott hat uns schließlich bewogen, uns unter all den Kindern in diesem Waisenhaus ausgerechnet dich auszusuchen; nie hätte ich gedacht, dass du dich derart aufführen könntest.«

Ich stand vor ihnen, atmete mühsam und starrte zu Boden. In meinem Innern brodelte ein Gefühlschaos, das mir inzwischen einigermaßen vertraut geworden war: Furcht, Zorn, Einsamkeit – vor allem jedoch Scham.

Bald lernte ich, Omma aus meinen Gedanken zu verbannen. Meine Eltern erzählten mir, dass sie etwas ganz Schlimmes und Sündiges gewesen sei, das man als Prostituierte bezeichnete. Nie habe sie mich geliebt, und es sei ihr völlig gleichgültig gewesen, was aus mir wurde.

Einen Standardsatz hatten sie, den sie meine ganze Kindheit und Jugend hindurch bis zum Überdruss wiederholten: »Deine Mutter, die hätte dich doch auf dem Reisfeld sterben lassen.« In fast jeder Predigt, Schelte, Belehrung tauchte er auf: »Bring deiner Mom mal ein bisschen mehr Respekt entgegen! Sie liebt dich mehr als deine leibliche Mutter – die hätte dich auf dem Reisfeld verrecken lassen.« – »Sei gehorsam und verrichte deine Pflichten zu Gottes Ruhm. Vergiss nicht, wie viel Glück du hast, in Amerika sein zu dürfen, wenn es nach deiner leiblichen Mutter gegangen wäre, wärst du im Reisfeld gestorben.« – »Wie kommst du dazu, Gott zu verärgern, indem du über deine leibliche Mutter weinst? Sie hat dich ja nicht mal geliebt. Vergiss nicht, sie hat dich nie gewollt. Sie hätte dich auf dem Reisfeld sterben lassen.«

Vor ein paar Jahren nagelte ich meine Eltern einmal auf diese Wendung fest. Warum sie das eigentlich immer gesagt hätten? Wie sie überhaupt darauf gekommen seien? Mom meinte, sie sei sicher, dass es ihnen einmal jemand erzählte habe. Dad jedoch gab zu, dass sie es sich aus den Fingern gesogen hatten. Er habe gedacht, es sei leichter für mich, wenn ich diese Geschichte glaubte. Leichter als was? – das allerdings konnte er mir nicht verraten. Wir verfolgten die Frage nicht weiter. Es sei schon okay, lenkte ich ein, und ich würde ja glauben, dass sie immer nur das Beste gewollt hätten. Immer noch wollte ich sie nicht verstimmen.

Omma habe Jesus nicht als ihren Erlöser akzeptiert, sagten meine Eltern, und deswegen sei sie jetzt in der Hölle und schmore dort bis in alle Ewigkeit. Fortwährend quälten mich Gedanken an Tod, Hölle und ewige Verdammnis. Ich habe es immer als Ironie empfunden, dass das fundamentalistische Christentum die Vorstellung eines Lebens nach dem Tode als etwas so Tröstliches propagiert, das gesamte Konzept aber dennoch etwas so Beängstigendes hat. Tag und Nacht, behaupteten meine Eltern, seien wir von Legionen von Dämonen umgeben, die nur darauf lauerten, unsere Seelen zu packen und sie in die Hölle zu schleppen. In meiner Einbildung waren diese Dämonen sehr real. Ich sah sie vor mir, sah, wie sie sich lauernd über mich beugten. Große schuppige Kreaturen mit riesigen Händen, die in schartigen Klauen endeten. Und sie hatten weit aufgesperrte Mäuler mit rasiermesserscharfen Zähnen. Am Abend schienen sie bedrohlicher zu werden. Während ich mir die Zähne bürstete, das Gesicht wusch und den Schlafanzug anzog, wuchs meine Furcht.

Meine einzige Zuflucht war das Gebet. Ich kniete auf dem verschlissenen Teppich in meinem Zimmer und sagte die gesamte Litanei der Sünden auf, die ich tagsüber begangen hatte: »Ich habe heute etwas Böses gedacht. Ich habe Dad widersprochen. Ich war neidisch.« Fünfzehn bis zwanzig Minuten lang reinigte ich meine Seele, denn eine einzige ungebeichtete Sünde konnte bedeuten, dass die Dämonen mich schnappten. Ich hatte die Augen geschlossen, doch alle paar Sekunden hob ich eins meiner Lider nur einen winzigen Spalt, um hinauszuspähen. Meine Eltern behaupteten, Engel und Dämonen könne man nur mit dem geistigen Auge sehen, nicht mit den leiblichen. Und während des Gebets, sagten sie, sei unser geistiges Auge geöffnet. Folglich war ich vor allem während des Gebets auf der Hut.

Nach dem Beten kletterte ich ins Bett und knipste das Licht aus. Im Wissen, dass sich die Dämonen vor mir versteckten, versuchte ich, sie zu überlisten, indem ich so tat, als ob ich schliefe, und dann sehr rasch die Augen aufriss und geschwind den Blick in sämtliche Zimmerecken schießen ließ. Zuweilen konnte ich sie beinahe sehen. Manchmal bildete ich mir ein, dass die Dämonen aus dem Bosch-Triptychon herumgeisterten und sie vielleicht diejenigen seien, die im Dunkeln auf mich lauerten.

Die Hölle war so real für mich wie die Albträume, die mich Nacht für Nacht heimsuchten. Beide, Hölle wie Albträume, besaßen weit höheren Realitätsgehalt als mein waches Leben. Denn ich selbst fühlte mich ganz und gar nicht real. Wenn ich in den Spiegel sah, war ich zuweilen völlig überrascht, darin ein Gesicht zu entdecken, das meinen Blick erwiderte. Ich hielt mich für den Albtraum irgendeines anderen, den ich bedauerte. Aber am Ende, sinnierte ich, würde der Träumer in einer sonnenhellen Welt erwachen und ich mich verziehen wie die letzte dünne Rauchschwade einer erloschenen Kerze.

Im Flanellnachthemd, zusammengerollt, lag ich im rosaroten Backsteinhaus in meinem Bett im Kolonialstil. Ich las die Bibel, sprach mein Gebet, und als das Bild dann langsam näher kam, zog ich die Knie an die Brust und flüsterte immer wieder: »Jesus, Jesus«. Doch er kam nicht.

Da! Siehst du, wie es sich verdichtet? In der Zimmerecke ist der Körper einer Frau zu erkennen, baumelnd zwischen Himmel und Erde. Ihr Gesicht kann ich zwar nicht sehen, doch ihre bloßen Füße sind lang gestreckt und schlaff, die Zehen zeigen spitz auf den geflochtenen Flickenteppich, der sich unerklärlicherweise in einen sauber gefegten Lehmboden verwandelt hat. Sie trägt ein weißes Kleid mit blauem Besatz, über dem Mieder kreuzen sich die Bänder einer Schärpe. Und ganz leise bewegt sie sich nun in der Brise, die zu meinem offenen Fenster hereinweht. Ich muss die Augen aufschlagen, ehe sie mir das Gesicht zuwendet. Jesus! Jesus! Ich drücke mich hoch in Richtung Zimmerdecke. Wenn ich die Decke berühren kann, werde ich aufwachen. Jesus! Omma!

In der finstersten Stunde der Nacht liege ich keuchend im Bett, und mein Herz schlägt so laut, dass es mir in den Ohren dröhnt, mein Kopf ist schweißgebadet, und unter meinen Fingernägeln kleben Hautstückchen und Blut.

Immer und immer wieder hat man mir erzählt, was für ein Glück es doch für mich gewesen sei, dass meine Eltern mich adoptierten, mich aus Korea und dem Waisenhaus herausholten und in eine christliche Familie aufnahmen. »All die anderen Kinder sind gestorben«, sagten meine Eltern, »dich hat Gott zum Leben bestimmt. Und uns hat er dazu bewogen, gerade dich unter all den Waisenkindern zu adoptieren. Gott hat seinen ganz speziellen Plan für dein Leben, und du musst ihm immer Gehorsam erweisen und ihn ehren.« Ich zitterte, wenn ich daran dachte, wie ich Gott in jeder Minute verriet. Er hätte sich jemand anderen aussuchen sollen.

Ich hatte grässliche Schuldgefühle wegen dieser anderen Kinder. Meine Eltern schüttelten die Köpfe und blickten ernst, wenn sie die Gräuel schilderten, die gegen die vergessenen Kinder des Koreakrieges begangen worden waren. Ich dachte an die, die ich selber gekannt hatte – das kleine Mädchen aus der Mülltonne, den kleinen Jungen ohne Hände – und konnte mir nicht vorstellen, warum gerade ich die Rettung verdient haben sollte und sie nicht.

Täglich erinnerten mich meine Eltern an all die Kinder, die in den Seitengassen Seouls schliefen und sich um ein paar

Bissen balgten, und stellten jener Welt das behagliche Heim gegenüber, das mir geschenkt worden war. Die Leiden dieser Kinder verfolgten mich. Ich war voller Zorn über die Ungerechtigkeit, die sie dort festhielt, während sie mich nach Amerika geführt hatte. Ich betete für sie – weil mir nichts Besseres einfiel –, hatte aber das Gefühl, dass meine Mühe vergeblich war. Ich ärgerte mich über Gott und seine Entscheidung: Ich war es nicht wert, gerettet zu werden, sie aber vielleicht schon.

Ob es wohl eine bestimmte Quote zu rettender Kinder gab, überlegte ich, und der Rest nach deren Erfüllung einfach weggeschmissen wurde, als handle es sich um kosmischen Müll? Natürlich machte es mir Angst, solche Gedanken zu denken; ich fürchtete Gottes Zorn und seine Vergeltung.

Während unserer Bibelstunden im Familienkreis sprachen wir über die Prädestinationslehre. Nach Dads Worten hieß Prädestination, dass Gott bestimmte Menschen auserwählt hatte – und die Bibel sage, »schon vor Erschaffung der Welt« –, um sie zu retten. Ein paar Leute hatten also Glück; und der Rest verbrachte die Ewigkeit im Höllenfeuer. Für mich klang das eher nach den Machenschaften eines sadistischen Irren, aber meine Eltern erklärten, unserem irdischen Verstand ermangle es an jener Weisheit, die einen begreifen lasse, warum Gott tue, was er tue. Im Buch Jesaja etwa sage Gott: »Denn meine Gedanken sind nicht eure Gedanken, und eure Wege sind nicht meine Wege.«

Und einfach mir nichts dir nichts loszuschreien und mir selbst mit den Fäusten ins Gesicht zu schlagen, weil Gott meine Omma nicht für die Rettung vorgesehen habe, das sei schlicht und ergreifend sündhaft, erklärten meine Eltern. Sollte Omma in der Hölle sein, so liege das einzig und allein an ihrer eigenen Schlechtigkeit, und ich solle mich mal lieber in Gottes Willen schicken.

Die Furcht beherrschte mein Leben. Ich fürchtete meine Eltern. Fürchtete Gott und die Hölle. Ich hatte Angst vor den Kindern in der Schule, die hinter meinem Rücken flüsterten und kicherten. Ich hatte Angst, ins Waisenhaus zurückgeschickt zu werden. Angst, ins Bett zu gehen. Angst vor dem im Dunkeln schimmernden Haupt Christi mit der Dornenkrone, das in der Diele hing.

Viele Stunden meiner Kindheit dokumentierten meine Eltern mit Hilfe eines großen Tonbandgeräts, das in der Ecke des Wohnzimmers stand. Eine beträchtliche Anzahl dieser Vignetten handelte von Strafe und Bestrafung. Meist ging es dabei um eine meiner Ängste, und es entspann sich eine Geschichte, die über Rechtfertigung, Verteidigung und Tränen bis zu meiner Bestrafung und reuigen Zerknirschung fortschritt.

Das Gerät war stets aufnahmebereit. Sobald eine Krise im Anzug war, ich etwa einen Bibelvers nicht ordentlich auswendig konnte oder mich fürchtete, in den Keller zu gehen, stand Dad auf und schaltete das Tonband ein. Dann schritt er auf und ab und hielt mir eine Gardinenpredigt, während ich mich bemühte, die Tränen zurückzuhalten. Des laufenden Tonbands war ich mir dabei zwar immer bewusst, aber das alles war so alltäglich, dass ich nichts Merkwürdiges dabei fand.

Nicht selten verpasste er mir auch eine Tracht Prügel, während das Gerät lief. Wenn wir uns später die Bänder anhörten, war jeder von meinen Schluchzern begleitete Hieb deutlich vernehmbar. Im Hintergrund hörte man Mom dann etwas sagen wie: »Und, tut's dir jetzt nicht Leid, dass du so ein ungeratener Fratz gewesen bist? Willst du Jesus nicht um Verzeihung bitten?«

Die Aufzeichnungen wurden fortgesetzt, bis ich etwa zehn Jahre alt war. Meine ganze Teenagerzeit hindurch spielten sie sie mir immer wieder vor: Wir saßen im Wohnzimmer und hörten sie uns an. Meine Eltern waren ganz hingerissen davon.

Die Tonbandaufnahmen bildeten sozusagen das Kernstück unserer abendlichen Familienunterhaltung. Wenn wir nach dem Abendessen im Wohnzimmer saßen, sagte Mutter immer wieder einmal: »Ach, hören wir uns doch eins dieser drolligen Tonbänder von Elizabeth an!«

Während der Szenen, in denen ich schrie oder bettelte, lachten meine Eltern in sich hinein und schüttelten die Köpfe über mich. Das alles galt als amüsant und quasi als Anschauungsunterricht dafür, dass Sünde sich eben nicht lohnt. Ich versuchte, ebenfalls zu lächeln, und als ich älter wurde, lernte ich, laut über mein auf Tonband gebanntes Elend zu lachen.

Und ich begann, jenes verabscheuungswürdige Kind auf den Tonbändern zu kommentieren. »Hört mir mal zu«, sagte ich etwa zu meinen Eltern. »Ich war ja wirklich schlimm, was? Wie habt ihr's bloß mit mir ausgehalten? Dafür hatte ich aber nun wirklich eine Tracht Prügel verdient.«

Vor einigen Jahren hat mein Vater diese Tonbänder auf Kassetten überspielt und mir eine ledergebundene Mappe mit Kopien sämtlicher Bänder als Weihnachtsgeschenk überreicht. Benommen bedankte ich mich und schob sie in die hinterste Ecke einer Schublade. Ich hörte sie mir nicht an und nahm sie auch nie aus der Schublade, bis ich sie dann vor zwei Jahren in einem kathartischen Anfall von Putzwahn herausholte und wegschmiss.

Dies war nur eine der Sonderbarkeiten im Hause meiner Eltern, die ich einfach als normal hinnahm. Immer noch überrascht es mich, wie ungläubig die Menschen darauf reagieren, obwohl ich inzwischen weiß, wie bizarr es war. Damals jedoch waren diese Aufzeichnungen ein so selbstverständlicher Bestandteil meines Alltags wie das Abspülen des Frühstücksgeschirrs. Menschen, die einen derart überspannten religiösen Fanatismus ausagieren müssen, sind für andere nicht nachvollziehbar. Und die Tonbandaufnahmen waren eben Teil dieses strafwütigen und zutiefst fundamentalistischen Haushalts.

Kapitel 8

Mein kleiner Kreis – der aus Mom, Dad und Kirche bestand – weitete sich mit meiner Anmeldung in der Schule jäh und unangenehm aus. Daheim und in der Kirche kannte ich die Regeln inzwischen schon gut genug und kam zurecht, die Schule allerdings war noch einmal eine ganz andere, fremde und unerfreuliche Welt.

An meinem ersten Schultag stellte mich die Lehrerin der Klasse vor und bat mich dann, etwas von mir zu erzählen. Ich stand da, schwieg und fummelte an der Satinschärpe meines zu schmucken Kleidchens herum. Ich wusste nicht, was ich sagen sollte. Meine Eltern wollten ja nicht, dass ich über Korea sprach, folglich konnte ich den Kindern nicht erzählen, woher ich kam. Freunde oder Hobbys, über die ich hätte reden können, hatte ich nicht. Ebenso wenig wie Haustiere, die ich ihnen hätte beschreiben können. Mir fiel schlicht nichts ein, das irgendjemanden auch nur im entferntesten hätte interessieren können. Als die Lehrerin mich vorstellte, deutete ich eine Verbeugung an, und die Kinder kicherten. Die Lehrerin wartete ein paar Sekunden und meinte dann schroff, ich solle mich hinsetzen.

Zu dieser Zeit lebte ich bereits gut ein Jahr in Amerika, und man schätzte mein Alter auf etwa sieben Jahre. Das Einbürgerungsverfahren hatte ich bereits hinter mir, und über amerikanische Geschichte und Feinheiten der englischen Sprache wusste ich mehr als die meisten meiner Klassenkameraden. An jenem ersten Schultag zeichnete ich, während die Lehrerin uns etwas erzählte, ein Bild in mein Heft. Als sie mich fragte, ob sie mich denn langweile, antwortete ich wahrheitsgemäß mit »Ja.« Und so brachte ich dann die nächste Stunde in der Ecke zu, ohne recht zu begreifen, wie ich dort hingekommen war und was man eigentlich von mir wollte.

Schon bevor ich in die Schule gekommen war, hatten mir meine Adoptiveltern das Lesen beigebracht, und zwar mit solchem Erfolg, dass meine Zweitklasslehrerin nach wenigen Tagen ihre Meinung revidierte und zu dem Schluss gelangte, dass ich ein Wunderkind sei. Ich musste den Schülern der sechsten Klasse laut aus ihren Englisch-Lesebüchern vorlesen. Und die Lehrerin meinte, sie sollten sich schämen, wenn eine Zweitklässlerin, die erst seit kurzem Englisch sprach, schon so viel besser lesen könne als sie.

Selbstverständlich war damit mein schulisches Schicksal besiegelt. Die Schüler, vor allem die älteren, kannten kein Erbarmen. Sie lachten über mein lockiges widerspenstiges Haar. Machten sich lustig über meine schräg stehenden Augen und mein Stumpfnäschen. Sie spotteten über die Sorgfalt, mit der ich artikulierte, und meinen mitunter hörbaren koreanischen Akzent. Und da jeder in unserer kleinen Stadt meine Eltern kannte, wussten sie natürlich auch, dass ich adoptiert war, und machten auch darüber ihre Witze.

Die gesamte Grundschule hindurch war es im Grunde immer das Gleiche: Ich war gescheit, fühlte mich aber todunglücklich. Ich hatte keine Freunde und war die ständige Zielscheibe von Schulhofwitzen. Zu Mittag aß ich alleine; in der Pause saß ich am Rand des Schulhofs und las Charles Dickens.

Ich liebte Dickens. Wenn ich Dickens las, hatte ich das Gefühl, als spräche er ganz allein zu mir und verstünde genau, wie traurig und einsam ich war. Ich suchte nach Anhaltspunkten, an denen ich mich gefühlsmäßig orientieren konnte. Im normalen Leben hatte mir nie jemand gezeigt, wie man mit Verlust und Verlassenheit umgeht, doch nun entdeckte ich, dass die Literatur mir den Zugang zu Dingen erschloss, die bedeutsamer waren als ich, und ich war hingerissen.

In der fünften Klasse hielt ich ein Referat über »David Copperfield«. Es sollte das beste Referat der Geschichte werden, nahm ich mir vor, sodass mich meine Klassenkameraden schließlich doch noch akzeptieren würden; die Geschichte von David Copperfields Elend sollte mir ihre Herzen öffnen. Ich zeichnete zwei Stammbäume: einen von Davids leiblicher Familie und einen von seiner wahren »emotionalen« Familie. Ich zeigte ihnen, wie ungeliebt und vernachlässigt er war. Las ihnen die letzte, entsetzlich schwülstige Passage über die »aufwärts deutende« Agnes vor.

Die Schüler vor mir begannen zu zappeln und zu flüstern. Ich sah Kinder, die gähnten, einander zugrinsten und in ihre Hefte kritzelten.

Als ich fertig war und mich wieder hinsetzte, beugte sich der Junge hinter mir zu mir vor und sagte: »Das war das bescheuertste Referat, das ich je gehört hab, Döskopp.«

Nur ein einziges Mal erlebte ich damals so etwas wie Kameraderie: als nämlich eines meiner wenigen kurzlebigen Haustiere – ein geretteter Windhund, den mir ein Kirchenmitglied geschenkt hatte – sah, wie ich in den Bus stieg, und dann die zwölf Meilen von unserem Haus bis zur Schule hinter ihm herjagte.

Die Kinder im Bus machten mich auf die Verfolgungsjagd aufmerksam. »Guck dir mal deinen Hund an. Läuft hinterm Bus her. Der will nicht, dass du ihn zu Hause lässt.« Ich fühlte, wie Liebe in mir aufstieg – und Ehrfurcht und Dankbarkeit, dass ein anderes Geschöpf sich genug aus mir machte, um über heißen Asphalt und sandige Wüstenstraßen zu laufen – nur um mir nahe zu sein. Meine Brust war wie zugeschnürt und meine Kehle brannte, während ich ihn durchs Rückfenster des Busses beobachtete.

Während er in großen stetigen Sätzen den Bus verfolgte, ihm die Zunge heraushing, und seine schlanken Beine Staubwolken aufwirbelten, feuerten die Kinder im Schulbus ihn an. »Jawohl! Braver Junge! Wow, dein Hund ist echt cool.« Während dieser wenigen Augenblicke fühlte ich mich fast akzeptiert. Weil sie meinen Hund toll fanden – der mich ja offensichtlich liebte –, redeten sie sogar mit mir. Die gemeinsame Bewunderung meines coolen Hunds, der dem Schulbus nachjagte, schuf ein einigendes Band zwischen uns.

Sobald wir die Schule erreicht hatten, ließ ich ihn trinken, während die Kinder um uns herumstanden, ihm den Kopf tätschelten, seine geschmeidigen Flanken streichelten und mir Fragen über ihn stellten. Was er zwar alles mit höflichem Schwanzwedeln quittierte – lecken oder anstupsen aber wollte er nur mich. Ich rief meine Eltern an, damit sie zur Schule kämen und ihn abholten.

Das taten sie auch, aber am Nachmittag, als ich von der Schule kam, war der Hund verschwunden. »Wir können nicht in der ganzen Weltgeschichte rumkutschieren, um diesen

Hund irgendwo abzuholen«, sagten sie. »Er hätte daheim bleiben sollen. Er macht einfach zu viele Umstände.«

Ich fand heraus, dass meine Eltern diesen prachtvollen Hund in den städtischen Hundezwinger gebracht hatten, und zermarterte mir das Hirn über sein Schicksal: Nun hatte man ihn wieder abgeschoben und in einen Käfig gesperrt, wo er vermutlich – unerwünscht und krank vor Angst – verendete. Eines Tages, schwor ich mir, würde ich meinem Kind ein Tier schenken, das ihm niemals wieder weggenommen werden sollte.

Meine Eltern waren meine Lehrer, ihr Haus das Klassenzimmer. Tag für Tag und Minute für Minute wurden mir die Lektionen eingetrichtert: Die Bibel ist das wirkliche und wahrhaftige Wort Gottes; Christus ist die einzige Sühne für unsere Sünden; Furcht, Kummer und Wut, Neugier und Verlangen stammen vom Satan; Gehorsam muss prompt erfolgen, muss fraglos und unbedingt sein.

Es frustrierte sie, dass ich mich vor so vielen Dingen so sehr fürchtete. In endlosen Wohnzimmersitzungen erklärten sie mir nach den abendlichen Familien-»Andachten« oder Bibel- und Gebetsstunden, warum meine Furcht derart sündig sei. Sie ließen mich Matthäus 10, 28 auswendig lernen: »Und fürchtet euch nicht vor denen, die den Leib töten, die Seele aber nicht töten können. Fürchtet vielmehr den, der Seele und Leib verderben kann in der Hölle.«

Und was wäre, wenn Gott beschlösse, mein Leben zu beenden? Auch darauf hatte die Bibel eine Antwort: »Und züchtiget er mich auch, so will ich ihm dennoch vertrauen.«

Ich war mir meiner vielen Mängel schmerzlich bewusst. Schon in Korea war ich kein richtiger Mensch gewesen. Und nun war ich keine richtige Christin. Ich wusste, dass ich niemandem genügte, und war völlig verzweifelt. Ich versagte vor sämtlichen an mich gestellten Ansprüchen. Ich sei aus Korea errettet worden, behaupteten meine Eltern, um nach Gottes Ebenbild neu erschaffen zu werden – doch selbst als Tonklumpen war ich nicht geschmeidig genug.

Wie eintönig das alles auch klingen mag – es ist unmöglich, die lähmende Monotonie meines Lebens in diesem Haus wirklich zu schildern. Ich war auf ein Laufrad gefesselt, das sich endlos im selben Rhythmus drehte.

Immer mehr wurden mir Bücher zum rettenden Ausweg. Allmählich begann ich alles zu verschlingen, was auf den Regalen unseres Hauses zu finden war. Vaters Arbeitszimmer war voll gestopft mit Büchern – Regalen, die vom Boden bis zur Decke reichten und Predigtsammlungen und theologische Traktate sowie etwa zwei Dutzend Bibeln enthielten: Familienbibeln, geerbte und geschenkte Ausgaben, die neue amerikanische Standardversion, die King-James-Bibel sowie hebräische und griechische Editionen. Hin und wieder jedoch gab es auch ein paar verstreute Schätze zu entdecken: Shakespeare etwa, Jane Austen und Dickens, um nur einige zu nennen. Lesen wurde zu meiner Fluchtmöglichkeit aus der grauen Beengtheit meines Lebens in diesem fundamentalistisch-christlichen Haushalt, in dieser winzigen Stadt, in dieser gewaltigen einsamen Wüste.

Als ich etwa zehn Jahre alt war, besuchte ich mit meinen Eltern eine Frau aus unserer Kirchengemeinde. Ich hasste diese Besuche bei bettlägerigen oder ans Haus gefesselten Menschen, bei denen ich immer stillsitzen und lächeln, trivialer Erwachsenenkonversation lauschen und dabei auch noch so tun musste, als interessiere mich das alles. Diesmal jedoch geschah etwas Erstaunliches.

Die Frau, die wir besuchten, lebte in einem Wohnwagen, in dem jede freie Fläche von Nippgegenständen belegt war: Porzellankätzchen mit karierten Schleifen um den Hals etwa oder

Zierteller auf Ständern. Unter all dem Durcheinander erspähte ich einen schmalen Gedichtband mit steifem Einband und Seiten, die aussahen, als seien sie noch nie geöffnet worden. Ob ich denn darin lesen dürfe, fragte ich die Frau, und sie erwiderte, das könne ich gern tun, solange ich es nicht schmutzig mache oder zerreiße. Ich trug das Buch zu ihrem Küchentisch und legte es vorsichtig auf ein Plastikplatzdeckchen in Form eines Schmetterlings.

Dieser Nachmittag veränderte mein Leben. Während ich in dieser voll gestopften Küche saß, wo die Stäubchen im Sonnenlicht tanzten, wurde mir klar, dass ich nicht allein war.

Das Gedicht, das ich las, hatte jemand geschrieben, der unmittelbar zuvor einen von Herzen geliebten Menschen verloren hatte; es verfolgte mich Jahre lang. »Was ist mein Leben mir? Und was bin ich dem Leben? / Ein Schiff, des' Stern erloschen ist. Furcht, die in tiefer Nacht erwacht...« – das waren die einzigen beiden Zeilen, die mir im Gedächtnis blieben. Ich wusste nicht, wer sie geschrieben hatte. Und irgendwann einmal bildete ich mir fast schon ein, ich hätte sie mir selber ausgedacht.

Als ich ins Teenageralter kam, begann ich nach diesem Gedicht und seinem Verfasser zu forschen. Doch in unserer kleinen Stadtbibliothek gab es nur sehr wenige Gedichtbände, und keiner davon war der gesuchte. Dennoch gab ich nicht auf.

Nach dieser ersten Begegnung mit der Poesie versuchte ich auch selbst, Gedichte zu schreiben. Und obwohl sie ziemlich schlecht waren, gefielen sie meinen Lehrern und wurden in meiner Grundschule regelmäßig ans schwarze Brett gepinnt. Ich experimentierte mit Haikus und Limericks und behandelte sämtliche Themen, für die Lehrer Einsen vergeben: Regengüsse und Sonnenuntergänge und Friede auf Erden. Die wahre Poesie der unzensierten Gefühle aber blieb privat, und keiner – außer mir – las, was ich in meinem Tagebuch niederschrieb.

Als ich in der sechsten Klasse war, entdeckten meine Eltern

einmal mein Tagebuch und ließen es mich gehörig büßen. Es war eins von jenen Büchern mit Schnallenverschluss und kleinem Schloss, und naiverweise bildete ich mir ein, dass es sich nur mit dem Schlüssel, den ich unter meiner Matratze verwahrte, öffnen ließe.

Aber das Schloss sprang schon auf, wenn man nur ein wenig daran herumspielte, und als ich von der Schule nach Hause kam, erwarteten mich meine Eltern mit steinernen Mienen. Dad hatte das Tagebuch geöffnet und sie hatten es nicht nur gelesen, sondern gleich auch noch einen Termin mit dem Schuldirektor vereinbart, um ihm ihre Erkenntnisse mitzuteilen und dafür zu sorgen, dass ich für die Dinge, die ich über meine Lehrer und Klassenkameraden schrieb, bestraft würde.

Ich hatte geschrieben, dass ich »französische Küsse« auf meinem Kopfkissen übte, damit ich sie später gut beherrschte. Und über meine Sechstklasslehrerin, dass ich sie cool fände, weil sie »verdammt« sagte. Des Weiteren schrieb ich über ein Mädchen, das mich als »hässliches Schlitzauge« bezeichnet hatte, dass ich hoffe, sie komme in die Hölle und werde bis in alle Ewigkeit darin schmoren.

Nachdem sich meine Eltern stundenlang (so schien es mir jedenfalls) über meinen bösartigen Charakter ausgelassen hatten, wurde ich auf mein Zimmer geschickt, um in der Bibel zu lesen. Eine Tracht Prügel setzte es zwar nicht, aber sie hatten sich etwas viel Schlimmeres ausgedacht. Am folgenden Tag eskortierten sie mich ins Büro des Direktors, damit ich ihm vorlas, was ich geschrieben hatte. Wir saßen vor seinem Schreibtisch und mit bebender Stimme und zitternden Händen las ich ihm meine Einträge vor. Mehrere Male versuchte er mich zu unterbrechen, doch meine Eltern meinten, nein, ich sei noch nicht zu Ende. Er war wohl ziemlich verdutzt über die ganze Sache – mir gegenüber war er eher verständnisvoll, zu meinen Eltern ein wenig barsch. Dennoch bestrafte er mich auf Drängen meiner Eltern mit einer Woche Nachsitzen.

Zu den Gedichten sagten meine Eltern nichts, obwohl unflätige Ausdrücke und blasphemische Anspielungen auf Gott darin vorkamen. Da es Verse waren, hatten sie sie wohl gar nicht gelesen. An Dichtung hatten sie keinerlei Interesse – und ich weiß nicht einmal, ob sie ein Gedicht als solches erkannt hätten.

Ich selber fand einen ganz realen, irdischen Trost in der Dichtung, ob es sich nun um meine eigenen tastenden Versuche handelte oder um herrliche Shakespeare-Sonette, wie beispielsweise: »Lebwohl! Zu teuer ist dein Besitz für mich.« Ich lernte, dass der Verlust ein universales Thema war, und fühlte mich dadurch weniger einsam. Erfuhr, dass jeder Schmerz meines Lebens von zahllosen anderen Menschen in zahllosen vergangenen Leben gefühlt worden war und auch in Zukunft empfunden werden würde.

Die Dichtung machte mich mit dem Gedanken bekannt, dass man den Schmerz auch einfach als »Schmerz« – und nicht unbedingt »meinen Schmerz« – betrachten konnte. Und dass Leid, Einsamkeit und Verlassenheit unser aller Schicksal waren und nicht mein alleiniges Eigentum.

Inzwischen versuchte ich, mich anzupassen. Ich beobachtete, wie sich die Amerikaner bewegten, wie sie redeten und gestikulierten; und ich wurde zu einer Meisterin der Mimikry. Die Sprache beherrschte ich schon besser als meine Mitschüler, die in Amerika geboren waren. Weshalb also konnte ich nicht auch mein Gesicht verändern? Warum konnten diese asiatischen Augen nicht rund und blau werden? Warum wurde mein widerwärtiges Haar nicht blond? Warum konnte meine stumpfe, allzu kurze Nase keine etwas kantigere Form annehmen?

Auf Schulfesten stand ich auf der Bühne – um ein Lied oder Gedicht vorzutragen oder einen Preis entgegenzunehmen –, blickte hinab auf die kleine selbstgefällige Versammlung von homogenen Anglo-Kindern und hasste jedes einzelne von ihnen. Unter denen, die meinen Blick erwiderten, waren immer einige, die die Finger an die Augenlider legten, sie nach oben und zur Seite zerrten, um sich über die Außenseiterin lustig zu machen.

Im hintersten Winkel meines Schlafzimmerschranks, hinter der Schachtel mit den Quilt-Quadraten, die ich Woche für Woche für die Frauen-Missionsgesellschaft der Kirche säumte, hatte ich mein Geheimnis versteckt.

Ich hatte mir eine blonde Perücke gebastelt, hatte mit großer Sorgfalt Papierstreifen – alle in derselben Länge und Breite – zurecht geschnitten und sie mit dem gelben Buntstift aus meinem Federmäppchen beidseitig bemalt. An einem Ende waren sie zusammengenäht, und wenn ich allein in meinem Zimmer war, stülpte ich mir die blonde Mähne über den Kopf.

Dann wurde ich zur gebürtigen Amerikanerin, und mein Gesicht verkörperte mein quasi natürliches Geburtsrecht auf Anerkennung und Akzeptanz. Ich hieß Cindy. Gehörte zu den Cheerleaders. Ich hatte Sommersprossen auf der Nase und Augen blau wie Vergissmeinnicht. Ich war groß und schlank, und an den Wänden meines Zimmers hingen meine Cheerleader-Pompons, ein Schulwimpel und Bilder von süßen Jungs, die ich aus Zeitschriften ausgeschnitten hatte. Auf meinem Nachttisch stand ein rosa Telefon im Prinzessinnenstil, und daneben lag ein in Vinyl gebundenes Adress- und Telefonbuch, prallvoll mit Nummern – ich war das beliebteste Mädchen der Schule. Mein Schrank war ein einziges Chaos, voll gestopft mit Hosen- und Miniröcken und dazu passenden Oberteilen und Schuhen.

In Wirklichkeit hingen an meinen Wänden nur religiöse Bilder. Auf dem Nachttisch lag die Bibel, und daneben stand eine Lampe. Zeitschriften durfte ich mir nicht kaufen, nicht einmal, wenn ich das Geld dazu gehabt hätte. Meine Kleidung nähte ich mir selbst aus Stoffen aus dem Diskontladen, in dem Mutter einkaufte, und trug sie dann eine Ewigkeit. Wegen der christlichen Kleiderordnung, die meine Eltern für mich aufgestellt hatten, waren sie langweilig-schlicht und ohne jeden Pep. Es war in den späten Sechzigern, und die Mode diktierte Miniröcke, kniehohe Stiefel, Hüftjeans und rückenfreie Tops. Meine Kleider reichten bis zur Wadenmitte. Und hatten Puffärmel und runde Krägen.

In der Schule handelte ich mir damit zahlreiche Lacher ein.

In der Kirche, bei den Samstagnachmittags-Treffen der Frauen-Missionsgesellschaft hatte ich das Nähen gelernt. Wir fertigten Quilts und Babykleidung an, aber auch so Grundlegendes wie leicht ausgestellte Röcke, die wir an die Missionarinnen schickten. Unter Anleitung der Kirchenfrauen lernte ich, wie man Einnäher abnimmt, einen perfekten Reißverschluss einsetzt, mit überwendlichem Stich Knopflöcher versäubert und Aufschläge macht. Abgesehen von der Unterwäsche nähte ich in der siebten Klasse meine gesamte Garderobe selbst.

Ich erzählte meinen Eltern, dass die Kinder in der Schule Witze über mich rissen und wie isoliert ich sei. Und da ich glaubte, dass dies auch an meiner Kleidung lag, bat ich sie um Erlaubnis, bei irgendeinem Kirchenmitglied babysitten zu dürfen, damit ich mir ein wenig Extrageld verdienen und mir etwas zum Anziehen kaufen konnte. Ich wünschte mir einen Hosenrock, Blue Jeans und Sweatshirts, wie alle anderen sie trugen, statt Kleidern mit Blümchenmuster aus bügelfreiem Polyester. Vater fand meine Bitte lächerlich und ging nur sehr knapp darauf ein. »Was ereiferst du dich nur derart über weltliche Dinge? ›Denn der Mensch blickt auf das Äußere, Gott aber blickt ins Herz hinein.‹ Sorge mal lieber dafür, dass dein Herz rein ist. Was andere von dir halten, spielt keine Rolle. ›Den Demütigen nahet sich der Herr, die Stolzen kennt er schon von ferne.‹ Aber mal ganz abgesehen davon, du hast hier zu Hause und in der Kirche genug zu tun. Und keine Zeit, in den Häusern anderer Leute zu arbeiten.«

Meine offensichtlich unheilige Modebesessenheit führte meine Eltern zu dem Schluss, dass ich eine Lektion in Sachen Demut benötigte. Noch am selben Tag stellte Mom beim Abendessen eine neue Vorschrift auf.

»Dein Vater und ich haben darum gebetet, auf welche Weise sich deine weltliche Haltung im Hinblick auf Kleidung wohl brechen ließe. Von nun an gibt es nur noch ein Kleid pro Woche. Das kannst du von Woche zu Woche wechseln, aber von Montag bis Freitag trägst du dasselbe. Und sonntags kannst du dein schönes Kleid anziehen.«

Ich war entsetzt. Nie wäre ich auf die Idee gekommen, dass sie mir einen derartigen Vorschlag machen könnten. Ich begriff, dass ich mich taktisch gewaltig verkalkuliert hatte und machte einen panischen Rückzieher.

»Bitte, tut mir das nicht an. Ich will meine weltliche Haltung ablegen, das verspreche ich. Ich werde um nichts mehr bitten. Bitte, bitte, bitte! Wie sich die Kinder lustig über mich machen werden! Wenn ihr mich dazu zwingt, sterbe ich.«

»Siehst du! Genau das haben wir mit ›weltlicher Haltung‹ gemeint. Du solltest froh sein, überhaupt ein hübsches Kleid zum Anziehen zu haben. Die Kinder in Korea haben das nicht. Die wären dankbar dafür. Wir haben dich aus dem Waisenhaus geholt, dir alles gegeben, was du brauchst, du aber willst immer noch mehr. Falls andere Kinder dich verspotten, so solltest du das als Auszeichnung begreifen. Jetzt wirst du mit Christus gekreuzigt, damit du dereinst in seine ewige Herrlichkeit eingehen kannst.«

Da ich zwei Klassen übersprungen hatte, war ich etwas jünger als die meisten meiner Klassenkameraden, was jedoch modischen Schick anbetraf, schienen sie mir Lichtjahre voraus. Ich wusste, dass ich niemals dazu gehören würde. Und nach einer

Weile hörten die Kinder auf, sich über meine Kleider zu mokieren. Sie ignorierten mich einfach.

Ab dieser Zeit trug ich die ganz Junior High School hindurch fünf Tage die Woche dasselbe Kleid. Erst als ich auf die High School wechselte, gaben meine Eltern nach, und ich erhielt die Erlaubnis, mir fünf Outfits – eins für jeden Wochentag – zu schneidern. Auch das waren noch sehr schlichte Modelle, zumindest aber waren es fünf.

Je älter ich wurde, umso mehr Angst flößten mir Gott und seine unzähligen Forderungen ein. In der Bibel stand geschrieben: »Ihr sollt vollkommen sein, wie euer Vater im Himmel vollkommen ist.« Das schien mir unmöglich. Ständig musste ich um Vergebung bitten, da ja sogar unsere Gedanken beurteilt werden. Die Situation war aussichtslos: Wurde ich wütend, schaffte es aber, mir die bösen Worte zu verkneifen, so musste ich – um des zornigen Gedankens willen – dennoch um Verzeihung bitten. Und war ich stolz auf mich, weil ich mich nicht zu zornigen Worten hatte hinreißen lassen, so musste ich um meines Stolzes willen um Vergebung nachsuchen. Dachte ich an etwas Sexuelles, musste ich natürlich um Vergebung bitten. Die Bitte um Vergebung allerdings erinnerte mich wieder an den Gedanken, sodass ich ihn nicht vollständig aus meinem Bewusstsein verbannen konnte. Es war ein Teufelskreis, aus dem es kein Entrinnen gab.

Meine größte Sorge aber war, unerwartet – das heißt ohne die Möglichkeit, noch für den letzten sündhaften Gedanken um Verzeihung bitten zu können – zu sterben und in die Hölle zu kommen.

Dem Thema Hölle schenkte man in unserer Kirche größte Aufmerksamkeit. In der Hölle herrscht – so lehrte man mich – Heulen und Zähneknirschen, die Verdammten werden in einen Flammenpfuhl geworfen, in dem – bis in alle Ewigkeit – ein unvorstellbar heißes Feuer brennt. Obendrein sehen die

Menschen dort, wie es im Himmel zugeht, was ihre Qualen nur noch steigert, da sie auf unerreichbare Wonnen blicken. Das konnte ich gut nachvollziehen; fast mein ganzes Leben lang hatte ich auf unerreichbare Wonnen gestarrt.

Jeder in der Hölle wisse, behaupteten meine Eltern, dass er auch bei Jesus im Himmel sein könnte, hätte er ihn nur als seinen Retter akzeptiert. Wenn nun aber die entsprechende Person nie etwas von Jesus gehört hatte, so erschien mir das entsetzlich ungerecht, ganz egal, was meine Eltern von Prädestination erzählten.

Manchmal fragte ich mich, ob Gott nicht irgendwo saß und sich kaputt lachte, während wir verzweifelt versuchten, seine unmöglichen Gesetze einzuhalten. Ich bemühte mich jedoch, diesen Gedanken zu verdrängen, da meine Furcht vor Gottes Gericht alles andere zum Schweigen brachte – sogar die Stimme der Vernunft.

Anstatt aufzubegehren, bemühte ich mich, das Problem logisch mit meinen Eltern zu erörtern. Meiner Überzeugung nach, sagte ich zu ihnen, sei Prädestination lediglich ein anderes Wort für Vorurteil: denn offensichtlich hatte der Gott, der die koreanische Bestimmung erließ, dass gemischtrassige Kinder keine Menschen sind, auch die amerikanische Regel geschaffen, nach der nur wiedergeborene Christen in den Himmel kommen. Damit – erklärten sie – habe ich mich der Blasphemie schuldig macht.

Allmählich war es dann so, dass ich mich – ob ich nun etwas tat oder unterließ – ständig irgendwelcher Dinge schuldig machte, doch immer noch suchte ich nach Möglichkeiten, meine nicht zufrieden zu stellenden Eltern zufrieden zu stellen. Eine Möglichkeit, sie zu besänftigen, war – das wusste ich – fleißiges Üben auf dem Klavier. Musikalisch verfolgten sie hoch gesteckte Ziele mit mir und wollten wohl eine reisende Musikmissionarin aus mir machen, die gleichzeitig das Wort Gottes und die klassische Musikkultur verkündete.

Immer noch erhielt ich bei Vater meine tägliche Klavierstunde und im Alter von zehn Jahren begann ich in der Kirche zu spielen. Dennoch war mir das Klavier ständige Quelle der Angst, egal, ob ich zu Hause vor den Eltern übte oder öffentlich auftrat. Kirchenlieder zu spielen machte mir nichts weiter aus, das kann jeder einigermaßen tüchtige Pianist, aber ich hasste die Konzerte.

Dad ließ mich ziemlich oft Konzerte spielen, entweder in der Kirche oder im Gemeindesaal. Mit zwölf spielte ich Beethovens Pathétique – alle drei Sätze auswendig –, wobei ich jedoch die ganze Zeit unkontrolliert zitterte. Mein Vortrag war zufrieden stellend – bis zum dritten Satz, bei dem ich mich bei einem Arpeggio mit dem Fingersatz verhedderte. Aus dem Augenwinkel sah ich, wie Dad den Kopf schüttelte, wegsah, zu Boden starrte, und mir wurde schwer ums Herz. Nach dem Konzert redete er nicht mehr mit mir, und die nur allzu vertraute Woge von Einsamkeit und Übelkeit rollte über mich hinweg.

Unversehens war ich, ohne zu merken, wie mir geschah, daheim zur Vollzeithaushälterin und -köchin geworden. Sicherlich führte ich ein etwas zivilisierteres Sklavenleben als jenes, vor dem Omma mich gerettet hatte, aber sämtliche täglichen Pflichten – vom Scheuern der Toiletten bis zum Kochen der Mahlzeiten – fielen inzwischen in meine Verantwortung.

Der Gegensatz zwischen den beiden Müttern meines Lebens war gewaltig: Omma hatte tagtäglich schwer geschuftet, dennoch alles in Ordnung gehalten und darüber hinaus noch Zeit gefunden, ihr Kind zu verhätscheln. Mom tat nicht viel anderes, als auf dem Sofa herumzuliegen und sich für ihre Gemeindeempfänge zurechtzumachen.

Ich merkte, dass andere Kinder nicht so viel arbeiten mussten wie ich – hörte sie etwa darüber sprechen, was ihre Mütter am Abend zuvor gekocht hatten –, und der Neid zerfraß mich schier.

Und selbstverständlich zerfraßen mich, da Neid ja eine Sünde war, auch die Schuldgefühle.

Kapitel 9

Als ich die Abläufe im Haushalt einigermaßen verstanden und im Griff zu haben glaubte, zog Moms Mutter zu uns. Ich war damals in der fünften Klasse und davon überzeugt, dass diese Frau die schlechtesten Eigenschaften meiner Eltern in sich vereinte. All die Dinge an ihnen, die mir Pein bereiteten, waren bei ihr noch viel ausgeprägter. Sie wiederum war der Ansicht, dass meine Adoption der unbestreitbar größte Fehler war, den meine Eltern je begangen hatten. Eines Tages fragte ich meine Mutter nach dem Sexualkundeunterricht in der Schule in kindlicher Neugier, ob sie und Dad denn Verkehr miteinander hätten. Triumphierend blickte Großmutter zu Mom. »Siehst du? Völlig degeneriert. Das kommt davon!«

Großmutter hatte nicht gewollt, dass sie ein koreanisches Kind adoptierten. Ihrer Meinung nach waren alle Nichtweißen Barbaren, und sie war sehr stolz auf die blonden Haare und blauen Augen, die bei ihnen in der Familie lagen. Meine Augen bezeichnete sie als »schlammfarben«. Ihre engstirnige Arroganz färbte auf all ihre Handlungen ab. Ehe sie bei uns einzog, lebte sie in einem Haus in unserer unmittelbaren Nachbarschaft und beschäftigte einen schwarzen Gärtner. Obwohl sie einräumte, dass er »ein guter Arbeiter« sei, durfte er ihr Haus niemals betreten. Freitagnachmittags, bevor er heimging, reichte sie ihm eine Flasche Seven-Up, die er auf der hinteren Veranda trank. Die Flasche bekam er, weil Großmutter nicht wollte, dass ein Schwarzer ihre guten Kristallbecher verschmutzte.

Ich wollte genau so werden wie er: Denn er hatte einen trockenen Humor, und er brachte allem, was wuchs, dieselbe Achtung entgegen wie Omma.

Für mich war er ein sympathischer, witziger Mensch, der mich wie eine Ebenbürtige behandelte. Für meine Großmutter existierte er nur insofern, als er ihr von Nutzen war. Er sagte kein Wort, wenn Großmutter ihm sein Seven-Up reichte, sah mich nur mit unbeweglicher Miene an und hob die Augenbraue, und schon prustete ich los. Wir unterhielten uns über Leute und wie komisch sie waren und über Blumen.

Und so wollte auch ich mein Seven-Up jetzt aus der Flasche trinken und einen Overall tragen und das Rosenschneiden erlernen. Großmutter war entsetzt und erzählte es meinen Eltern, die mir erklärten, dass man gewisse Regeln einhalten müsse.

Wenn ich auch noch nicht begriff, worin diese Regeln bestanden, so erkannte ich doch allmählich, dass ich in Amerika nicht die einzige war, die isoliert und gehasst wurde, nur weil sie anders aussah als die meisten um sie herum.

Großmutter war eine kleine, robuste Person. Nicht mal einen Meter fünfzig groß, trug sie Stützstrümpfe und orthopädische Schnürschuhe. Einmal pro Woche ließ sie sich im Schönheitssalon der Stadt die Haare machen, und jeden Tag zog sie ein frischgebügeltes Kleid an. Farbige, Asiaten und Hippies konnte sie nicht leiden. Und oft erklärte sie, dass die Welt ins Verderben renne.

Lächeln sah man sie nur in der Kirche, wo sie vorn in der zweiten Reihe ihren Stammplatz hatte. Ihr Kissen, das ihr heilig war, blieb immer dort liegen, und wehe dem unglücklichen Fremden, der sich versehentlich darauf niederließ.

Nach einem leichten Schlaganfall hatte Großmutter beschlossen, zu uns zu ziehen. Ihr Mann, den ich nicht mehr kennen gelernt hatte, war schon seit Jahren tot. Sie regierte das Haus mit hutzliger, eiserner Faust, und meine Eltern spurten. Später erfuhr ich, dass sie ihnen unter der Bedingung, bei ihnen zu wohnen zu dürfen, das Geld für den Hauskauf vorgestreckt hatte. Das einzige Fernsehgerät des Hauses stand – ebenso wie ein Polstersessel und eine Ottomane – in ihrem Zimmer.

Mit Großmutters Ankunft verlängerte sich der Katalog meiner schon beträchtlichen täglichen Pflichten und umfasste nun auch die Erfüllung ihrer Bedürfnisse. Obgleich nichts sie daran hinderte, sich um sich selbst zu kümmern, betrachtete sie dennoch alle um sich herum – vor allem jene, die nicht rein arischer Abstammung waren – als ihre Bediensteten.

Ich musste ihr beim Baden, Ankleiden und bei der Gebissreinigung zur Hand gehen. Ich hasste ihren muffigen Geruch, ihre klappernden Zähne, ihre hochnäsige Art. Beim Gehen stützte sie sich auf einen Stock, und wenn ihr etwas nicht schnell genug ging oder ich ihr im Weg war, zog sie ihn mir über die Beine. Andauernd schalt sie mich. Ich sei zu langsam, eigensinnig, schusslig.

Die Leute sollten sich »an ihresgleichen halten«, erzählte

Großmutter mir oft, und dass die Vermischung der Rassen niemals funktionieren werde. Es sei schon ein Jammer, meinte sie einmal, dass ich niemals so hübsch sein könne wie ein amerikanisches Kind. Nachdem sie das gesagt hatte, stand ich eines Nachts auf, ging in unser gemeinsames Bad, nahm ihr Gebiss aus dem sprudelnden Polidentglas am Waschbecken und schob es ins oberste Regal des Medizinschränkchens. Erst nach langer verzweifelter Suche fand Mom es am nächsten Tag wieder.

»Tja, Großmutter«, sagte ich, »im Alter verlieren die Menschen zuweilen den Verstand und fangen an, ihre Sachen an merkwürdige Orte zu legen. Jetzt fängt es wohl auch bei dir an. Ein Jammer, dass du nie wieder jung und flink sein wirst.«

Großmutters Zimmer lag neben dem meinen und wir teilten uns ein Bad, das man von ihrem Zimmer aus betrat. Ihr Zimmer war groß und hell, die Vorhänge aber blieben immer zugezogen, weil sie den grauen Star hatte und das Licht sie störte. Den ganzen Tag lang saß sie in ihrem Sessel und guckte sich »As The World Turns« und »General Hospital« an. Hin und wieder rief sie, dass ich ihr etwas bringen solle: ein Glas Wasser, ein Taschentuch, die Fernsehzeitung oder ihre Lupe.

Mein Zimmer besaß zwar ein Fenster, aber auch hier musste der Vorhang geschlossen bleiben, damit die Möbel nicht verblichen. Da die Einrichtung lediglich aus einem Walnuss-Himmelbett und -Frisiertisch von Sears bestand, konnte ich diese Sorge nicht so recht nachvollziehen. Dennoch gehorchte ich.

Unser gemeinsames Bad besaß zwei nebeneinander stehende Waschbecken. Großmutters Medikamente, ihr Gebissbecher, ihre Augentropfen und ihre Bittersalze nahmen den Großteil der Abstellfläche ein. Ich hasste es, dieselbe Toilette benutzen zu müssen und meine Hände am selben Handtuch abzutrocknen.

Etwa um diese Zeit fing ich an, mir kleine Protestaktionen zu genehmigen. Nach und nach veränderte sich meine Einstellung gegenüber meiner Familie – ich war nicht mehr so erpicht darauf, es ihnen recht zu machen. Vielmehr suchte ich nach Möglichkeiten, selber auf meine Kosten zu kommen. Allmählich empfand ich auch eine gesunde Verachtung für vieles, das ich früher einfach hingenommen hatte. Und ich entwickelte Sinn für Humor, wenn ich auch in der Regel die einzige war, die über meine Witze lachte. Manchmal spielte ich Großmutter Streiche, über die ich dann in hysterisches Gelächter ausbrach, mit denen ich mir aber auch Schwierigkeiten einhandelte.

Besonders eifersüchtig hütete Großmutter den Sessel vor ihrem Fernseher. Keiner durfte sich auf ihn setzen, weil die Kissen angeblich, so wie sie lagen, »gerade richtig« waren, und sie nicht wollte, dass jemand sie durcheinander brachte. Zu Weihnachten hatte ich einmal eine Puppe bekommen, die fast so groß war wie ich, und wenn man sie an der Hand nahm, hätte sie eigentlich neben einem hergehen sollen. Allerdings hat der Gehmechanismus nie richtig funktioniert, und zum Spielen war die Puppe zu groß und zu unhandlich, sodass ich sie für gewöhnlich in den hintersten Winkel meines Wandschranks verbannte.

Eines Tages platzierte ich die Puppe, als Großmutter gerade auf der Toilette war, auf diesen Sessel. Auf den Kopf der Puppe setzte ich einen haarigen schwarzen Hut meiner Mutter. Ich drehte den Sessel so, dass die Puppe von der Tür aus nur teilweise zu sehen war. Mit ihrem grauen Star, so dachte ich, würde Großmutter uns miteinander verwechseln und glauben, ich säße in ihrem Sessel. Ich versteckte mich in ihrem Schrank und wartete.

Ich hörte die Badezimmertür aufgehen und das Tocktock von Großmutters Stock. Dann öffnete sie die Schlafzimmertür und blieb stehen, und ich beobachtete sie durch den Schranktürspalt. »Elizabeth! Mach bloß, dass du aus meinem Sessel verschwindest, aber sofort! Du weißt ganz genau, dass du da nichts verloren hast. Nun hast du mir die Kissen ruiniert. Hast du gehört? Aufstehen, hab ich gesagt. Hat man schon mal so ein böses Kind gesehen. Du kriegst eine Strafe, wie du noch keine erlebt hast, du Tunichtgut.«

Großmutter war wütend. Das Gebiss verrutschte ihr und klapperte, während sie auf die Puppe einschrie. Ich presste mir die Hand vor den Mund, um nicht laut loszuprusten. Sie humpelte ein Stückchen weiter, hob ihren Stock und hieb ihn, ohne mit dem Schimpfen aufzuhören, der Puppe über den Arm. Die Puppe schwankte ein wenig und begann zu kippen. Die schwarze haarige Kappe fiel herunter, die Puppe stürzte und schlug mit dem Kopf auf den Boden. Großmutter schrie auf, ließ ihren Stock sinken. Und ich fiel vor Lachen aus dem Schrank.

Meine Eltern stürzten herbei, und als sie begriffen, was geschehen war, bekam ich, was Großmutter als eine »Tracht Prügel, mit der man den Satan austreibt« bezeichnete. Doch auch wenn mir ein, zwei Tage lang alles wehtat, die Sache war es wert gewesen.

Da sich alles in Großmutters Welt um ihren Fernseher drehte, taten es auch die meisten meiner Streiche. Ich verpasste ihr kleine boshafte Nadelstiche: Wenn sie aufstand und ins Bad ging, was recht oft geschah, schlich ich mich in ihr Zimmer und schaltete um. Sodass sie dann bei der Rückkehr vor sich hin brummelte, sich wieder hochhievte und zum Fernseher humpelte, um zurückzuschalten. »Was ist denn das schon wieder? Bleibt nie auf demselben Programm, der verrückte Fernseher. Werd mal einen Handwerker bestellen demnächst.«

In der Kirche war Großmutter liebenswürdig und nett, wenn auch auf etwas säuerliche Art, und die Leute erzählten mir alles Mögliche über sie. »Also deine Oma, die ist ja wahnsinnig süß! Thront auf ihrem Platz wie 'ne kleine Königin. Hast sie wohl wahnsinnig gern, deine Oma, was?« Gewöhnlich nickte ich nicht einmal, sondern starrte die jeweilige Person nur ungläubig an. Wie war es nur möglich, diese hutzlige böse alte Hexe gern zu haben?

In Moms Verhalten gegenüber Großmutter sah ich, wie sich – nur um eine Generation nach hinten verschoben – dasselbe Drama von Herrschaft und Scham abspielte. Noch Jahre später erinnerte ich mich, auf welch erniedrigende und beleidigende Weise Großmutter mit Mom redete, und begriff, dass vieles von dem, was Mom mir antat, ein Echo ihrer eigenen Kindheit war. Erst als meine eigene Tochter geboren wurde, musste ich mich mit meinen Vorstellungen von Mutterschaft auseinander setzen. Wenn Omma mir auch das Gefühl des Geliebt- und Angenommenseins vermittelt hatte, hatte sie mich doch allzu bald verlassen. Diese kurze Zeit reinen Geliebtwerdens wurde mir zum Muster der Mutterschaft. Allerdings war es ein unvollständiges Vorbild. Es enthielt nur Bruchstücke von Wärme, an die ich mich klammern konnte, alles Übrige musste ich mir selbst erarbeiten.

Einmal die Woche nahm Großmutter ein Vollbad. Am Samstagabend ging sie ins Badezimmer, zog all ihre Kleider aus und ließ sie in einem Haufen am Boden liegen, wo ich sie dann aufheben musste. Dann hielt ich sie am Arm, während sie in die Wanne stieg und sich auf einen Plastikhocker setzte. Ich nahm einen Krug und übergoss sie mit Wasser. Rieb den Waschlappen an der Palmolive-Seife, bis er schäumte. Und dann wusch ich sie – begann mit dem Hals und arbeitete mich langsam nach unten vor. Sie hob die Arme, damit ich unter ihre Achseln kam, richtete sich ein wenig auf und stützte sich schwer auf meine Schulter, damit ich ihr den Hintern waschen konnte. Ihr Geruch war widerwärtig. Ich hielt die Luft an und wandte den Blick ab und drehte alle paar Sekunden den Kopf zur Seite, um eine Nase frische Luft zu schöpfen.

Während des Bads redete sie ununterbrochen auf mich ein: »Pass auf, dass du mir den Rücken gründlich schrubbst. Letztes Mal hast du eine Stelle übersehen. Steh still, wenn ich mich auf dich stütze. Ich werd noch stürzen, wenn du nicht Acht gibst. Mein Hintern ist wund. Achte drauf, dass du ihn sorgfältig abspülst. Stell dich doch nicht so ungeschickt an!«

Nach Beendigung des Bads stützte sie sich beim Heraussteigen wieder auf mich. Jedes Mal, wenn sie an mir Halt suchte, ob beim Baden oder beim Ein- und Aussteigen im Auto, grub sie mir ihre Fingernägel in die Vertiefungen rings um die Schultern und Schlüsselbeine. Großmutter war eine knochige Frau, der die Haut in ledrigen Säcken am Körper herunterhing. Sie war eine kleine Person, doch wenn sie sich auf mich stützte, war mir, als wöge sie eine Tonne.

Noch im Bad trocknete ich sie ab, wobei ich darauf achtete, stets ein paar Schichten Handtuch zwischen meiner Hand und ihrem Körper zu haben. Ich hätte fast alles getan, um ihre verwelkte Haut nicht berühren zu müssen, und manchmal verriet mein Gesicht meinen Abscheu, und sie schnauzte mich an. »Was hast du denn? Siehst aus, als hättst du in eine Zitrone gebissen!«

Sie zog ihr Nachthemd und saubere Unterwäsche an und reinigte, am Waschbecken stehend, ihr Gebiss. Und ich hob mit spitzen Fingern ihre Kleider auf und warf sie in den Wäschekorb, nur um sie dann beim Waschen aufs Neue anfassen zu müssen.

Körper flößten mir eher gemischte Gefühle ein. Vor Großmutters nacktem Körper, dessen Anblick ich regelmäßig aufgezwungen bekam, ekelte ich mich. Meines eigenen Körpers und meiner knospenden Weiblichkeit schämte ich mich. Außerdem wusste ich ja auch, dass mein Körper der Tempel des Herrn sein sollte, und empfand ihn daher in keiner Weise als mein Eigentum. Während der Kommunion verzehrten wir Fleisch und Blut des Herrn, was meinen unbewältigten Körperfragen eine weitere Dimension hinzufügte.

Die erste bewusste Erfahrung meines Körpers und seiner Fähigkeiten und Empfindungen endete grotesk. Ich war etwa zehn Jahre alt. In diesem Alter hatte ich noch keine Ahnung von Sex. Selbstverständlich missbilligten meine Eltern alles, was mit körperlicher Lust zu tun hatte. Sex wurde lediglich dort erörtert, wo es um Übel wie Unzucht und Ehebruch und das schreckliche Schicksal jener ging, die solches praktizierten. Eines Morgens lag ich, eben erst erwacht, in meinem Bett und begann mich schlaftrunken zu berühren. Ich wusste nicht genug über Sex, um zu wissen, dass ich womöglich etwas Unrechtes tat. Das Wort »Masturbation« hatte ich noch nie gehört. Auch das Wort »Klitoris« nicht. Ich wusste nur, dass dies eine neue Empfindung war, die ich genauer erforschen wollte. Mom kam herein, um mich aus dem Bett zu holen, und sah, was ich tat. Sie war entsetzt, und selbstverständlich war mir sofort klar, dass ich etwas Schreckliches getan hatte, wie schrecklich es war, wusste ich allerdings noch nicht. Sie und Großmutter zerrten mich ins Bad, ich musste mich ausziehen und in die Wanne steigen.

Die ganze Zeit schimpften sie auf mich ein, dass ich schmutzig und widerwärtig sei. Mutter sagte immer wieder: »Schämst du dich denn nicht? Wie konntest du nur so etwas tun? Ich dachte, du wärst ein anständiges christliches Mädchen.« Mutter hielt mich in der Wanne fest und zerrte mir die Beine auseinander, damit ich meine Knie nicht zusammenpressen konnte, und Großmutter drehte den Heißwasserhahn bis zum Anschlag auf.

Das Wasser war siedend heiß und brannte fürchterlich. Nach ein paar Minuten ließen sie mich aufstehen, und ich versprach ihnen inbrünstigst, nie wieder so etwas Entsetzliches zu tun.

Ein weiterer Vorfall ereignete sich etwa um die gleiche Zeit.

Ich hatte am Abend gebadet und Körperpuder benutzt. Ich war sauber und hatte einen warmen Flanellschlafanzug an. Ich schwelgte in der Sinnlichkeit meines sauberen, weichen Körpers, des Flanells auf meiner Haut, meiner Haare, die vom Dampf im Badezimmer noch feucht und gekräuselt waren. Ich stieg ins Bett, und meine Eltern kamen herein, um mich mein Nachtgebet sprechen zu hören. Als ich damit fertig war und ihnen gute Nacht wünschte, platzte ich damit heraus, erzählte ihnen, was ich in eben diesem Augenblick empfand.

»Ich fühl mich so gut. So sauber und warm, das ist so schön. Und auch wie ich rieche. Ich möchte verheiratet sein, damit mein Mann das auch riechen und fühlen kann.« Ich weiß noch, wie dankbar ich war, dass ich dies – meine Haut und mein Haar, meinen Duft und meine Weichheit – fühlen und wirklich genießen konnte. Ich wusste, dass die Ehe ein »heiliger, von Gott geweihter Bund« und es in Ordnung war, wenn man verheiratet sein wollte. Schließlich behaupteten meine Eltern doch immer, das Ziel jeder gottesfürchtigen jungen Frau müsse die Ehe sein. Weshalb es mir ja auch so vorkam, als ob ich Gott schon im Voraus dafür dankte.

Vater aber wurde gleich streng und ungehalten. Ob ich denn Lüsternheit verspürte? Ob ich etwa böse Begierden hegte?

Ich wusste nicht einmal, was Lüsternheit war, fühlte mich aber sofort schuldig und irritiert. Es verwirrte mich, dass etwas, das sich so rein und schön anfühlte, meine Eltern so zornig machen konnte. Ich sage: »Nein, Daddy, ich spüre keine Lüsternheit. Ich wär nur gern verheiratet.« Vater setzte zu einer Stegreifpredigt an: Wieso ich mir denn wünschte, verheiratet zu sein, wo ich doch noch ein kleines Mädchen sei? Wieso ich überhaupt an solche Dinge denken und weshalb ich mich derart auf meinen Körper konzentrieren würde? Über so etwas sollte ich mir gar keine Gedanken machen. Und auch nicht derart an fleischlichen Freuden hängen.

Nun wusste ich, dass ich wieder einmal das Falsche gesagt

und getan hatte, und nicht nur das, nein, auch noch das Falsche gefühlt hatte. Sogar meine Gefühle waren verkehrt.

In diesem Haus aufzuwachsen hieß, sich einer tagtäglichen Überprüfung seiner Gefühle zu unterziehen. Weil, wie Dad betonte, nur das zählte, was in unserem Herzen war. Gott kannte unsere Herzen und unsere Gedanken, und nach ihnen würden wir gerichtet werden. Es genügte nicht, das Richtige zu tun oder sich in Wort und Tat der Sünde zu enthalten. Nein, auch die Gedanken wurden gewogen; deshalb entkam keiner der Sünde. Und folglich war auch jener Moment des Entzückens über die Wärme, den Geruch und die Weichheit meiner Haut ein Vergehen.

Nach einer langen zornigen Tirade ließ Dad mich aus dem Bett steigen, ich musste niederknien und Gott wegen meiner lüsternen Gedanken und meines zu großen Interesses an der diesseitigen Welt um Verzeihung bitten.

Heute bedeutet mir die Intimität mit einem anderen Menschen mehr als alles andere. Nicht nur weil Sex etwas Wunderbares ist. Ich liebe die körperliche Nähe; und von der Sinnlichkeit, Tröstlichkeit und Schönheit der Berührung zweier Körper kann ich nie genug bekommen. Schon als Kind war es mir unverständlich, wenn meine Eltern von den Lastern des Fleisches und von Begierde redeten. Als ich dann ein Teenager war, erzählten sie mir ziemlich oft, dass sie an Sex kein Interesse hätten und auch ich kein Interesse daran haben sollte.

Es verblüfft mich, dass mich Sex als Erwachsene derart begeistert. Ich mag alles, was damit zusammenhängt, bin mir der Welt des Leibes und der mit ihm verbundenen Lüste und Leiden äußerst bewusst und weiß jede Nuance körperlichen Empfindens unendlich zu schätzen.

Im Laufe der Jahre erlitt Großmutter noch ein paar Schlaganfälle, und ihr Gesundheitszustand verschlechterte sich weiter. Zuletzt war sie bettlägerig und konnte nur noch nicken oder den Kopf schütteln. Am Tag, als sie starb, sah ich Mom das erste und einzige Mal weinen. Ich war erstaunt: zum einen, dass sie überhaupt zu Tränen fähig war; zum anderen verblüffte es mich, dass sie sie für jemanden vergoss, der so giftig gewesen war. Großmutter und ich waren uns nie nahe gekommen; ich konnte mich an keinen Augenblick erinnern, an dem ich mich von ihr geliebt oder auch nur akzeptiert gefühlt hätte.

Als Großmutter starb, empfand ich ganz kurz eine reine, unverfälschte Freude, in die sich aber umgehend Schuldgefühle mischten. Ich beschwichtigte diese Gefühle, indem ich mir sagte, dass Großmutter nun im Himmel bei Jesus und es daher auch völlig in Ordnung sei, sich zu freuen. In Wirklichkeit redete ich mir ein, freute ich mich ja nur für sie. Großmutter gehöre nun der Gemeinschaft der Heiligen an, meinten meine Eltern. Und habe an der ewigen Seligkeit teil. Deswegen hielt ich es wohl auch für absolut in Ordnung, als ich nach ihrer Beerdigung auf dem Friedhof herum tanzte.

Kapitel 10

Mit etwa dreizehn Jahren begann ich, vom Fliegen zu träumen. Der Anfang dieser Träume war immer der gleiche: Mir träumte, dass ich jäh erwachte – mitten in der Nacht und in meinem Zimmer. Dort stand ich in meinem Baumwollnachthemd vor dem offenen Fenster. Die Sterne strahlten; die Nacht war warm und klar. Ich stieß mich mit den Füßen ab, schwebte durchs Fenster, und dann höher und immer höher. Hinauf ging es und am Dach unseres Hauses vorbei, vorbei an den Telefonleitungen und hinein in den funkelnden Nachthimmel. Ich war selig. Die Arme wie Flügel ausgebreitet, stieß ich hinab und begann dann mich über die winzige Wüstenstadt und schließlich die westlichen Hügel emporzuschwingen. Mein Haar flog, und die kühle Brise, die mir ins Gesicht blies, hatte etwas Berauschendes. Ich konnte überall hin, konnte alles tun.

Ich flog über die Stadt hinaus, über weite Wüstenflächen, über Los Angeles und die Küstenorte hinweg bis zum Pazifischen Ozean. Immer wieder stieß ich nach unten, um im Vorbeifliegen die Wipfel der Bäume mit den Händen zu streifen, und zuweilen flog ich so tief, dass ich in die Fenster der Stadthäuser blicken konnte. Über dem Meer ließ ich mich von den Strömungen tragen und drehte mich manchmal auf den Rücken, um während meines Flugs den Mond betrachten zu können.

Danach besuchte ich verschiedene Länder, und immer waren sie höchst real und komplex und voller Details. An besonderen Orten hielt ich an, um sie mir genauer zu betrachten. Wann immer ich ein kleines Mädchen erblickte, landete ich, um zu sehen, ob ich mit ihm reden konnte; meist aber sprach es eine Sprache, die ich nicht verstand.

Diese Flugträume kehrten – mit gelegentlichen Unterbrechungen – in all den Jahren regelmäßig wieder, und blieben sie einmal länger aus, so empfand ich dies als echten Verlust. Oft betete ich sogar darum: »Bitte, lieber Gott, lass mich heute Nacht einen Flugtraum haben.« Sie waren wirklich und wahrhaftig das Wunderbarste, das mir – ob im Wachen oder Schlafen – je begegnet ist. Und noch heute sehne ich mich nach ihnen. Oft bildete ich mir aber auch nur ein, einer meiner Flugträume stehe bevor, stieß dann jedoch gegen eine Decke oder verhedderte mich in einem Baum und konnte mich nicht höher emporschwingen.

In den Flugträumen spürte ich keine Angst; es waren die einzigen Phasen der Nacht, in denen mich die Furcht verließ. Noch immer hatte ich entsetzliche Angst vor der Dunkelheit. Meine Eltern aber wiederholten unentwegt, dass Furcht von einem Mangel an Gottvertrauen zeuge, und erlaubten mir nicht, ein Nachtlicht oder eine Lampe brennen zu lassen. Ihrer Meinung nach sollte ich Gott lobpreisen, indem ich meine Ängste überwand. Manchmal erwachte ich schreiend aus einem Albtraum, und sie kamen ins Zimmer und fragten, was los sei. Mit klappernden Zähnen und schweißnassem Kopf stammelte ich dann nur immer wieder dieselben zwei Worte: »Mann kommt. Mann kommt.« Das gefiel ihnen nicht. »Es kommt kein Mann. Außer deinem Dad gibt es hier keinen Mann. Nun hör auf mit dem Theater und schlaf endlich.«

Es ärgerte sie, dass ich mir bei meinen Albträumen das Kopfkissen nass schwitzte. Jeden Morgen musste ich den Bezug wechseln.

Die einzige Phase meines Lebens, in der ich mich wirklich sicher fühlte, war die Zeit, als ich mich draußen vor unserem kleinen Haus in Korea in Ommas Schoß schmiegte. Mit gekreuzten Beinen saß sie am Boden und lehnte sich an die Wand. Ich hockte in der Vertiefung zwischen ihren Beinen, legte den Kopf an ihre Brust und zwischen ihre Arme, die mich umschlungen hielten. Ihr *hanbok* bestand aus altem, abgetragenem Baumwollstoff, der an manchen Stellen glänzte und mich weich umhüllte. Die Ärmel waren weit, und während sie mich in den Armen hielt, hatte sie die Hände in den jeweils gegenüberliegenden Ärmel geschoben, sodass mich ein ununterbrochener Ring weichen Stoffs umgab, in dessen Innern ihre starken Arme steckten. Die Knie hatte ich hochgezogen und sie schob die Zipfel ihrer Ärmel unter meine nackten Zehen, um mich warmzuhalten.

Derart eingehüllt ähnelte ich einer Puppe in einem eng anliegenden Baumwollkokon aus Sicherheit und Liebe. Ich spürte ihre Brust, die sich beim Atmen hob und senkte. Wusste, dass sie über meinen Kopf hinweg auf die Berge blickte. Auch ich starrte auf sie, eine Weile jedenfalls, bis mir die Augen schwer wurden. Vom köstlichen Gefühl der Ruhe, Zufriedenheit und

Geborgenheit durchdrungen nickte ich in ihren Armen ein. Und spürte beim Einschlafen die zarten Schmetterlingsküsse, die sie mir von Zeit zu Zeit auf den Scheitel drückte.

Einige meiner Freunde erinnern sich, dass sie als Kinder eine Kirche besuchten, doch keiner von ihnen kann so recht nachvollziehen, warum sich die Religion als etwas so Bedrohliches aus meinen sonstigen Erinnerungen heraushebt. Natürlich waren meine Eltern nicht wie andere Elternpaare, die ich kannte; und auch unser Haus glich keinem anderen mir bekannten christlichen Haushalt.

Sie waren Eiferer mit starrem Lächeln und stählernem Blick, waren aus dem Holz, aus dem man Märtyrer und Kreuzzügler schnitzt. Unser Erzfeind war Satan – dicht gefolgt vom Humanismus. So etwas wie Persönlichkeitsrechte gab es nicht. Entsetzliche Dinge konnten im Namen des Herrn geschehen.

Meine Eltern funktionierten wie Automaten. So wie es aussah, sagten und dachten sie nichts, was nicht in der Bibel stand. Selbstständiges Denken sei unrecht, behaupteten sie, da Gottes Wort unseren Verstand und unser Herz derart erfüllen sollte, dass gar kein Platz für andere Gedanken bleibe. Eine Vorstellung, die mir zutiefst klaustrophobisch erschien.

»Aber, Dad, warum glauben wir denn alles, was in der Bibel steht?«, provozierte ich ihn manchmal. »Was, wenn sie beim Aufschreiben Fehler gemacht haben? Oder sich manches nur aus den Fingern gesogen haben?«

»Da Gott die Männer, die die Bibel niederschrieben, inspiriert hat, übermittelte der Geist Gottes jedes Wort auf direktem Wege in die Hände der schreibenden Männer. Wir glauben sie in ihrer Gesamtheit.«

»Aber weshalb denn?«

»Weil Gott es uns gebietet.«

»Aber woher wollen wir denn wissen, was Gott tatsächlich gesagt hat?«

»Aus der Bibel natürlich.«

Manchmal frustrierten mich diese unsinnigen Antworten derart, dass ich schreien wollte. Aber da ich ja nicht einmal weinen durfte – von schreien ganz zu schweigen –, schluckte ich meinen Zorn hinunter und verzog keine Miene.

So saßen wir im Wohnzimmer – drei auf die Bibel programmierte Roboter. Meine Eltern saßen in ihren Sesseln und ich hockte mit angezogenen Knien in der Sofaecke und umklammerte die Troddeln der Zierkissen. Manchmal stellte ich mir vor, was wohl passieren würde, wenn ich aufstünde und meine Gedanken laut ausspräche. »Warum darf ich nicht selber denken? Weshalb bildet ihr euch denn ein, alles zu wissen? Vielleicht wisst ihr ja gar nichts!«

Und während ich mir überlegte, wie verheerend ein solcher Auftritt wäre, sprach Vater laut seine Gebete, zu denen Mutter den Background-Chor beisteuerte.

»Herr, vergib uns, wenn wir an deinen heiligen Worten zweifeln.«

»Ja, Herr.«

»Und reinige unseren Geist und unser Herz von allen weltlichen Gedanken, auf dass wir heilig werden, so wie du heilig bist.«

»Dein Wille geschehe, o Jesus.«

»Und bewahre uns vor dem Satan, dass er keinen Anhalt finde in unserem Leben.«

»Wir bitten dich, o Herr.«

»Denn nur du, du allein kannst uns erretten. Und wir wollen teilen dein Leiden und deine Schande, auf dass wir einstens an deiner Herrlichkeit teilhaben und zu deiner Rechten sitzen.«

»Fürwahr, Herr, so sei es.«

»Und bereite dir in Elizabeth eine reine Seele und erneuere in ihr den rechten Geist.«

»Forme sie, o Herr, nach dem Bilde Christi.«

Dann war ich mit dem Beten an der Reihe, und das Gebet musste eine gewisse Länge haben, mit einem bestimmten Eifer und entsprechender Bußfertigkeit und verbaler Selbstgeißelung vorgetragen werden, damit es meine Eltern zufrieden stellte und sie mich zu Bett gehen ließen.

»Herr, bitte verzeih mir, dass ich dein heiliges Wort in Frage gestellt habe. Vergib mir, dass ich mir von Satan Zweifel an der Bibel ins Herz habe streuen lassen. Verzeih mir bitte, dass ich Vater und Mutter widersprochen habe und heute Morgen so mürrisch war. Hilf mir, ein besserer Mensch zu werden. Um Jesu willen, amen.«

Wenn ich dann endlich ins Bett stieg und Eltern und Bibel hinter mir ließ, empfand ich ungeheure Erleichterung. In der Dunkelheit meines Zimmers konnte ich meinen eigenen Gedanken nachhängen – wenn ich auch fürchtete, wegen ihrer Blasphemie in der Hölle zu landen –, konnte mir Dinge ausmalen, träumen, mich in meine eigene Phantasiewelt zurückziehen.

Die Szenarien dieser Welt waren eine Neuauflage der Phantasien, die ich mit Omma geteilt hatte: Irgendwie gelang mir die Flucht und ich lebte an einem Ort, der grün und hügelig war, an dem ich viele Freunde hatte und viel Liebe erhielt. In meiner Lieblingsphantasie kam ein Mann an unsere Tür und erklärte, meine Adoption beruhe auf einem Missverständnis: In Wirklichkeit sei er mein richtiger Vater und habe nur bis jetzt keine Möglichkeit gehabt, mich zu sich zu holen. Er nahm mich mit nach England, wo er auf dem Lande ein Gut besaß. Dort brachte er mir das Reiten bei, und auch einen großen Garten gab es. Er hatte eine Köchin und eine Haushälterin, die mich verwöhnten. Jeden Tag nahmen wir im Garten unseren Nachmittagstee ein, und schließlich, inzwischen erwachsen, wurde ich eine berühmte Shakespeare-Darstellerin.

Unglücklicherweise folgte diesen Träumen stets das Erwachen, und wenn ich Pech hatte, das Erwachen an einem Sonntag.

Sonntags stand ich um sieben Uhr auf. Die Sonntagsschule begann um halb zehn, und schon als Junior-High-Schülerin unterrichtete ich eine Sonntagsschulklasse. Nach dem Frühstück und dem Abspülen machte ich mich für die Kirche fertig und überflog noch einmal meine Unterrichtsstunde – nie verwendete ich so viel Zeit auf die Vorbereitung, wie Dad sich das einbildete, doch inzwischen bedeutete mir seine Anerkennung auch immer weniger.

Ich spielte Klavier während der »Einführung«, zu der sämtliche Sonntagsschulklassen fünfzehn Minuten zum Singen und Beten zusammenkamen, ehe sie in ihre getrennten Klassenräume gingen.

Dann marschierte ich mit meiner kleinen, aus Erst- und Zweitklässlern bestehenden Klasse in unser Zimmer, wo wir uns eine Weile mit Spielen vergnügten. Meistens erzählte ich ihnen eine Geschichte, bei der ausgeschnittene Filzfiguren auf einer Filztafel zum Einsatz kamen, und ließ sie danach selber Geschichten erzählen und mit den Filzmenschen spielen. Disziplin gab es bei uns nicht, und den religiösen Teil der Sonntagsschule versuchte ich auf das absolute Minimum zu beschränken.

Um halb elf war die Sonntagsschule zu Ende. Und ich musste in mein Chorgewand schlüpfen, mir die Noten auf dem Klavier zurechtlegen und mich für den Gottesdienst fertig machen. Jede Woche spielte ich ein anderes Präludium, meistens etwas von Bach oder Chopin, während die Kirche sich allmählich füllte. Es hat mich immer geärgert, dass das, woran ich die ganze Woche lang hart gearbeitet hatte, von keinem bemerkt wurde. Während des Gottesdiensts saß ich vor den Augen der gesamten Gemeinde am Klavier. Das hieß, dass ich lieb aussehen musste und christusmäßig und so, als konzentrierte ich mich die ganze Stunde lang auf die Predigt. Als ich älter wurde, ließ ich die Maske hin und wieder fallen und machte mir zuweilen nicht mal die Mühe, mein Gähnen zu unterdrücken und meine Langeweile zu verbergen.

Nach der Kirche war gewöhnlich »Plätzchenstunde«, und ich half beim Kaffee- und Tee-Ausschenken. Danach war ich in der Küche und half beim Aufräumen. Mom hingegen gelang es auf unerfindliche Weise, niemals auch nur einen Teller abzuwaschen. Es verblüffte mich, wie viel an Gratisleistungen die Kirche aus ihren Mitgliedern, vor allem den weiblichen, herausholte. Ein Zirkel von etwa zehn Frauen schuftete bis zum Umfallen; sie kochten und backten für die Kirchenempfänge, spülten Geschirr, arrangierten Blumen, schnitten Stoff zu und nähten Quilts für die Missionare. Was im Übrigen von niemandem besonders gewürdigt wurde. Von einer gottesfürchtigen Frau erwartete man eben solche Hingabe.

Ich musste kichern, wenn ich sah, wie die Frauen in der Kirche um ihre erbärmlichen Brösel vom Tisch der Herrlichkeit konkurrierten. Von welchem Kuchen nahm sich der Pastor ein zweites Stück? Welche Auflaufform wurde restlos ausgekratzt? Welcher Sandwich-Stapel wurde vor alle anderen platziert? All diese Dinge waren für die Frauen-Missionsgesellschaft eine Sache auf Leben und Tod.

Viele der Frauen waren sehr lieb, und manche waren sogar nett zu mir. Eine von ihnen, eine Witwe namens Helen, behandelte mich mit einer Freundlichkeit, wie ich sie zu Hause niemals erlebt hatte. Tatsächlich malte ich mir immer wieder aus, dass Mom starb – vielleicht an einer Migräne oder so etwas – und Dad Helen heiratete. Wir würden miteinander Plätzchen backen und sie würde mich zum Einkaufen mitnehmen und mich nicht bestrafen, wenn ich beim Bettenmachen keine exakten Ecken zu Stande brachte.

Immer habe ich mich gefragt, was Helen in dieser Kirche wohl suchte. Sie lachte laut und oft und zwinkerte mir zuweilen zu – wenn die anderen Frauen darüber stritten, welches von ihren Blumenarrangements nun auf die Kanzel sollte. Hin und wieder hörte ich, was die anderen über Helen wisperten: Sie sei eine »Frau mit lockerem Lebenswandel« – ich nehme an, weil sie mit ihren Freunden Wochenendausflüge machte, in der Kirche Hosen und roten Lippenstift trug und auf dem Parkplatz Zigaretten rauchte.

Einmal im Jahr, am Muttertag, war der Gottesdienst den Kirchenfrauen gewidmet. Das hieß, dass die Lesung dieses Tages aus dem Buch der Sprüche stammte: »Wem ein tugendsam Weib beschert ist, die ist viel edler als die köstlichsten Perlen. Ihres Mannes Herz darf sich auf sie verlassen, und Nahrung wird ihm nicht mangeln. Sie tut ihm Liebes und kein Leides …« Eine tugendsame Frau sein hieß, schwer schuften, sich niemals beklagen, Gott und den anderen Männern in seinem Leben gehorchen und sich keusch halten an Leib und Seele.

Dafür wurde man dann mit einem jährlichen Gottesdienst geehrt, an dem man eine weiße Nelke tragen durfte und womöglich – wenn man nämlich mehr Kinder als die anderen Schwestern in Christi geboren hatte – einen Rosenstrauß erhielt. Anschließend servierte man dann das Mittagessen und spülte wieder ab.

Eine gottesfürchtige Frau zu werden, erzählte man mir, begänne damit, dass man ein frommes Kind sei, und das hieß, dass man so früh wie möglich Seelen rettete.

Wenn jemand, denn ich kannte, in die Hölle käme, würde man – so die Überzeugung meiner Eltern – mich dafür verantwortlich machen. Es war meine Pflicht, meine Freunde zum Herrn zu bekehren, und ich wusste, dass sie bis in alle Ewigkeit leiden mussten, falls mir das nicht gelang. Jeden Abend nach der gemeinsamen Bibelstunde wurde dieselbe Frage gestellt: »Hast du deine kleinen Freunde zu unserem Herrn Jesus Christus geführt? Denn sterben sie ohne den Herrn, werden sie bis in alle Ewigkeit in der Hölle brennen, und deine Schuld wird es sein.«

Apropos Druck: Meine Aufgabe bestand nun nicht mehr allein darin, alle um mich herum glücklich, den Herrn Jesus Christus stolz auf mich, es Gott und meinen Eltern Recht zu machen, sondern auch das ewige Heil aller meiner Bekannten lastete auf meinen Schultern.

Eines der wenigen Kinder, das etwas mit mir zu tun haben wollte, war ein rothaariges Mädchen namens Brenda. Als ich in die sechste Klasse kam, hatte ich nur etwa zwei Meilen zu meiner Mittelschule, sodass ich zu Fuß zu gehen begann, statt weiterhin den Grundschulbus zu nehmen. Wir gingen in dieselbe Klasse, und da sie nur zwei Straßen weiter wohnte, gingen wir nun jeden Tag gemeinsam zur Schule und wieder nach Hause. Da ich Brenda gern hatte und nicht wollte, dass sie für alle Ewigkeit im Höllenfeuer schmorte, versuchte ich, ihre Seele zu retten.

Eines Tages besuchte ich sie nach der Schule und wir gingen mit unseren Kool-Aid-Gläsern auf ihr Zimmer. Als wir dann auf ihrem Bett saßen und über alles Mögliche redeten, nahm ich meinen Mut zusammen und platzte damit heraus: »Brenda, wenn du Jesus Christus nicht als deinen persönlichen Retter akzeptierst, wirst du in der Hölle landen. Willst du ihn nicht darum bitten, dass er in dein Herz kommt?«

Brenda, die in ihrem Hosenrock und Pulli auf dem Bett saß, starrte mich an. Und dann erzählte sie mir, dass sie Juden seien. Und dass sie kein Interesse daran habe.

Aber ihre unsterbliche Seele stehe doch auf dem Spiel, beharrte ich.

Bald darauf verabschiedete ich mich – obwohl Brenda noch immer nicht gerettet war – und ging nach Hause. Unsere Beziehung wurde nie wieder dieselbe. Sie mied mich danach und ich ging allein zur Schule. Meine Eltern meinten, ich hätte mich mehr anstrengen müssen. Beim Jüngsten Gericht, sagten sie, wenn »die letzte Posaune erschallt und die Toten in Christo zuerst auferstehen«, werde ich vor Gott treten und Ihm erklären müssen, warum Brenda in der Hölle sei und warum ich sie nicht zum Herrn geführt habe. Und dann setzten sie meiner Schuld noch die Krone auf mit dem Spruch: »Ihr Blut wird über dich kommen.«

Die einzige Freundin zu verlieren, tat sehr weh. Und der Versuch, mich vor meinen Eltern zu rechtfertigen, war zum Scheitern verurteilt. Ihr jüdischer Glaube kümmerte sie nicht – im Gegenteil, die Tatsache, dass sie Gottes »auserwähltem Volk« angehörte, das den Messias zurückgewiesen hatte, hätte die Rettung ihrer Seele erst recht zu einem Coup gemacht.

Irgendwie hatte es den Anschein, als besäße ich die Macht, alle, die ich kannte, zum Heil zu führen. Wie aber diese Überzeugung mit der Prädestinationslehre in Einklang zu bringen war, blieb mir schleierhaft. Und nie habe ich wirklich begriffen, warum ich an irgendetwas Schuld haben sollte, wenn sie doch sowieso schon für die Hölle bestimmt gewesen waren.

Hin und wieder erkundigte ich mich zaghaft nach dem Buddhismus, in der Hoffnung – im Hinblick auf meine Mutter –, ein wenig Trost zu finden. »Der Buddhismus ist doch auch eine sympathische Religion, findest du nicht? Er ist friedlich. Er will, dass man gütig und freundlich ist, genau wie Jesus. Wäre es denn nicht denkbar, dass auch Buddhisten in den Himmel kommen?« Dad ließ sich nicht aus dem Konzept bringen. »Die Buddhisten werden auf ewig in der Hölle brennen, genau wie alle anderen, die Gott nicht als ihren persönlichen Erlöser akzeptiert haben. Ob einer nett und freundlich ist, spielt dabei keine Rolle. Ohne Christus kommen auch die nettesten und freundlichsten Leute in die Hölle.«

Der Kontrast zwischen dem Buddhismus meiner Mutter und dem fundamentalistischen Christentum meiner Eltern hätte krasser nicht sein können. Dort kannte man keine Gebote, hier war alles nur endlose Plackerei. Omma hat mir nie einen Glauben befohlen; ich konnte mit ihr beten, wenn ich Lust hatte, durfte aber auch spielen; ich konnte mit ihr meditieren, aber genau so gut auch schlafen gehen. Sie lebte einfach und ließ leben. Falls sie an etwas geglaubt hat, dann vielleicht an eine dem Leben innewohnende Stimmigkeit. Ich weiß nicht, ob sie an Reinkarnation glaubte. Oder an Gott? Sie hatte ihre eigenen kleinen Rituale, die niemanden trösteten außer sie selbst.

Der Glaube meiner Eltern dagegen erforderte Wachsamkeit rund um die Uhr. Sie lasen mir 1 Petrus 5,8 vor: »Seid nüchtern und wachet; denn euer Widersacher, der Teufel, geht umher wie ein brüllender Löwe und sucht, welchen er verschlinge.« Nicht nur um der eigenen Seele, sondern auch um der anderen willen war diese Wachsamkeit erforderlich. Die Arbeit war endlos und sogar unser Bestes würde möglicherweise nicht genügen. »Viele sind berufen«, sagt die Bibel, »aber nur wenige sind auserwählt.«

An Samstagen musste ich »Hausbesuche« machen. Statt daheim zu bleiben und mir Zeichentrickfilme anzusehen, stand ich früh auf und zog mich an wie zum Kirchgang. Ein paar unverbesserliche Missionarstypen trafen sich um acht Uhr früh zu Kaffee und Strategie-Diskussion in der Kirche. Dad, der inzwischen Pastor war, kommandierte die Attacke.

Auf dem Tisch hatte er eine Straßenkarte ausgebreitet und wir standen ringsherum und planten, wie wir unsere kleine Stadt aufteilen und erobern würden. Dann hielten wir uns an den Händen und beteten, baten Gott, die Herzen der Menschen zu rühren und so »dem Samen des Wortes des Herrn« fruchtbaren Boden zu bereiten. Als Teenager begann ich diese christliche Wendung, nur zu meinem eigenen Spaß, in den »Samen des Herrn« abzuwandeln. Was aber offenbar nie jemandem auffiel.

Dann schwärmten wir aus. Dad und ich zogen immer zusammen los – im klapprigen gelben Lieferwagen der Kirche.

Erfolgreich war ein solcher Morgen für mich, wenn uns bei unseren Hausbesuchen niemand die Tür öffnete. Während wir auf das jeweilige Haus zumarschierten, hielt ich den Atem an und intonierte stumm mein Samstagmorgen-Mantra: »Bitteseidnichtdaheimbitteseidnichtdaheim.« Entsetzlich war es, wenn die Tür dann aufging. Und mehr als entsetzlich, wenn uns ein Kind öffnete. Während ich mit schwitzenden Händen die Bibel umklammerte, sagte ich meine auswendig gelernten Sätze auf: »Hi! Hallo! Wie geht's Ihnen denn heute? Ich bin gekommen, um Sie zu einem Gottesdienst in unsere Kirche einzuladen.« Ganz egal, was die Person auch erwiderte, auf alles hatte man uns die genau passende Antwort eingetrichtert.

»Ich gehöre schon zu einer Kirche.«

»Toll! Zu welcher denn? Es ist nämlich wichtig, dass Ihre Kirche das Wort Gottes in seiner Gesamtheit lehrt sowie die Erlösung durch Jesus Christus.«

»Interessiert mich nicht.«

»Wirklich nicht? Finden Sie es nicht wichtig, sich zwischen ewiger Verdammnis und ewiger Herrlichkeit zur Rechten Gottes entscheiden zu können?«

»Verschwinden Sie von meinem Grundstück, verdammt nochmal.«

»Verhärten Sie nicht Ihr Herz gegen den Herrn, lieber Freund.«

War mein Vater nicht in Hörweite, lud ich sie einfach nur in die Kirche ein, entschuldigte mich für die Störung und verzog mich so schnell ich konnte.

Vielleicht ein Besuch pro Monat »trug dann« wirklich »Früchte«, wie die kleine Schar der Seelenretter das nannte. Gelegentlich nahm jemand tatsächlich eine Einladung an und tauchte am folgenden Sonntag in der Kirche auf.

Mein großes Problem mit dem fundamentalistischen Christentum ist seit jeher seine Widersprüchlichkeit. Es ist einfach unvernünftig. Schon damals konnte ich seine widerstreitenden Lehren nicht unter einen Hut bringen: Einerseits nämlich ist »das Herz falsch und, vor allem, fürchterlich böse«, andererseits wurde »der Mensch nach dem Bilde Gottes erschaffen.« Folglich fragte ich mich: Hieß dies nun, dass das Herz Gottes falsch und, vor allem, fürchterlich böse war? Wer weiß.

Dann gab es die Theorie der Prädestination, die sich in keinster Weise mit dem missionarischen Eifer ihrer Anhänger vereinbaren ließ. Weiterhin schienen mir die Bibelaussagen, die wir wörtlich nahmen und nach denen wir lebten, sehr willkürlich herausgegriffen, vor allem im Hinblick auf das Alte Testament. Eine Unmenge von Regeln wurden dort aufgestellt, die wir ganz offensichtlich nicht alle befolgten.

So mussten etwa Frauen, die ihre Tage hatten, nicht mehr die Stadt verlassen, wie es in biblischen Zeiten der Fall war. Andere Aussagen des alten Testaments wiederum, vor allem über die Homosexualität, machten sich fundamentalistische Christen völlig und buchstäblich zu eigen. Wer entschied darüber, welche Dinge aus dem Alten Testament als gültig zu erachten und welche durch den Tod Jesu Christi aufgehoben waren? Blutopfer wie im Alten Testament, sagten meine Eltern, müssten nicht mehr vollzogen werden, weil nun Christus das Opfer sei, das uns ein für alle Mal von den Sünden erlöst habe. Okay, dachte ich, großartig. Aber nach wie vor gab es alttestamentarische Vorschriften, die wir befolgten, und andere, bei denen wir es nicht taten. Wer legte die Kriterien fest?

Eine weitere Sache, die mich wirklich irritierte, war die Lehre des Paulus im Neuen Testament. Schon als Kind konnte ich ihn nicht leiden und in meiner Teenagerzeit verstärkte sich dieses Gefühl. Meiner Meinung nach war Paulus ein frauenfeindlicher, hassenswerter, rechthaberischer Psychopath. Nie habe ich die Verehrung meiner Eltern für Paulus nachvollziehen können. Und einige der Dinge, die er vertrat, etwa die Vorschrift, dass die Frau in der Kirche zu schweigen habe, erklärten sie aus den Zeitumständen. Denn die Frauen in unserer Kirche schwiegen gewiss nicht und Mom zuallerletzt. Folglich konnte ich – obwohl ich Paulus' gesamte Philosophie für Schwachsinn hielt – nicht begreifen, warum wir – wenn wir das Neue Testament doch in toto befolgten – diese Regel wiederum nicht befolgten.

Paulus beziehe sich auf eine bestimmte Sorte von Frauen in einer bestimmten Zeit, in der es große Probleme gegeben habe, behaupteten meine Eltern. Das aber ließ sich auf jede in der Bibel vertretene Lehre anwenden. Wie man die Sache auch drehte und wendete, sie ergab keinen Sinn. Entbehrte jeder logischen Folgerichtigkeit. Wann immer ich an diesem Punkt meiner Argumentation angelangt war, sagte Dad, dass wir es eben einfach glauben müssten.

Und das tat ich denn auch. Obwohl ich die fundamentalistische Lehre für den Inbegriff unlogischen wirren Denkens hielt, akzeptierte ich alles im Glauben. Der Angstfaktor war so stark, dass ich, wenn ich sie auch nicht rückhaltlos akzeptieren konnte, doch mein Bestes gab, damit ich die Ewigkeit nicht in einem feurigen Pfuhl und gequält von Legionen satanischer Dämonen verbringen musste.

Vor Gottes wachsamem Auge gab es kein Entrinnen. Die Religion durchdrang jeden Bereich unseres Lebens. Sogar etwas so Banales wie ein Besuch bei McDonalds wurde zur Feuerprobe.

Ich hasste es, mit meinen Eltern essen zu gehen, weil vor jedem Essen gebetet werden musste. Und egal, ob wir an einem öffentlichen Ort oder zu Hause waren, Dad redete genauso laut, betete genauso eloquent wie immer, und wir hielten uns an den Händen, und mein Gesicht brannte vor Verlegenheit.

Das ganze Restaurant starrte auf uns. Und da wir in einer winzigen Stadt lebten, entdeckte ich überall, wo wir hinkamen, bekannte Gesichter. Und natürlich kicherten alle, und ich wäre am liebsten im Boden versunken, während meine Eltern meinten, ich dürfe es mir als Ehre anrechnen, um Christi willen gedemütigt zu werden.

Wieder so ein Dilemma. Weshalb hätte man auf das Tragen eines Schandabzeichens stolz sein sollen? »Preise den Herrn«, sagten meine Eltern, »wenn andere dich um des Herrn willen schmähen und verspotten.«

Die Kleidung oder die Frisur etwa, die man mich zu tragen zwang, waren entsetzlich unmodern. Doch wenn ich etwas dagegen einwandte, sagten meine Eltern, ich solle stolz darauf sein, mich um Christi willen zu schämen und an seinem Leiden teilzuhaben.

Warum Christus allerdings dadurch, dass man mich ein hässliches Kleid zu tragen zwang, verherrlicht wurde, hat man mir niemals auseinander gesetzt.

Nicht nur Gott jagte mir eine grässliche Angst ein, sondern auch sein Haus.

Ich hasste Kirchengebäude und schämte mich dieses Gefühls – schließlich waren es ja Tempel des Herrn. Unser Heiligtum war sehr schlicht gestaltet; zwei Reihen von Kirchenbänken, vorn der Altar, dahinter das Podium und das Taufbecken. Es roch nach Staub und Feuchtigkeit. Alles, was aus Holz war, glänzte, weil über die Jahre so viele Hände darüber gefahren waren, und die burgunderroten Kissen waren zerschlissen und klumpig.

Jeden Sonntag nach dem Morgengottesdienst ging ich den Mittelgang hinab und sammelte den von den Leuten zurückgelassenen Abfall ein, räumte die Gesangbücher auf, damit immer alles tipptopp in Ordnung war. An Kommunionssonntagen gab es an die hundert winzige Kommunionsgläschen mit

Traubensaftresten abzuspülen und abzutrocknen. Die Cracker und der Traubensaft symbolisierten Fleisch und Blut des Herrn.

Manchmal, wenn keiner hinguckte, nahm ich einen Schluck von *Welch's* Traubensaft direkt aus der Flasche. Was mir zwar ein schlechtes Gewissen machte, aber auch ein Gefühl von Erregung und Gefahr verschaffte. Meiner einzigen Freundin erzählte ich: »Hey, weißt du, was ich heute gemacht hab? Ich hab mir das Blut des Herrn hinter die Binde gekippt.«

Das einzige, was mir an der Kirche gefiel, war das Singen. Viele der Kirchenlieder hatten etwas sehr Tröstliches für mich, und immer wieder sang ich sie mir vor:

Wenn wie ein Fluss
Der Friede meinen Weg begleitet,
Wenn Kummer wie die Woge über mich sich breitet:
Wie auch mein Los! Du lehrtest mich, zu sagen
Aus tiefstem Herzen: »Es ist gut, ich will nicht klagen.«

Fundamentalistische Christen »ringen im Gebet«, das heißt, sie beten immer weiter, bis sie glauben, eine Antwort erhalten zu haben. Auch ich habe es oft getan: lag auf den Knien und hämmerte an die Himmelstür. Ich wollte diesen Frieden, von dem es hieß, dass der Herr ihn einem schenken konnte. Ich wollte die Gewissheit, dass ich gerettet war. Wollte spüren, dass mich der heilige Geist erfüllte.

Komm zu mir, Herr Jesus, und bleibe bei mir,
Nah bei mir für immer, das wünsche ich mir.
Segne alle Kinder in deiner zärtlichen Hut,
Bereit' uns für den Himmel, und alles wird gut.

Nie habe ich verstanden, wie der so gütige und mitleidige Jesus es zulassen konnte, dass die Kinder in seiner zärtlichen Hut derart zu leiden hatten. Als Erklärung dafür fiel mir lediglich ein, dass wohl in Wirklichkeit Gottvater das Sagen hatte, und Jesus als Sohn im Grunde nur sehr wenig Macht besaß. Alle Liebe zwar, aber nur einen winzigen Teil der Macht.

Ständig hatte ich Zeugnisse der Strenge des allmächtigen Gottes vor Augen. Der himmlische Vater, den ich kannte, war ein Gott der Rache. War der, der Lots Frau in eine Salzsäule verwandelte, nur weil sie über die Schulter auf ihre Stadt zurückgeblickt hatte. Und er war der, der einen Vater – allein um ihm eine Lektion zu erteilen – zwang, seine Tochter zu opfern. Er war der, der eine ganze Welt mit einer Flut zerstörte und allein Noahs Familie rettete. Und der, der mir Omma weggenommen hatte.

Für ein Kind manifestierte sich Gottes Wille in den Geboten der Eltern. Für eine Ehefrau offenbarte er sich in den Wünschen des Gatten. Auf alle Fälle aber besaß eine Frau, und erst recht ein Kind weiblichen Geschlechts, keinerlei Rechte. Darin unterschied sich mein amerikanisches Leben keinen Deut von Ommas Leben in Korea.

Man gönnte mir keinen Spielraum in diesem Haus. Jahrein, jahraus, ob Regen oder Sonnenschein, krank oder gesund – gewisse Dinge wurden einfach von mir erwartet. Als ich mit zwölf Jahren einmal eine Magengrippe hatte, fragte ich Mutter, ob ich an diesem Abend früher zu Bett gehen könne. Mir war schlecht, und ich fühlte mich schwach. Sie erwiderte mir, dass ich genau wie immer erst dann zu Bett gehen dürfe, wenn das Abendbrotgeschirr gespült und aufgeräumt und die Küche gefegt sei.

Nachdem das Hauptziel meines Lebens darin bestand, es meinen Eltern und Gott recht zu machen und auf diese Weise zu vermeiden, ins Waisenhaus zurückgeschickt zu werden und/oder in die Hölle zu kommen, hatte ich gehofft, dass Mom mir glauben würde. Nie hatte ich versucht, mich zu drücken. Selten beklagte ich mich. Und nie äußerte ich eine Bitte – es wäre mir nicht in den Sinn gekommen. Sie aber blieb unnachgiebig.

So stand ich am Spülbecken, wusch ab, und die ganze Zeit war mir heiß und übel. Doch kaum hatte ich die letzte Schüssel gespült und aufs Abtropfgestell gelegt, musste ich mich übergeben. Ich konnte es einfach nicht mehr zurückhalten. Das ganze Becken, das saubere Geschirr und die Arbeitsfläche waren voll mit Erbrochenem. Mom war wütend; sie vermutete Absicht dahinter und Trotz.

Und so setzte es nicht nur eine üble Tracht Prügel, sondern ich musste die Sauerei auch wieder aufwischen, das ganze Geschirr noch einmal abspülen, plus die Küche mit Lysol abschrubben, bevor sie mich ins Bett ließ.

Irgendwo hatten meine Eltern ein Musikstück aufgelesen, das sich »Sunday School Song« nannte und das sie liebten. Sie meinten, es werde »die jungen Leute ansprechen«. Ich gehörte zu diesen jungen Leuten und wusste, dass es Mist war. Aber sie wollten, dass ich es auf Jugendtreffen vortrug. Sie malten sich aus, dass ich als charismatische junge amerasische Musikmissionarin durch das ganze Land touren und vor braven christlichen Teenagern den »Sunday School Song« singen würde. Ich flehte sie an und bekniete sie, aber sie ließen sich in keiner Weise erweichen.

So trug ich es also vor – mitsamt den peppigen Tanzbewegungen, die die Verse unterstrichen. Und machte mich auf unsägliche Weise lächerlich. Schwitzend und zitternd stand ich auf der Bühne und wünschte mir einen tödlichen Herzanfall oder dass Armageddon begänne – egal was, wenn es nur diesem Elend ein Ende setzte. Ich hasste meine Eltern, die mir diese Tortur zumuteten.

Die Melodie war idiotisch, der Text Schwachsinn hoch drei:

Kommt zur Sonntagsschule und habt 'ne Menge Spaß.
Alte Leute, junge Leute, toll ist das.

Und das war nur der Refrain. Das Lied bestand aus mehreren Strophen, die alle in widerwärtig süßlichem Ton eine Bibelgeschichte illustrierten.

Nach meinem ersten Auftritt sagte ich meinen Eltern, für wie dumm ich das Lied hielt, wie sehr ich es hasste und wie demütigend ich das alles fand. Dad war schockiert.

»Du willst mir also sagen, dass Jesus zwar bereit war, für deine Sünden zu sterben, du aber nicht bereit bist, ein Lied für ihn zu singen? Dass er sich verhöhnen und verspotten ließ, die Dornenkrone trug, und du dich über solche Kinkerlitzchen aufregst? Wie du weißt, steht geschrieben, dass man sich um seine Erlösung bemühen muss. Und du solltest jetzt wohl besser um deine Erlösung beten. Knie dich hin und sag Jesus, dass du ihn nicht genug liebst, um ein kleines Liedchen für ihn zu singen.«

O je, dachte ich.

Laut sagte ich: »Tut mir Leid.«

Fast jede Woche musste ich in der Kirche auftreten, entweder ein Solo singen oder auf dem Klavier vorspielen. Obwohl diese Darbietungen meinen Eltern nie zu gefallen schienen, drängten sie mich Sonntag für Sonntag wieder dazu. Auf der Heimfahrt wartete ich dann immer auf so etwas wie ein Kompliment, das jedoch nie kam.

Manchmal fragte ich: »War das Solo in Ordnung?« Aber das, was ich gern gehört hätte, sagten sie mir nie.

»Nun, deine Stimme klang recht dünn, und du hast kaum Augenkontakt zum Publikum gesucht. Und weshalb hast du bei der Opferung nicht den Bach gespielt? Hast du denn die Sachen letzte Woche eingeübt?«

Stets endete es damit, dass ich mich entschuldigte. »Ich weiß. War nicht so toll. Tut mir Leid.«

Worauf meine Eltern sich ansahen, die Köpfe schüttelten, und der Rest der Heimfahrt schweigend verlief.

Kapitel 11

In unserer kleinen Stadt war ich unübersehbar wie ein blauer Daumennagel. Und die Kinder hatten auch einen Namen für das, was ich war: Schlitzauge. Ich hatte eine Freundin, Lenore, die ebenfalls geächtet wurde, allerdings aus einem ganz anderen Grund: Sie war zu klug für ein Mädchen. Sie liebte die Mathematik und die Naturwissenschaften und wollte später promovieren. In einer Stadt, in der der verwegenste Zukunftstraum pubertierender Mädchen darin bestand, den Quarterback der High-School-Mannschaft zu heiraten und einmal die Woche zum Großeinkauf zu Sears zu fahren, galt sie natürlich als absolute Spinnerin.

Lenore lernte ich am ersten Tag meines siebten Schuljahrs in der Schulcafeteria kennen. Sie saß allein an einem Tisch und las. Als ich, einen leeren Stuhl ansteuernd, an ihr vorbeiging, blickte sie lächelnd auf. »Wie gut du riechst«, sagte sie. »Und wie wild und cool dein Haar ist.« Ich war wie vom Donner gerührt – es war das erste Mal, dass mich jemand zu meinem Aussehen beglückwünschte.

Ich setzte mich zu ihr, und fünf Minuten später plauderten wir schon angeregt und kommentierten die eingebildete, geistlose Menge um uns herum aufs Bitterböseste.

Für mich war Lenore perfekt. Sie hatte blonde Haare und himmelblaue Augen. Sie selbst mokierte sich zwar über ihre langen »Storchenbeine« und ihr glattes Haar. Ich dagegen hätte für eins wie das andere meinen rechten Arm gegeben. Ich sei interessant, witzig und brillant, erzählte sie mir. Sähe hübsch und »exotisch« aus. Ich betete sie an.

An meinem ersten Tag in der Junior High erklärte einer der Jungs aus der Achten vor der gesamten Cafeteria: »Hey, habt ihr schon gewusst, dass Schlitzaugen zwei Muschis haben? Weil sie nämlich alle Nutten und arm sind – damit sie zwei Typen gleichzeitig bedienen können.« Die ganze Cafeteria lachte.

Das Etikett aber blieb mir für den Rest meiner Junior-High-Zeit erhalten. Eine schrieb es sogar in mein Achtklassjahrbuch: »Für ein ziemlich cooles Schlitzauge, obwohl sie zwei Ihr-wisst-schon-was hat.« Lenore tat es mit einer einzigen vernichtenden Bemerkung ab. »Die ist doch nur doof«, sagte Lenore. »Wegen der musst du dir keine Gedanken machen.«

Es war mir gelungen, eine Freundin zu finden, Jungs aber waren ein ganz anderes Kapitel. In der Siebten war ich furchtbar vernarrt in einen, der in die letzte High-School-Klasse ging und unsere kirchliche Jugendgruppe leitete. Ich war eine Büchernärrin und bildete mir ein, dass das, was mich bewegte, auch andere bewegen müsse. Damals las ich gerade »Little Women« und war ganz begeistert von Jo. Beth hielt ich für eine Duckmäuserin, Amy war eine pampige Ziege, Margaret ein affektiertes Tugendlamm, Jo aber war vollkommen. Jo redete in so forsch-fröhlichem Ton, und weil sie mir so sympathisch war, bildete ich mir ein, dass jeder, den ich mochte, sofort sehen musste, wie sehr ich ihr ähnelte.

Der Junge, auf den ich mein Auge geworfen hatte, hieß – ironischerweise – Joe. Es war schon fast alles ein bisschen zu perfekt.

Eines Samstags machte die ganze Truppe dann einen Ausflug zu einem Observatorium, und weil Dad die Exkursion leitete, durfte ich mitkommen – obwohl ich gar nicht dazugehörte. Ich hatte größte Sorgfalt auf meine Kleidung verwandt, und als ich ihn schließlich entdeckte, rief ich ihm in meiner schönsten Jo-March-Stimme zu: »He Joe, hallo, hallo!« Mit unbewegter Miene sah er mich an, drehte sich um und fing an, sich mit einer großen, blonden sechzehnjährigen Schönheit zu unterhalten und mich für den Rest des Tages zu ignorieren. Ja, seit diesem Tag ging er mir nach Möglichkeit aus dem Weg.

Aus heutiger Sicht verstehe ich, wie unwohl und verlegen er sich gefühlt und welch seltsamen Eindruck ich bei ihm hinterlassen haben muss. Damals fühlte ich mich buchstäblich vernichtet. Begriff einfach nicht, wie man sich von mir abwenden konnte, wenn ich Louisa May Alcott zitierte. Das konnte doch wohl nicht sein!

In unserer kleinen Wüstenstadt kannte jeder jeden. Grauenhaft!

Alles, was ich in der Schule anstellte, wurde meinen Eltern zugetragen – ich wusste es –, und es war anstrengend, immer die brave Pastorentochter zu spielen. In der Kirche tat ich ja schon alles, was man von mir erwartete. Ich unterrichtete in der

Sonntagsschule, kümmerte mich um die Musik für die Gottesdienste, tippte die wöchentlichen Mitteilungen. Ich lächelte und betete, und – wenn ich gerade mitten drin war – glaubte ich sogar, was sie alles erzählten.

Als ich in die High School kam, wurde das anders. Meine Noten ließen nach, und meinen Lehrern begegnete ich mit gelangweiltem Sarkasmus. Der Englischlehrerin erklärte ich, dass sie eine blöde Ziege sei; und oft saß ich nun im Büro des Direktors. Die Kids aber machten sich nicht mehr lustig über mich. Jetzt war ich die clevere Tochter des Pastors – und nicht mehr das komische supersittsame Schlitzauge. Und die Kids lachten über meine Witze statt über mein Gesicht. Endlich hatte ich einen Weg gefunden, mir Anerkennung zu verschaffen.

Meine Eltern waren wütend und enttäuscht von mir, obwohl sie nicht mal die Hälfte ahnten. Sie wussten lediglich, dass ich in meinen Zeugnissen nicht mehr lauter Einsen hatte und regelmäßig nachsitzen musste.

Dad hielt mir ständig Vorträge über diese Dinge und die respektlose Art, die ich Mom gegenüber an den Tag legte. »Ehre deinen Vater und deine Mutter«, erinnerte er mich, »auf dass du lange lebest auf Erden.« »Sie ist nicht meine Mutter«, bellte ich zurück. Womit ich mir eine Ohrfeige und einen Zimmerarrest einhandelte und so wenigstens meinen eigenen Gedanken nachhängen und flüsternd meiner Verachtung für ihre unaufhörliche Heuchelei Ausdruck verleihen konnte.

Damals begannen sich meine Gefühle gegenüber Mom deutlicher herauszukristallisieren, und die Furcht verwandelte sich in Verachtung. Ich hielt sie für eine selbstzufriedene Heuchlerin und nannte sie nur noch »die Märtyrerin«, was Dad rasend machte. In Dads Bibliothek stand eine Ausgabe von Fox' Buch der Märtyrer, einem Werk, das die Leiden der Christen, die für ihre Überzeugung in den Tod gegangen sind, durch die Jahrhunderte ausführlich auflistet. Als Mom eines Tages meinte, dass ich nicht die richtige Einstellung besäße und jeden Tag ein Kapitel daraus lesen sollte, erwiderte ich: »Okay. Dann beginne ich mit dem Kapitel über dich.«

Mom verbrachte den größten Teil ihrer Zeit, matt und über ihre Migräne klagend, auf dem Sofa. Ich sollte beim Staubsaugen nicht so viel Lärm machen, verlangte sie. Und Dad solle mich für die »verletzenden« Blicke bestrafen, die ich ihr zuwarf. Auch dass ich faul sei und zu viel Zeit mit Lesen verbringe, monierte sie. Immer wieder erging sie sich in Erinnerungen an ihre Jugend. Als Teenager sei sie so beliebt gewesen, dass ihre Eltern zu ihrem sechzehnten Geburtstag eine Galaparty gegeben und ein Orchester engagiert hätten.

Häufig stellte sie Vergleiche zwischen uns an: Ihre Beine waren lang, meine kurz; ihr Haar besaß einen goldenen Schimmer, meines dagegen war stumpf; als Teenager hatte sie jede Menge Verehrer gehabt, ich jedoch hatte keinen; und in ihren Zwanzigern war sie Koloratursopranistin und Opernsängerin gewesen, während ich lediglich eine banale Altstimme besaß.

Für Mom war ich in erster Linie eine kostenlose Haushaltshilfe; ohne jegliches Entgelt erledigte ich alle anfallenden Arbeiten: Putzen, Kochen, Waschen. Wenn sie Kopfschmerzen hatte, massierte ich ihr Hals und Rücken. Innerlich kochte ich zwar, aber ich tat es. An Werktagen stand ich früher auf, damit ich noch Zeit hatte, vor der Schule das Frühstücksgeschirr abzuspülen. Mom kontrollierte ständig, vergewisserte sich, dass die Betten auch tadellos gemacht, die Ecken exakt ausgerichtet und die Oberlaken gleichmäßig über die Wolldecken zurückgeschlagen waren.

Wenn ich nach Hause kam, musste ich eine Stunde Klavier üben und danach das Abendessen kochen und die Küche aufräumen.

Anschließend erledigte ich meine restlichen Hausaufgaben, und wir versammelten uns zum abendlichen Bibelstudium im Wohnzimmer.

Einen richtiggehenden Hass jedoch begann ich auf den Sonntag zu entwickeln. Denn sonntags fanden mindestens zwei Gottesdienste statt und meist auch noch ein Empfang. Bei Kirchenbuffets half ich in der Küche aus und wusch Salatreste von fettigen Tellern. Das Essen bei solchen Veranstaltungen war immer abscheulich. Einmal kam eine Frau zu mir und meinte gönnerhaft: »Schätzchen, das Gericht da hab ich speziell für dich gekocht: ein fernöstlicher Auflauf. Da ist Hackfleisch drin plus Chung-King-Knuspernudeln und Champignonsuppe.« Blöde Ziege, dachte ich und dankte ihr lächelnd, während ich mir die ganze Zeit nur vorstellte, wie es wäre, ihr den scheußlichen Fraß ins Gesicht zu klatschen.

Selbstverständlich rief ich in unserer ansonsten rein weißen Gemeinde gemischte Gefühle hervor. Und hin und wieder bekam ich auch spitze Bemerkungen zu hören. »Ich hoffe doch, du dankst Gott jeden Tag, dass deine wunderbare Mom und dein Dad dich aus diesem schrecklichen Land herausgeholt haben.« – »Meine Güte, ich weiß gar nicht, wie diese Asiaten das grässliche Zeugs essen können, das es dort gibt. Hast du ein Glück, dass du so gute amerikanische Sachen zu essen kriegst.«

Eines Sonntagmorgens kam ein schwarzes Paar in die Kirche, und die Spannung in unserem Gotteshaus war geradezu mit Händen zu greifen, als sie auf der Suche nach einem Platz in einer leeren Kirchenbank den Mittelgang hinabwanderten. Die Kirche füllte sich, doch niemand setzte sich zu dem Paar. Sie saßen ganz allein in der langen Kiefernbank.

Angesichts der Empfindlichkeiten unserer Kirchenmitglieder, war es ein Glück, dass die beiden nur zu Besuch in der Stadt weilten. Neuankömmlinge bat man stets, sich zu Beginn des Morgengottesdienstes zu erheben und »ein bisschen was« von sich zu erzählen. Die beiden standen auf, lächelten schüchtern und sagten, dass sie aus Louisiana kämen und ihre Ferien in der Gegend verbrächten. Ein fast hörbarer Seufzer der Erleichterung ging durch die Reihen.

Gleich nach dem Gottesdienst verließen die beiden die Kirche – stahlen sich im Schutze des Schlussliedes hinaus –, und die Leute begannen zu reden. »Was haben denn Farbige hier bei uns verloren? Warum suchen die sich denn keine Kirche von ihren eigenen Leuten?«

Mom erklärte, dass sie zwar keine Rassistin sei, es ihr aber schon etwas merkwürdig vorkomme, dass die beiden sich ausgerechnet eine Kirche voller Weißer ausgesucht hatten. Ein paar Jahre später wurde die Rassentrennung aufgehoben. Und eine hispanische Familie und eine schwarze Familie besuchten hin und wieder den Gottesdienst, doch wirklich eingebunden ins Gemeindeleben war weder die eine noch die andere.

An diesem Sonntag allerdings verhielten sich die meisten der Kirchgänger höflich, aber kühl. Und viele ignorierten die beiden vollständig. Meinen Eltern erklärte ich, dass ich die Einstellung der Leute zu diesem Paar einfach widerwärtig fände.

Mom war erbost. »Ich bin nun wirklich keine Rassistin«, sagte sie. »Als diese Farbige nach der Kirche zu mir herkam und mich umarmen wollte, hab ich mich nicht geziert.«

Mom und ich stritten uns oft über dieses Thema. Ich behauptete, dass sie – wie die meisten anderen in der Kirche – Rassistin sei. Aber liebte Jesus nicht alle? Was machte Mom denn zu etwas Besserem als einen Menschen mit dunklerer Hautfarbe?

In ihrer Einstellung spiegelte sich – mehr oder weniger – die Haltung des Rests der Gemeinde: Jesus mochte ja für alle gestorben sein, doch hieß das noch lange nicht, dass wir auch mit allen verkehren mussten.

»Farbige sind zwar anders als wir, aber wir haben nichts gegen sie«, erklärte Mom. »Als ich noch ein Mädchen war, kam jahrelang eine unglaublich nette farbige Frau zum Putzen zu uns. Und wenn sie mal krank war, haben wir ihr einen Topf mit

Suppe mit nach Hause gegeben. Du willst ja nur Unruhe stiften.«

Meine negative Einstellung erschöpfte meine Eltern schließlich so sehr, dass sie mich zu einem christlichen Therapeuten brachten. »Er ist ein frommer Mann«, sagten sie. »Keiner von den gewöhnlichen humanistischen Psychiatern.«

Er besaß zwar keinerlei Referenzen, aber das spielte keine Rolle: Seine Praxis befand sich in einem Gebäude der Kirche, auf dem Anzugrevers hatte er ein winziges goldenes Kreuz stecken und im Gesicht das unvermeidliche süßliche Lächeln kleben.

Ich suchte ihn auf, weil ich – wie meine Eltern meinten – gegen sie und gegen den Herrn rebellierte. Sie hatten mein respektloses Benehmen satt. Hatten genug von meinen Launen. Jesus selbst frage sich ja schon, ob ich überhaupt gerettet werden wolle.

Nun saß ich also an Freitagnachmittagen in einem voll gestopften, stickigen Büro auf einem Plastikstuhl, während dieser Mann über Christus und das Jugendalter dozierte. Er war so zwischen fünfzig und sechzig, war klein, hatte einen Bauch, eine Glatze und glatte Haut.

Mit Therapie hatte das Ganze herzlich wenig zu tun, da er, kaum dass er mir eine Frage gestellt hatte, sie auch gleich selber beantwortete.

»Warum meinst du eigentlich, dass deine Eltern dich nicht wirklich lieben?«, fragte er.

»Na ja, sie erzählen mir ständig, was für eine Enttäuschung ich für sie war, und ...«

»Mooooment mal! Also, so was sagen sie doch mit Sicherheit nicht. Die wollen nur, dass du ein bisschen dankbarer bist. Du warst eine gottlose kleine Waise und auch später nicht immer die Bravste. Gott war überaus gütig zu dir. Und nichts von dem, was er dir geschenkt hat, hast du verdient, denn vor ihm bist du nur eine Sünderin. Durch die Barmherzigkeit Jesu Christi aber hast du die Chance bekommen, erlöst zu werden.«

Schweigen.

»Weshalb weinst du also immer noch um deine leibliche Mutter?«

»Sind Sie eigentlich blöd oder was? Was glauben Sie denn, warum ich weine? Weil sie meine Mutter ist, und ...«

»Oha! Moment mal, Miss, Moment. So redet man nicht im Haus des Herrn. Satan hat Besitz von dir ergriffen, und jedes Mal, wenn du so redest, kreuzigst du den Herrn aufs Neue.«

Und dann legte er seine schwitzige Hand auf mein Bein und massierte mir, während er für mich betete, das Knie.

Als ich später – schon erwachsen – eine echte Therapeutin aufzusuchen begann, beschloss ich, meinen Eltern davon zu erzählen. Während eines unserer wöchentlichen Telefonate schnitt ich – etwas unsicher, wie sie darauf reagieren würden – das Thema an.

Ihre erste Frage, die sie mir zu jedem Menschen stellen, den ich erwähne, lautete: »Ist sie denn Christin?«

Ich gestand, dass ich keine Ahnung hätte, es allerdings bezweifelte.

»Falls du mit jemandem reden musst, sollte es ein Christ sein«, erklärten sie. »Erinnerst du dich noch an den wunderbaren Mann, zu dem wir dich als Teenager geschickt haben? Er war so christusähnlich. Und er hatte dich ziemlich schnell kuriert.«

Nicht Therapie sei die Lösung, meinten sie, sondern Gebet. Und überhaupt, warum solle ich denn nicht leiden? Wir leiden in Christi, um mit ihm zu herrschen.

Genau darum ging es doch.

Obwohl ich mir in der Schule schließlich doch noch eine gewisse Anerkennung erworben hatte, eine Einladung zu einem Rendezvous erhielt ich nie. Freundschaft mit mir war eine Sache, doch alles darüber Hinausgehende war in unserer Stadt tabu. Ich schwärmte für einen Jungen aus meiner Theatergruppe, mit dem ich über das Leben, über Film und Philosophie diskutieren konnte.

Da ich nicht ins Kino durfte, beschrieb er mir jeden neuen Film in großer Ausführlichkeit, was fast so schön war, wie ihn selber zu sehen. Allerdings unterhielten wir uns nur nach den Proben, wenn die andern nicht dabei waren. Eines Tages dann nahm ich all meinen Mut zusammen und lud ihn zum Sadie-Hawkins-Day-Ball unserer Schule ein. Und es war ihm sichtlich peinlich. »Tut mir wirklich Leid, aber ich kann nicht. Ich mag dich und alles, aber meine Eltern würden mir niemals erlauben, mit 'nem Schlitzauge hinzugehen.«

Ich war niedergeschmettert. Während unserer langen Gespräche hatte ich fast schon vergessen, dass ich ein Schlitzauge war und mich wie ein ganz normaler Teenager gefühlt. Nie wieder unterhielten wir uns nach den Proben.

Die einzige Wirklichkeit, an der ich Teil haben wollte, fand ich in der Literatur. Nur das höhere Leiden der Dichter schenkte mir Hoffnung. Denn es musste ja etwas geben auf Erden, das festzuhalten lohnte, wenn Tennyson sagen konnte:

Mag erstrahlen der süße Himmel in Pracht,
Nicht düster sich auf mich senken,
Eh' ich mir habe Gewissheit verschafft,
Dass eine ihr Herz mir wird schenken.
Dann mag, was immer wolle, geschehen
In diesem Leben, das traurig war,
Denn mir hat erfüllt sich mein Sehnen.

In meiner Freizeit vergrub ich den Kopf meist in einem Buch. Zwar durfte ich die meisten Romane und Zeitschriften nicht lesen, aber die älteren britischen Schriftsteller waren mir sowieso lieber. Nicht um Rockstars und Schauspieler kreisten meine Tagträume, sondern um Fitzwilliam Darcy und Robert Browning. Ich bebte, wenn ich mich in Herricks Päane der Liebe und Lust an Julia vertiefte, und ein ganzer Gefühlssturm brach in mir los, wenn ich von der Pracht ihres nackten Körpers im Fluss, ihrem Haar, ihren Brüsten las. Wenn ich denn schon hatte geboren werden müssen, so hätte es zumindest an einem anderen Ort zu einer anderen Zeit sein können, dachte ich bei mir; wie viel lieber würde ich in engem Mieder und bauschigem Seidenrock und mit einem Gentleman in Kniehosen an der Seite über Kentische Wiesen streifen.

Ich wollte aufs College und englische Literatur studieren, aber ich hatte keine Ahnung, wo ich das Geld hernehmen sollte. Auf die Idee, meine Eltern könnten dafür bezahlen, kam ich nicht. Und ganz davon abgesehen wusste ich ja, dass meine Eltern sich nur eines für mich wünschten, das heißt eine von zwei Alternativen: dass ich nämlich in die Mission ging oder aber heiratete und eine gottesfürchtige Ehefrau wurde.

Meine Englischlehrerin auf der High School – die auch die Theatergruppe der Schule leitete – setzte große Hoffnungen in mich. Sie ermunterte mich, zu studieren, wegzuziehen, ja, vielleicht sogar eine Schreibkarriere anzustreben. Sie wolle nicht, meinte sie, dass ich wie die meisten meiner Schulkameraden endete – nämlich heiratete, in meiner Heimatstadt wohnen blieb und irgendeinen phantasielosen Job machte. »Du hast was Besseres verdient«, sagte sie. »Du hast sehr viel Talent und Charakter. Das darfst du nicht verschleudern.«

Ein Teil von mir glaubte ihr, doch er war schwach. Und falls sie tatsächlich die Wahrheit sagte – falls ich wirklich genial war und etwas Großartiges aus mir machen konnte –, warum erkannte das dann sonst niemand?

Ihr Glaube an mich war wie ein Echo von Ommas Glauben, aber die Vorstellung, dass diese beiden Frauen Recht haben und alle anderen sich täuschen konnten, war einfach zu beängstigend. Viel leichter war es, sich zu sagen, dass sie eben genau wie Omma eine unerklärliche Zuneigung für mich hegte, die sie blind machte für meine absolute Wertlosigkeit.

Für mein Leben nach der High School hatte ich keine besonderen Pläne. Ich war so erschöpft und demoralisiert, dass sogar mein Widerspruchsgeist erlahmte. Abgesehen von den Englisch- und Musikzensuren waren meine Noten mittelmäßig. Ich verplemperte viel Zeit und Energie mit Freiheitsphantasien, wusste aber nicht, mit welchen konkreten Schritten ich mich der Freiheit nähern konnte. Ich wartete darauf, dass etwas geschah, und als es schließlich eintraf, hatte es ganz und gar nichts mit meinen Träumen zu tun.

DRITTER TEIL

Kapitel 12

Ich heiratete an einem Samstag Morgen in unserer Kirche. Dad führte mich den Mittelgang hinab und hielt dann die Trauung. Mein frisch gebackener Ehemann war Diakon in unserer Kirche. Ich selbst war erst siebzehn und eben aus der High School gekommen.

Gegen Ende meines letzten Schuljahrs hatten meine Eltern D. praktisch für mich ausgesucht. Sie hatten ihn ein paar Mal zu uns eingeladen und ihn dabei eingehenden Verhören unterzogen. Er teilte ihre konservativen, fundamentalistischen Überzeugungen, und sie wollten mich so rasch wie möglich mit einem »gottesfürchtigen Mann« verheiraten. Meinen Eltern galt die christliche Ehe – also weder Karriere noch Ausbildung noch persönliche Erfüllung – als höchste Berufung der Frau. Und D. glaubte alles, was auch meine Eltern glaubten: dass die Bibel das Wort Gottes sei, der Mann über die Frau herrschen müsse und ich strenge Disziplin benötigte.

Ich unterwarf mich ihren Wünschen und bildete mir sogar ein, alles werde schließlich wie durch Zauberei zu einem guten Ende führen: D. würde mich lieben und nett zu mir sein, ich würde eine gute, sexy und gehorsame Ehefrau und wir beide zusammen eine glückliche Familie sein. Was immer mir meine Englischlehrerin und Omma auch erzählt hatten, im Grunde hatte ich nie an meine besonderen Fähigkeiten geglaubt. Ich empfand es als ziemliches Glück, dass mich überhaupt einer heiraten wollte.

Am Abend vor unserer Trauung führte D. mich zum Essen aus. Zärtlichkeiten hatten wir zwar noch keine ausgetauscht, aber ich dachte, das würde sich ändern, sobald wir verheiratet waren. Ich bildete mir tatsächlich ein, er sei lediglich keusch, wie es sich für einen guten Christen gehört. Doch ich spürte auch, wie in irgendeinem Winkel meines Bewusstseins eine Furcht zu keimen begann, die mich warnte: Dieser Mann küsst dich nicht; seine Augen sind kalt wie Eis. Als er mich daher kurz vor neun Uhr abends vor dem Haus meiner Eltern absetzte, fragte ich ihn: »Liebst du mich eigentlich?« Er schwieg, griff dann über mich hinweg und öffnete die Wagentür. »Morgen heirate ich dich«, sagte er. »Stell mir also keine blöden Fragen.«

Ich ging ins Haus, kroch in mein Bett, und erst jetzt traf mich die Erkenntnis mit voller Wucht, die Erkenntnis dessen, was mir da bevorstand: Ich begab mich in eine neue Art von Sklavendasein. Nachdem ich der Knechtschaft und einer Zwangsehe in Korea entronnen war, sollte das Gleiche nun hier geschehen, in Amerika. Aber war ich denn überhaupt dazu gezwungen? Ich dachte daran, ins Zimmer meiner Eltern zu treten und ihnen zu erklären, dass ich diesen Mann nicht heiraten könne, dass ich entsetzliche Angst vor ihm hätte, und dass in seiner eisigen Art, mich anzustarren, und seiner ausdruckslosen Stimme etwas Unmenschliches läge.

Im Grunde konnte mich niemand zum Heiraten zwingen.

Der Gedanke an die Konsequenzen jedoch überwältigte mich. Für zehn Uhr am nächsten Morgen war die Trauung angesetzt. Die Kirche war bereits geschmückt, und alle wollten kommen. Konnte ich mich derartigem Druck tatsächlich widersetzen? Während der letzten paar Jahre hatte ich mich stets den Wünschen meiner Eltern und der Kirche gefügt. Und nun spielte ich mit dem Gedanken, allen zu sagen, dass das fremde Waisenkind, das ihr geliebter Pastor adoptiert hatte, ihn aufs Neue enttäuschen würde. Ich brachte es einfach nicht über mich.

Ich heiratete in einem Kleid, das ich selbst genäht hatte. Es war aus weißem Satin und hatte eine kleine Schleppe. Das Oberteil war aus weißer, rosengemusterter Spitze, mit Satin unterlegt und mit langen Ärmeln. Ich hatte ein paar Rosen aus dem Spitzenstoff ausgeschnitten, sie auf den Rock des Kleides appliziert und einen Schleier genäht, den ich oben mit einigen aus Satin und Spitze gefertigten Rosen zusammenfasste. Keiner sagte mir, dass ich schön aussähe, doch das erwartete ich auch nicht. Mom bemerkte lediglich, dass der Ausschnitt für ein Brautkleid schrecklich tief sei.

Die Kirche war voll, meine Englischlehrerin aber war nicht gekommen. Das Geschenk, das sie mir schickte und das erst einige Tage nach der Hochzeit eintraf, war ungewöhnlich: Sie schenkte weder Küchengeräte noch Bettlaken noch Geschirrtücher, sondern einen Gutschein auf meinen Namen für eine Buchhandlung. Auf der beiliegenden Karte stand lediglich: »Vergiss nicht, dass du etwas Besonderes bist.«

Ich schritt den Mittelgang hinab, eskortiert von Dad, der sich dann umdrehte und die Trauung zelebrierte. D. sah mich nicht an. Dad las aus der Bibel vor: »Ihr Weiber, seid untertan euren Männern in dem Herrn, wie sich's gebührt«, und ich wiederholte das Gelöbnis: »Ich nehme dich an zu meinem rechtlich mir angetrauten Manne. Dir anzugehören und dich zu halten von diesem Tage an. In guten wie in schlechten, in reichen wie in armen Tagen, in Krankheit und Gesundheit – dich zu ehren und dir zu gehorchen, bis dass der Tod uns scheidet.«

Nach der Trauung gab es noch einen Empfang in der Kirche, wir tranken Bowle, aßen Kuchen, und alle erzählten mir, was für ein Glückspilz ich doch sei. Etwa eine Stunde später ging es nach Hause. Flitterwochen machten wir keine. Wir fuhren schweigend zu dem Haus, das er – während er ein neues baute – gemietet hatte, und dort angekommen begann ich meine Sachen auszupacken, die ich schon am Vortag hingebracht hatte.

Noch am selben Tag schlug er mich auch zum ersten Mal. Etwa zwei Stunden nach unserer Ankunft gingen wir zu Bett, weil – meinte D. – Gott von einem Paar erwartete, dass es ihn »im Ehebett ehre« – obwohl es bisher weder Äußerungen von Zuneigung noch Zärtlichkeiten zwischen uns gegeben hatte. Als D. es dann aber nicht schaffte, die Ehe zu vollziehen, bestrafte er mich dafür. »Du bist Schuld«, sagte er. »Das liegt nur an dir.« Er schlug mir, so, wie ich nackt vor ihm auf dem Bett lag, ins Gesicht, und während ich ihn noch schockiert anstarrte, begann er rhythmisch auf mich einzutrommeln. Kurz darauf konnte er dann plötzlich doch mit mir schlafen. Ich war viel zu benommen, um einen klaren Gedanken zu fassen, ein heftiger Selbsterhaltungstrieb aber bewog mich, ruhig zu bleiben. Als er eingeschlafen war, ging ich ins Bad, rollte mich auf dem Fußboden zusammen und presste mein heißes Gesicht und meine schmerzenden Rippen gegen die kalten Fliesen.

Der nächste Tag war ein Sonntag, und wir gingen in die Kirche, wo D. seinen Platz neben Dad auf dem Podium einnahm.

D. übernahm die Lesung und sprach das Eingangsgebet, ich saß wie immer am Klavier. Die Leute gratulierten uns und schüttelten uns die Hände, und ich lächelte.

Wir bewohnten ein Haus, das D. gebaut und dessen Einrichtung er ausgesucht hatte. Ich hielt es makellos sauber und bereitete das Essen exakt nach seinen Vorgaben zu. Gelang mir das einmal nicht, folgte die Bestrafung auf dem Fuße. Ein paar Tage nach unserer Hochzeit kochte ich Ratatouille – ich wusste noch nicht, dass er Zucchini hasste. Er nahm nur einen Bissen, dann packte er die Auflaufform und schleuderte sie durchs Esszimmerfenster.

Der Hof war mit Essen, Glas- und Steingutscherben übersät. Und den Großteil der Nacht verbrachte ich auf allen Vieren und las Splitter auf, bis ich zerschürft und zerschnitten war.

Ich nahm die Eiswürfel aus einem Krug mit Orangensaft, den er hatte kühlen wollen, und er nagelte mich gegen den Kühlschrank, boxte mir in den Bauch und in die Rippen und würgte mich so lange, bis ich das Bewusstsein verlor und auf den Küchenboden sank.

Alles, was ich tat, war verkehrt. D. explodierte im Bruchteil einer Sekunde, ohne jede Vorwarnung, und so sehr ich mich auch bemühte, den Hausfrieden zu wahren, es wollte mir nicht gelingen. Damals gab es ein Buch mit dem Titel »Die totale Frau«, und ich beschloss, es einmal mit den darin gemachten Vorschlägen zu probieren. Ich war so fügsam wie nur möglich. Stimmte ihm in allem zu. Stellte meine eigenen Wünsche so weit zurück, dass ich sie fast vergaß. Es nützte nichts.

Das Grundproblem – eines, auf das ich keinen Einfluss besaß – war mein Aussehen. Er hasste mein Gesicht und betrachtete es als persönlichen Affront. Nie fand ich heraus, warum er mich geheiratet hatte. Vielleicht um einen ständigen Anlass für seine Wutausbrüche zu haben.

Eines Abends sahen wir uns »Der Elefantenmensch« im Fernsehen an. Während einer der Szenen, in denen dieser sein

Gesicht mit einem Tuch verhüllt, sah D. mich an und sagte: »Vielleicht solltest du das mal probieren.« Der Blick in den Spiegel zeigte mir die meiste Zeit meines Lebens eine Visage so grotesk und unförmig wie die des »Elefantenmenschen«. Meine breiten Backenknochen gaben mir ein flaches Pfannkuchengesicht, die kleine Nase war ein abgeplatteter Knopf, die Augen schmale dunkle Schlitze.

Mein Körper erschien mir klein, gedrungen, widerlich, von Narben entstellt. Mein Haar war ein zottliger, krauser Mop. Nicht einen Zug entdeckte ich, der mich hätte versöhnen können: nichts als pure Hässlichkeit. Also bügelte ich mein Haar, damit es glatt anlag. Machte Hungerkuren, damit meine rundlichen Formen knochiger und kantiger wurden.

D. wünschte sich einen Hund, und ich war entzückt von der Vorstellung, mir endlich doch noch ein Haustier halten zu können. Allerdings legte ich nicht allzu viel Begeisterung an den Tag. Denn je mehr ich mich über etwas freute – das hatte ich inzwischen gelernt –, umso weniger war D. geneigt, es mir zuzugestehen. Folglich hielt ich mich zurück und eines Tages kam er mit einem Colliewelpen nach Hause.

Es war ein goldenes samtweiches Bündel – bestand aus nichts als unkomplizierter Anhänglichkeit. Die Hündin folgte mir tagsüber durchs ganze Haus, wobei sie alle paar Minuten mit dem Schwanz wedelte, an mir hochsprang oder beharrlich kleine Bellaute von sich gab. Wenn ich Staub saugte, knurrte sie das Lämpchen an der Unterseite des Staubsaugers an und rang mit dem Kabel. Staubte ich ab, versuchte sie mir den Staublappen aus der Hand zu reißen. Kochte oder backte ich, rannte sie ausgelassen vor Vorfreude um mich herum. Ich erzog sie zur Sauberkeit, indem ich im entsprechenden Moment mit ihr ins Freie stürzte und sie überschwänglich lobte.

Wenn wir zwei allein zu Hause waren, verwöhnte ich sie

hemmungslos. D. hingegen ging fast genauso streng mit ihr um wie mit mir, und ihre Stimmung sank wie die meine, wenn sie abends seinen Wagen in die Auffahrt einbiegen hörte.

An einem kalten, windigen Februarabend hatte sie sich, während ich eine von D.s Arbeitshosen säumte, neben mir am Boden zusammengerollt. Das Haus war sauber und warm; ich hatte das Abendbrotgeschirr gespült und abgetrocknet, und allmählich wurde es Zeit zum Schlafengehen.

Höchst ungern brachte ich sie Abend für Abend hinaus in die Kälte, auch wenn sie eine große Hundehütte aus Redwood-Schindeln mit einem von unserem Wohnzimmerbelag übrig gebliebenen Teppichrest besaß. D. aber blieb eisern, der Hund durfte nicht im Haus übernachten.

An diesem speziellen Abend allerdings war ich mutig – oder auch nur dumm – genug, ihm zu widersprechen. »Kann sie heute nicht drinnen bleiben? Es ist so kalt draußen, und sie schläft so schön. Morgen früh lass ich sie gleich als Erstes raus. Bitte!«

Er musterte mich mit ruhigem unverwandtem Blick, gab mir jedoch keine Antwort. Ich nahm meine Arbeit wieder auf, aber meine Hände zitterten. D. schaltete den Fernseher aus, blieb reglos in seinem Sessel sitzen und sah mich nur an.

Sobald D. im Begriff war, mich für etwas zu bestrafen, erstarrte er förmlich, und seine Stimme wurde leiser und irgendwie singend. Inzwischen wusste ich die Zeichen zu deuten, wusste, dass etwas Fürchterliches im Anzug war. »Weißt du was! Hundehütten sind dazu da, damit die Hunde darin schlafen. Und genau das werdet ihr jetzt tun: Ihr übernachtet beide draußen in der Hundehütte.«

Er öffnete die gläserne Schiebetür, die auf die Veranda führte. Der Hund – wie ich zum Gehorchen erzogen – tappte widerwillig, mit hängendem Schwanz und Kopf, hinaus. Ich faltete D.s Hose zusammen und legte sie über die Lehne seines Sessels, verstaute Nadel und Faden in meinem Nähkorb, stellte ihn in den Schrank in der Diele und zog meinen Mantel an. Ich sagte kein Wort. Es gab nichts zu sagen.

Zusammen mit der Hündin kroch ich in die geschindelte Hundehütte, schmiegte mich an ihren weichen, haarigen Körper. Sie leckte mir das Gesicht ab, drängte sich an mich, und wir schliefen ein.

Am nächsten Morgen wurde die Schiebetür wieder entriegelt, und ich ging hinein und machte D.s Frühstück.

Die Rollen waren klar verteilt bei uns: D. sagte mir, was er wünschte, und ich gehorchte. Ich hielt das Haus sauber. Erledigte das Kochen und die Wäsche. Ich räumte hinter ihm her – sofort und auf der Stelle. Wenn er sich auszog, lief ich im Schlafzimmer hinter ihm her und klaubte Socken und Hemd auf, wo immer er sie fallen ließ.

Wir sahen Sendungen, die er auswählte, ich allerdings durfte mich erst dann vor den Fernseher setzen, wenn das Geschirr gespült und abgetrocknet und die Küche aufgeräumt war. Er mochte es nicht, wenn ich las, sodass ich mir die Zeit für meine geliebten Bücher, hie und da und wenn er es nicht mitbekam, stehlen musste.

D. bestand darauf, dass ich ständig etwas tat. War er zu Hause, so wollte er mich staubsaugen, Böden schrubben oder abstauben sehen. Bevor er zur Arbeit ging, kontrollierte er das Haus; und kaum war er wieder zurück, wiederholte er seinen Kontrollgang, um sich zu vergewissern, dass es tatsächlich sauberer war als vorher.

Aus einer Kette, die er zusammenlötete, wurden Blumentopfhalter; er hängte seine Fotos auf. Alles musste genau so sein und bleiben, wie er es veranlasst hatte. Etwas so Harmloses wie das Wegräumen eines Eiswürfelbehälters versetzte ihn in Raserei.

Als wir etwa ein Jahr verheiratet waren, wurde eine paranoide Schizophrenie bei ihm diagnostiziert, und er verbrachte einige Zeit in der Psychiatrie. Aber nicht sein gewalttätiges

Verhalten zu Hause hatte zur Einweisung geführt, sondern seine Konzentrationsschwierigkeiten am Arbeitsplatz. Weil er erfolgreich sein wollte und tatsächlich oft meinte, dass alle gegen ihn seien, stimmte er der Behandlung zu. Meines Wissens war sein Chef der Einzige, der ihm nahelegte, sich um Hilfe zu bemühen – weder seine Familie noch meine Eltern hätten jemals zugegeben, dass er Probleme hatte.

Ich besuchte ihn jeden Tag. Spielte die typische pflichtbewusste Ehefrau, die ihren Mann unterstützt. Diese beiden Wochen waren die schönste Zeit meiner Ehe, weil er nie zu Hause war und ich mich nach einem einstündigen Besuch wieder verabschieden konnte. Doch als er dann wieder zurückkam, war es, als sei er nie fort gewesen. Er nahm seine Medikamente nicht mehr ein, behauptete, sein Psychiater sei hinter ihm her, und brach die Behandlung ab; er gab seinen Job auf und fing bei einer Firma an, die seiner Familie gehörte. Meine Verschnaufpause war zu Ende.

Den Leuten in der Kirche erzählten wir, dass er verreist gewesen sei, um irgendwelchen Verwandten beizustehen, und alle glaubten sie uns. Immer wieder sagten mir Frauen aus unserer Kirche, was für ein wunderbarer Mann er doch sei und wie gut der Herr es mit mir gemeint habe. »Sieh dich an«, meinte eine der Chorsängerinnen zu mir: »Du hast alles, was du dir nur wünschen kannst.«

Wir hatten ein hübsches neues Haus mit Teppichböden, zwei Autos, ein Boot und einen Pick-up. Wir besaßen mehrere Bankkonten, allerdings wusste ich nicht, was sich darauf befand. Eigenes Geld hatte ich keines; D. meinte, das bräuchte ich nicht. Die Lebensmittel holten wir zusammen ein und er kontrollierte sämtliche Einkäufe. Ohne seine Zustimmung durfte ich nichts besorgen. Nicht einen einzigen Scheck schrieb ich aus. Musste ich etwas kaufen wie beispielsweise Benzin, so gab er mir Geld dafür, und ich händigte ihm anschließend das Wechselgeld aus.

Nach etwa einem Jahr Ehe wurde ich schwanger. D. war wütend. Er hatte mir verboten, schwanger zu werden, bis er es an der Zeit fand, und ich nahm die Pille. Doch ich hatte sie abgesetzt, ohne es ihm zu sagen. Das war falsch, sicherlich. Es ist nicht richtig, so beziehungsweise aus solchen Gründen ein Kind zu kriegen. Und ich hatte auch gewaltige Schuldgefühle deswegen.

Aber mein Gott, ich fühlte mich so einsam. Sehnte mich so nach jemandem, den ich lieben konnte. Verzehrte mich danach, ein menschliches Wesen in den Armen zu halten, und in Augen zu blicken, die meinen Blick zärtlich und ohne Widerwillen erwiderten. Und ich wünschte mir jemanden, der mir ähnlich war. Wollte meine Liebe einem Wesen schenken, in dessen Adern dasselbe Blut floss und das dieselben Züge besaß wie ich.

Ich musste ihm nicht erzählen, dass ich schwanger war. Als meine Periode ausblieb, wusste er Bescheid. Er ließ mich nie aus den Augen. Nicht einmal, wenn ich die Toilette benutzte, durfte ich die Tür abschließen. Er führte Buch über meinen monatlichen Tamponverbrauch.

Während meiner Schwangerschaft versuchte ich meinen Bauch vor ihm zu schützen – so gut es eben ging. Ich war verliebt in das Kind in meinem Leib und begann sofort mir auszumalen, was für ein Leben wir führen würden, wenn wir allein sein könnten.

Von Anfangs an war mir klar, dass ich eine Tochter bekommen würde. Ich sehnte mich nach dieser Mutter-Tochter-Beziehung. An der Art, wie ich meinen Bauch trüge, meinten die Kirchenfrauen, könnten sie erkennen, dass es ein Junge würde, doch ich wusste es besser. Mutter und Tochter: So würde es sein, und nicht anders.

Wenn D. in der Firma war, unterhielt ich mich ständig mit meinem Kind. Alles, was ich tat, erzählte ich ihm: »Hab keine Angst, mein Schatz, falls dir plötzlich schwindlig wird. Ich beuge mich nur runter, um den Boden aufzuwischen. Es ist alles in Ordnung. Wir machen nur eine kleine Achterbahnfahrt.« Ich strich über meinen Bauch und sang dem Baby vor: »You are my sunshine, my only sunshine. You make me happy when skies are grey.« Ich saß im Schaukelstuhl und las meiner Tochter Gedichte vor: »Das war Donne, mein Schatz. Und nun will ich dir Amy Lowell vorlesen.«

Ungefähr im sechsten Monat wurde mir morgens entsetzlich übel und ich konnte nicht aufstehen, um D. das Frühstück zu machen. Wir besaßen eines jener Wasserbetten der Siebziger, die in einem Holzrahmen direkt auf dem Boden liegen.

D. stand in Arbeitsstiefeln und Khakihose neben dem Bett und blieb stumm, als ich ihm sagte, dass mir schlecht sei und ich nicht aufstehen könne. Er sah mich nur an.

Dann sprang er auf meinen Bauch und verließ das Haus.

Während der Schwangerschaft begleitete er mich zu Kursen für natürliche Geburt, und unsere Gemeindemitglieder waren beeindruckt. Der perfekte Ehemann, der alles richtig machte. Ich wollte, dass Leigh unbeeinträchtigt durch irgendwelche Anästhetika zur Welt kam. Sie sollte so stark und unverdorben wie nur möglich sein. Schwer atmend lag ich im Kreißsaal des Krankenhauses und zählte die Kontraktionen, während D. sich »The Three Stooges« im Fernsehen ansah. »Klappe«, meinte er, als ich keuchte. »Jetzt ist mir deinetwegen die Pointe entgangen.«

Nach Leighs Geburt verschwand D., um mit Freunden auf ein Fest zu gehen, und meinte, dass er mich nicht vom Krankenhaus abholen könne. »Meine Freunde geben diese Party nur einmal im Jahr, und ich hab keine Lust, darauf zu verzichten«, sagte er. »Bist schließlich erwachsen, nicht wahr? Sieh selbst zu, dass dich jemand abholt.«

Da Dad noch bei der Chorprobe war und Mom sich nicht wohl fühlte, wartete ich, bis die Probe zu Ende war und meine Eltern uns abholten. D. würde erst am nächsten Tag nach Hause kommen, also zog ich mich aus, als meine Eltern uns abgesetzt hatten, und nahm Leigh mit mir ins Ehebett. Ich stillte sie und strich ihr über das seidige dunkle Haar, und zum ersten Mal seit Ommas Tod konnte ich aus vollem Herzen und ohne Furcht und Scham zu einem anderen menschlichen Wesen sprechen.

Ich sagte ihr, wie schön, wie einzigartig und vollkommen sie war. Dass sie mein geliebtes Töchterchen war und das erstaunlichste unter allen Geschöpfen Gottes. Dass ich sie immer lieben würde und bereit sei, mein Leben für sie hinzugeben. Ich dankte ihr, dass sie ihr Leben mit mir teilte. Und erzählte ihr, dass ihre Ankunft die abgrundtiefe Leere in meinem Herzen gefüllt und ich mein Leben lang auf den Augenblick gewartet hatte, in dem ich sie in meinen Armen hielt.

Die meisten dieser Dinge erzählte ich ihr, wenn D. nicht zu Hause war. Er mochte es nicht, wenn ich ungefragt redete. Doch allein mit Leigh, unterhielt ich mich ständig mit ihr, erzählte ihr Geschichten, las ihr Gedichte vor, sagte ihr immer wieder, wie sehr ich sie liebte.

Leigh erschien mir unglaublich schön. Sie hatte große dunkle Augen und ein strahlendes Lächeln. Ihre Intelligenz erfüllte mich geradezu mit Ehrfurcht. Schon mit achtzehn Monaten war sie sprachlich erstaunlich weit. Fast jeden Gegenstand im Haus konnte sie benennen, kannte die Namen ihrer Lieblingsbücher und -lieder. Wenn ich tagsüber mit ihr durchs Haus tanzte und sie vor ihrem Mittagsschlaf in den Schlummer wiegte, sang sie die Melodien mit. Mit zwei Jahren sprach sie schon in vollständigen Sätzen; mit drei konnte sie fast alles lesen.

Eines Tages, so stellte ich mir vor, würde D. sterben oder uns verlassen, und wir, nur wir beide, würden zusammen leben und tun, was immer uns gefiel. Niemand würde uns mehr anbrüllen, weil wir zu laut spielten, Zeit vertrödelten oder das Haus nicht tadellos aufgeräumt war.

Und sie wäre dann absolute Herrscherin über ihr kleines Reich. Niemals sollte sie traurig, frustriert oder einsam sein.

Die Heftigkeit meiner Zuneigung zu diesem Kind erschreckte mich fast. Wenn sie in ihrem Bettchen schlief, konnte ich sie stundenlang ergriffen betrachten.

Sobald ich mit Leigh allein war, war es, als seien nur noch wir beide auf der Welt. D. war die meiste Zeit fort. Mom hatte keine Lust herüberzukommen und mir zu helfen; es war ihr zu anstrengend. Ich hatte keine Freunde, die mich besuchten, weil D. es nicht erlaubte. Und im Grunde war es auch besser so. Was mich anging, war alles genau so, wie es sein sollte – waren wir Mutter und Tochter, die sich inmitten einer feindlichen Welt ein winziges Eiland des Friedens schufen.

In jenen Jahren weinte ich nie. Auch wenn Angst und körperlicher Schmerz überhand nahmen, nach außen hin blieb ich ruhig. Meine Schreie blieben stumm und waren meist an mich selbst gerichtet: »Wie hässlich du bist! Wärst du doch nie geboren; dein ganzes Leben ist ein gewaltiger Irrtum. Kein Mensch wird dich jemals lieben.«

Während meiner Ehe spielte bei jeder Ohrfeige, jedem Hieb, jedem Tritt ein Band in meinem Kopf immer wieder denselben Satz ab: »Geschieht dir ganz Recht. Ganz Recht. Vollkommen Recht.«

D. war ein begeisterter Wasserskifahrer und fast jedes Wochenende fuhren wir mit unserem Boot hinaus. An einem dieser Samstage näherten wir uns wieder einmal dem Ufer, ich saß am Rand des Boots und beugte mich hinaus, um es am Steg festzumachen. Mein linkes Bein baumelte zwischen Boot und Steg im Wasser. Plötzlich setzte D. zurück und quetschte mir – bevor er den Motor abschaltete – für den Bruchteil einer Sekunde das Bein ein.

Ich spürte den Aufprall und war überzeugt, nun ist es ab, das Bein, doch ich stellte fest, dass es immer noch dran war, wenn auch merkwürdig verbogen – als hätte jemand eine Papierpuppe genommen und ihr Bein in der Mitte falsch herum abgeknickt. Sofort fing es an, sich tiefblau zu verfärben und ungeheuer anzuschwellen. Ich musste ins Krankenhaus, und D. war wütend, weil ich ihm das Wochenende verdorben hatte.

Die lange Strecke zwischen Bootssteg und Auto legte ich hüpfend und kriechend zurück, während D. vor mir herschritt. Nie hat er mir erklärt, warum er den Rückwärtsgang einlegte, und nie habe ich ihn danach gefragt.

Kapitel 13

Kurz nach Leighs Geburt brachte D. eine Freundin aus der Firma zum Essen mit. Er war charmant und liebenswürdig und flirtete mit ihr, und ich sah zu, während ich Essen servierte, die Küche aufräumte und Leigh badete. Später brachte er die Frau nach Hause. Und kam erst am nächsten Morgen wieder zurück.

Wir hatten ein Boot und eine Hütte am Fluss, und im Sommer wollte D. jeden Samstag dorthin. Da wir aber zum Gottesdienst am Sonntagmorgen wieder zurück sein mussten, endete es damit, dass ich um drei Uhr früh den Wagen Richtung Heimat chauffierte, während D. sich auf dem Rücksitz ausschlief.

Eines Tages bot er einer Tramperin die Mitfahrt an. Ich kippte den Rückspiegel, damit ich die beiden nicht sah, blickte starr gerade aus, während ich weiterfuhr und mich auf die Straße zu konzentrieren und die Sexgeräusche der beiden auf dem Rücksitz zu ignorieren versuchte.

Ich gewöhnte mich an seine ständigen Seitensprünge. Der Geruch und die verräterischen Anzeichen waren mir vertraut und überraschenderweise schmerzte es kaum. Ich hob die Weingläser vom Schlafzimmerfußboden auf und wechselte die Laken, ohne ein Wort zu verlieren oder eine Träne zu vergießen.

D. mochte Sex, das wusste ich. Nur bei mir hatte er keine Lust.

Er könne nur mit mir schlafen, sagte D., wenn er von einer anderen phantasierte. Die Brandnarben auf meinem Körper waren ihm zuwider. Ich sei hässlich, erklärte er mir. Wenn wir miteinander schliefen, konzentrierte er sich daher auf ein Bild in »Penthouse«; nie sah er mich an. Doch es gab noch eine andere Methode: Wenn er mich leiden sah, wurde er erregt.

Oft dachte ich an den Tod – nicht nur meinen eigenen, sondern auch den von D. Scheidung kam nicht in Frage. Sie verstieß gegen Gottes Gebot, und meine Eltern derart zu enttäuschen, die Gemeinde derart zu schockieren – das konnte ich mir einfach nicht vorstellen. Der Tod – so schien es mir – war meine einzige Rettung.

Nachts, wenn ich wach neben D. im Bett lag, malte ich mir alle möglichen Szenarien aus, wie ich ihn umbringen könnte und ungestraft davonkäme. Doch immer gab es einen Haken dabei, und ich wollte nicht im Gefängnis landen. Ich sann auf die idiotensichere Methode. Doch nur ein einziges Mal bot sich mir die hundertprozentige Gelegenheit, und ich musste sie verstreichen lassen.

Wir kampierten am Grand Canyon und waren bis zum Rand der Schlucht gewandert. D. stand direkt am Abgrund und machte Fotos. Es dämmerte bereits. Wir waren allein; zu unseren Füßen nichts als Adlerfarn und Schotter. Sehr unsicherer Boden. D. stand mit dem Rücken zu mir, und ich dachte: Ein Schubs, mehr bräuchte es nicht. Dann wäre meine Ehe zu Ende, wäre Schluss mit dem Elend, dem körperlichen und seelischen Missbrauch. Leigh und ich wären frei.

Alle würden sagen, wie traurig es doch sei, aber so nahe am Abgrund hätte er eben nicht fotografieren dürfen.

Eben wollte ich mich in Bewegung setzen, da hörte ich, wie Leigh etwas murmelte. Hörte, wie sie auf meinem Rücken erwachte. Spürte, wie sie mir in die Rippen trat. Sie sah nach vorn. Sie würde es mitbekommen. Ich erstarrte, denn mochte sie auch erst sechs Monate zählen und sich höchstwahrscheinlich nicht erinnern, dies konnte ich nicht riskieren. Ich konnte mein Kind nicht zusehen lassen, wie sein Vater starb.

D. drehte sich um und sah meinen merkwürdigen Gesichtsausdruck. »Was zum Teufel ist denn mit dir los?«, brummte er.

Ich gab ihm keine Antwort, und wir stiegen den Pfad hinunter, während Leigh ihre leisen Babylaute von sich gab.

Mit Leighs Geburt begann sich meine Sicht des Todes zu ändern, wenn meine Einstellung zu mir selbst auch die gleiche blieb. Jetzt hatte ich einen Grund zum Weiterleben: Die Sorge um meine kostbare Tochter wollte ich keinem anderen anvertrauen.

Den Gedanken, dass D. ihre einzige Bezugsperson sein würde und ich sie nicht mehr vor ihm beschützen könnte, fand ich erschreckend. Und nachdem nun eine echte Überlebensnotwendigkeit für mich bestand, verband sich mit den Misshandlungen auch eine ganz neue Furcht. Was, wenn er nicht rechtzeitig aufhörte und mich umbrachte? Was sollte dann aus Leigh werden? Ich wurde also noch fügsamer und beschwichtigender und tat alles, um D.s Wutanfälle zu verhindern. Ich behandelte ihn wie ein rohes Ei und bemühte mich nach Kräften, ihn einigermaßen bei Laune zu halten.

Den größten Teil meines Lebens litt ich unter starker Klaustrophobie. D. wusste das und machte virtuos von diesem Wissen Gebrauch. Manchmal erwachte ich nachts, und er hockte schwer auf meiner Brust, presste mir mit den Knien die Arme an die Seiten, während das Kissen in seinen Händen nur wenige Zentimeter über meinem Gesicht schwebte. Wenn er sah, dass ich wach war, drückte er mir das Kissen aufs Gesicht – so lange, bis ich fast am Ersticken war. Dann hob er es wieder, und ich keuchte hektisch und sah ihn auf mich herunterlächeln. Kaum war ich ein wenig zu Atem gekommen, begann er das Spiel von Neuem.

Als Mom sich einmal nach einer Schramme in meinem Gesicht erkundigte, begann ich über D.s Gewalttätigkeiten zu sprechen. Ich hatte immer Angst gehabt, dieses Thema anzuschneiden; ich schämte mich und hatte das Gefühl, dass es lediglich bewies, was ich schon immer gewusst hatte – dass ich sowohl als Mensch wie als Frau versagt hatte und ganz und gar abstoßend war.

So wie Mutter die gestärkten Falten in ihrem Kleid glatt strich und über mich hinwegsah, war nicht zu verkennen, wie unbehaglich ihr dieses Thema war, und ich ließ es fallen. Schließlich räusperte sie sich und fragte, ob ich denn schon den Herrn um Rat gebeten habe. »Vielleicht tust du ja etwas, was du besser unterlassen solltest«, sagte sie. »Bete lieber und bitte Gott, dass er dir hilft, eine bessere Ehefrau zu werden.«

Ich hätte es wissen müssen. Beten – das unfehlbare Allheilmittel für alle geistigen und leiblichen Übel. Von dieser Seite war keine Hilfe zu erwarten.

Jahre nachdem ich D. verlassen hatte, fragten mich Freunde, warum um Himmels willen ich es so lange bei ihm ausgehalten hatte. Sie konnten es nicht fassen, dass ich nicht gleich, nachdem er mich das erste Mal geschlagen hatte, auf und davon gegangen war. Doch auch nachdem ich es ihnen erklärt hatte, betrachteten sie mich skeptisch und nicht wirklich überzeugt.

Ich wollte weg, aber allein die Idee war so unvorstellbar wie eine Reise zum Mond. Wo sollte ich hin? Wer würde mir helfen? Ich war völlig auf mich gestellt. Jeder in der Stadt kannte D.; jeder mochte ihn. Alle fanden, ich hätte verdammtes Glück gehabt, ihn zu kriegen – schließlich hatten mir die Verehrer nicht die Türe eingerannt. Er sah gut aus, war geachtet und in unserer Gemeinde sehr einflussreich. Niemand würde mir glauben, was sich hinter den geschlossenen Türen unseres Hauses abspielte. Niemand, kein Mensch würde es mir abnehmen.

Ich konnte meine Eltern nicht schon wieder enttäuschen. Ich konnte die Kirche nicht blamieren. Die Crux der Geschichte aber lag hier: Ich hatte es ja nicht besser verdient. Ich war abstoßend, war vollkommen nichtswürdig. Selbstverständlich konnte er mich nicht küssen oder mit mir schlafen, wie es normale Menschen taten. Denn ich war ja nicht normal. Ich war ein Untermensch. Ich war hässlich und widerwärtig. Selbstverständlich tat er mir weh. Ich hätte ja nicht einmal leben sollen. Ich war die Ursache unsäglichen Elends. Der Grund für Ommas Tod. Ich enttäuschte meine Adoptiveltern. Versagte vor Gott.

Keiner würde mir je in die Augen sehen, wenn ich mit ihm schlief, oder meinen Namen flüstern und überfließen vor Liebe. Und weshalb auch? Würde ich es denn tun, wenn ich ein Mann wäre? Selbstverständlich nicht. Niemand, der die Wahl hatte und bei klarem Verstand war, würde auf mich verfallen. Ich war nicht die Sorte Frau, in die die Männer sich verliebten, das wusste ich. Und warum es so war, stand meiner Meinung nach ganz außer Frage. Ich hatte das immer verstanden. Ich musste ja nur in den Spiegel schauen.

Ich ging Spiegeln nach Möglichkeit aus dem Weg und ließ mich fast nie fotografieren. Doch war ich einmal gezwungen, mich zu betrachten, empfand ich ungeheure Selbstverachtung. Ich sah ein unförmiges Gesicht, widerspenstige Haare und eine Hässlichkeit, für die es kein Erbarmen gab. Ich hasste alles an meinem Gesicht und meinem Körper: meine quasi-arischen Augen, die breiten Backenknochen, hasste mich bis auf den unter Haut- und Fleischschichten liegenden Schädel.

Als Kind hatten mich meine Eltern bestraft, als ich ihnen erzählte, dass ich gerne verheiratet wäre, weil ich mir – so wie ich roch und mich anfühlte – gut gefiel und dies gerne mit meinem Mann geteilt hätte. Dieser Ehemann aber wollte mich nicht sehen, von riechen oder berühren ganz zu schweigen.

Mich zu küssen, wäre D. niemals eingefallen, und ich selbst versuchte es nur ein einziges Mal. Damals saßen wir nach dem Abendessen vor dem Fernseher; der Abend war recht ruhig verlaufen. Ich fühlte mich geradezu erleichtert, schon seit Stunden war D. nicht mehr explodiert, und als er über irgendetwas im Fernsehen laut lachte, spürte ich eine Welle von Wärme und Dankbarkeit in mir aufsteigen, beugte mich spontan nach vorn und küsste ihn auf die Lippen. Er riss den Kopf zurück und schlug mir mit der Faust aufs Kinn. »Mach das nie wieder«, sagte er. Und ich hielt mich daran.

Noch Jahre nach meiner Scheidung schreckte ich zurück, wenn jemand unerwartet nach meinem Gesicht fasste. Oft fuhr ich jäh zurück, wenn ein Mann, mit dem ich mich verabredet hatte, plötzlich die Hand nach meiner Wange ausstreckte, und zuckte zusammen. Je weniger ich darauf gefasst war, desto mehr wehrte ich ab und schützte zuweilen sogar mein Gesicht mit den Händen.

Das war frustrierend für die jeweiligen Männer. Manchmal wurden sie ärgerlich, weil sie meine Reaktion auf sich bezogen und glaubten, ich misstraue ihnen, meine, sie wollten mir wehtun.

Es war mir unmöglich, ihnen zu ihrer oder auch nur zu meiner eigenen Zufriedenheit zu erklären, warum ich so reagierte: zu erklären, dass es kein bewusster Akt war und dass es mir einfach furchtbar schwer fiel zu glauben, dass jemand seine Hand in liebevoller Absicht nach mir ausstreckte. Alle meine Reflexe waren auf Schläge geeicht. Es war ein Reaktionsmuster, das sich über die Jahre eingespielt hatte. Und ich brauchte Jahre, um zu lernen, dass eine nach meinem Gesicht fassende Hand eine Liebkosung bedeuten konnte.

Noch heute haben Küsse auf Mund, Wangen, Augen etwas Überwältigendes für mich. Sich so viele Jahre danach zu sehnen und dann zu erfahren, dass Menschen mich küssen wollen, dass sie das nicht abstoßend finden – dieses Gefühl ist alles andere als selbstverständlich für mich. Noch immer erscheint mir ein Kuss als das Erstaunlichste aller Geschenke, empfinde ich es als Wunder, dass jemand sein Gesicht dem meinen nähert, mit den Lippen meine Haut berührt und Vergnügen daran findet.

Da ich mich so viele Jahre nach Küssen sehnte, empfand ich sie, als sie dann endlich kamen, wohl umso süßer.

Den Impuls, der es mir letztendlich ermöglichte, mich aus meiner Ehe zu lösen, ging von Leigh aus. Es war eine Sache, wenn ich selber litt – das erschien mir völlig normal und angemessen –, sie aber durfte ich nicht leiden lassen. Sie vertraute auf meinen Schutz, und sie war das Kostbarste, was ich auf Erden besaß.

Eines Nachts fiel dann von einem Augenblick auf den andern die Entscheidung. In dieser Nacht fand die Vergewaltigung in Leighs Zimmer statt. Sie war damals gut zwei Jahre alt. Wenn ich Lärm machte, meinte er, würde sie aufwachen und alles mitbekommen. Mehr brauchte es nicht, um mir den Mund zu stopfen.

Ich weiß nicht, warum er sich an jenem Abend für Leighs Zimmer entschied – die üblichen Misshandlungen langweilten ihn wohl einfach und er wollte etwas Neues ausprobieren, um die Sache spannender zu gestalten. Sie lag in ihrem Gitterbett, hatte ihren gelben Frotteeschlafanzug an und der Mond warf die Schatten der Gitterstäbe über ihr schönes Gesicht. Ich umklammerte die Stäbe ihres Bettchens und biss die Lippen zusammen, um nicht aufzuschreien und damit sie weiterschlafen konnte. Ich hatte entsetzliche Angst, sie könnte wach werden, sich aufsetzen, durch die Stäbe blinzeln und sehen, was D. mit mir anstellte. Was, wenn sie zwischen den Gitterstäben herauslugte und sah, wie ihre Mutter umgebracht wurde? Dies musste ich um jeden Preis verhindern.

Sobald er eingeschlafen war, wickelte ich Leigh in ihre Decken und schlüpfte mit ihr auf dem Arm zur Hintertüre hinaus. Ich hatte nichts mit, weder Geld noch Kleider. Mein Körper war von eingetrockneten Blutrinnsalen und einer ganzen Palette alter gelber sowie frischer blauer Flecken übersät.

Barfuß wanderte ich, Leigh in den Armen, durch die vom hellen Mondlicht beschienene Wüste. Trotz aller Gefahr war ich erstaunlich ruhig, befand mich in einem merkwürdigen Betäubungszustand, so als wiederhole sich eine Szene aus früherer Zeit. Seit Jahren hatte ich mich nicht mehr so ruhig und gelassen gefühlt. Und eine Stille erfüllte mich, als sei ich – mitten im Mahlstrom – mit meiner Tochter sicher und geborgen.

Leigh wachte auf, ich setzte mich auf einen Felsen, damit sie mit den Blumen spielen konnte, und wir sangen ein altes englisches Madrigal, das sie liebte:

Um unser Nest herum, so weit das Auge reicht
blüht goldner Hahnenfuß mit Silberrand –
dort, wo der Wiesenkerbel eine Weißdornhecke säumt.
Ruh' spürst du dort, still wie das Stundenglas.
Ach, drücken wir ans Herz, unsterbliches Geschenk,
die so vertrauliche und stille Stunde,
als zweisam Schweigen unser Lied war –
der Liebe Lied.

Leigh nahm fraglos alles hin und freute sich an unserem Spaziergang, am Mondlicht, am Lied und den Blumen. Ich wanderte durch die Nacht bis zum Haus meiner Eltern und klopfte an. Sie machten mir auf und sagten nicht viel, als ich ihnen eröffnete, dass ich mich scheiden lassen wolle.

Mein Zustand schockierte sie wohl, aber da sie im Wegsehen geübt waren, wandten sie den Blick ab; ich solle mich duschen, sagte Mom. Als Leigh eingeschlafen war, erzählte ich ihnen, dass D. mich seit dem Tag unserer Hochzeit misshandelte und ich beschlossen hätte, ihn zu verlassen. »Hast du denn den Willen des Herrn in der Sache schon erforscht?«, fragte Dad. Ich log und meinte, das hätte ich. Der Herr, erklärte ich, wolle, dass ich Leigh beschütze, und das könne ich nur auf diese Weise.

Erst als ich ihnen von D.s Untreue berichtete, hörten sie mit ihren Vorhaltungen auf. Wenn Ehebruch vorliege, sagte Dad, mache die Bibel gewisse Zugeständnisse hinsichtlich der Scheidung, allerdings solle die Frau dann nicht wieder heiraten. Das sei aber auch das einzige Zugeständnis. Meine blauen Flecken hatten also nichts zu besagen – die konnte ich unter den Freuden verbuchen, die einem das Mitleiden mit dem Herrn bescherte –, Ehebruch aber war eine Sünde.

Als D. am nächsten Morgen vorbeikam, versuchten sie zu vermitteln, doch ich fühlte mich, zum ersten Mal in meinem Leben, allem gewachsen. Alle Unterwürfigkeit, die so typisch für mich gewesen war, war von mir abgefallen. In einem einzigen Augenblick, ohne Mühe oder langes Nachdenken, so, als sei ich plötzlich eine andere geworden. D.s Bitten, Drohungen und Versprechungen ließen mich kalt. Der Gedanke an die Blamage meiner Eltern oder an die Missbilligung der ganzen Stadt ließ mich ungerührt.

Die Zeit war gekommen: Meine Tochter und ich – gemeinsam, stark und geborgen – brauchten nun niemanden mehr.

VIERTER TEIL

Kapitel 14

Ich nahm einen Wagen, ein paar Möbelstücke, Kleidung für Leigh und mich sowie ein wenig Geschirr mit, als ich diese Ehe hinter mir ließ. D. behielt das Haus und das Geld. Da ich in eine winzige Wohnung zog, in der wir kein Haustier halten durften und D. den Hund nicht mehr haben wollte, schenkten wir ihn einem Nachbarn.

Von nun an bauten Leigh und ich uns ein Leben auf, das eine amerikanische Neuauflage meines koreanischen Lebens mit Omma war. Wir verbrachten möglichst viel Zeit miteinander. Spielten, wann immer wir Lust dazu hatten. Erschufen uns unsere eigene kleine Welt. Sobald es dunkel wurde, stapelten wir Bücher und Kissen aufs Bett, kuschelten uns aneinander, lasen, redeten, dachten uns Geschichten aus und tranken Pfefferminz-Sonnentee, bis sie einschlief. Anschließend las ich, während ihr dunkles Köpfchen an meiner Schulter ruhte, bis tief in die Nacht.

Omma, die mich so leidenschaftlich geliebt hatte, wie ich meine Tochter liebe, hatte nicht mit mir fliehen können – aus welchen Gründen auch immer. Ihr Tod hatte mich in völlige Verlassenheit gestürzt. Jene Nacht, in der ich mit meiner Tochter aus meiner Ehe ausbrach, erfüllte mich mit unbeschreiblichem Jubel – nun schmeckten wir die Freiheit, und schmeckten sie gemeinsam.

Relativ betrachtet waren meine Tochter und ich genauso arm, wie Omma und ich es gewesen waren, und wir setzten Ommas Erbe – aus der Not ein Spiel zu machen – fort. Wir begaben uns auf Schatzsuche, bis wir genug Kleingeld zusammengekratzt hatten, um eine Packung Reis zu kaufen. Ein paar Münzen umklammernd fuhr sie nach ihren Stöberaktionen hinter Sofakissen und unter Automatten mit Triumphgeheul in die Höhe. Genauso wie ich hat meine Tochter erst sehr viel später begriffen, wie prekär ihre von Tag zu Tag gefristete Kindheitsexistenz eigentlich war.

Leigh und ich blieben zwar in derselben Stadt, zogen aber in eine 150-Dollar-Unterkunft in einer Barackenzeile, die man ursprünglich für die in den benachbarten Obsthainen beschäftigten Wanderarbeiter errichtet hatte. Die Wohnung bestand aus einem einzigen Raum, den man in einen kleinen Wohn-/Schlafbereich und einen noch kleineren Küchen-/Badbereich unterteilt hatte.

Er erinnerte mich an die Hütte am Dorfrand, wo ich mit Omma gehaust hatte – ein verwahrlostes Loch für die Ärmsten der Armen. Leigh und ich teilten unsere Wohnung mit einer Hundertschaft von Dattelpalmenkäfern, überdimensionierten Exemplaren, die in gepanzerter Selbstherrlichkeit überall herumschossen. Zogen wir den Vorhang vor der winzigen, nur durch eine Gipswand abgeteilten Duschkabine zurück, blieben sie einfach hocken, drängten sich um den Abfluss und funkelten uns zornig an. Sie schliefen in der Schrankzeile längs der Wohnzimmerwand und krabbelten um die Blasen im Verputz herum, der sich Tag für Tag mehr abschälte und von den Wänden blätterte.

Wir besaßen eine Matratze, die auf dem Boden lag, und ein paar wenige aus unserem früheren Heim gerettete Möbelstücke. Wir schmückten unser Häuschen mit den Wiesenblumen und hohen Gräsern, die draußen wuchsen. Leigh malte Bilder, und aus Buntpapier, das ich an meinem Arbeitsplatz mitgehen ließ, machten wir Rahmen dafür und hängten sie auf.

Aus demselben Papier faltete ich ihr auch Papierpuppen, denen wir mit Farbstiften raffinierte und elegante Kleider malten. Wie Omma bastelte ich eine Spielstadt für mein Kind, und unsere Phantasien erschienen uns bald wirklicher als die Wirklichkeit.

Obwohl ich weder einen College-Abschluss noch Berufserfahrung besaß, war es mir allein durch Reden gelungen, eine Reporterinnenstelle bei einer winzigen Wochenzeitung zu ergattern. Das Attraktivste an diesem Job war, dass ich Leigh mitbringen konnte. Sie spielte unter meinem Schreibtisch, wenn ich Telefonate entgegennahm, und begleitete mich zu meinen Terminen. Ich berichtete über Stadtratssitzungen, die beiden Schulen der Stadt, über Polizei und Feuerwehr. Ich war Empfangsdame, Anzeigenannahme und Tippse in einem. Für meine »vielseitige« Tätigkeit erhielt ich 300 Dollar im Monat. Und am Zahltag wurde gefeiert: Wir gingen einkaufen, besorgten Reis, Brot vom Vortag, Gemüse vom Stand am Straßenrand und Tee, den es lose gab. Auch ein Zitroneneis gönnten wir uns, das wir bei Sonnenuntergang im Freien schleckten, während wir über die Straße rollenden Steppenläufern zusahen oder dem vorbeiratternden Santa-Fe-Zug winkten.

Im Laufe des Monats und vor allem mit dem Näherrücken des nächsten Zahltags gingen uns dann meist sowohl das Geld als auch die Lebensmittel aus. Dann mussten wir ziemlich strampeln, um das nötige Kleingeld für ein bisschen Reis oder Mehl aufzutreiben, aus dem ich flache und nicht sehr appetitliche Brotfladen buk. Aber sogar das Strampeln war spannend. Wir begaben uns auf »Schatzsuche«, stöberten nach Münzgeld. Und wenn wir dann 75 Cents beisammen hatten, reichte es wieder einmal. Dafür bekamen wir genügend Reis, um bis zum Monatsende durchzuhalten.

Wir waren einfallsreiche Köchinnen und nahmen alles, was uns unter die Finger geriet, um ein Essen zu improvisieren. Manchmal waren unsere Kreationen erstaunlich schmackhaft; öfter jedoch abscheulich. Doch wir verspeisten sie trotzdem und rissen unsere Witze darüber. Wir taten, als seien wir Arktisforscher, die sich zu ihrer letzten Mahlzeit niederließen. Nichts konnte uns wirklich erschüttern, denn alles wurde zu einem Spiel.

Ich besaß ein ramponiertes altes Klavier, das mir einmal ein Nachbar geschenkt hatte, und oft saßen wir abends auf der Klavierbank und sangen miteinander. Leigh legte den Kopf in meinen Schoß und schlief ein, während ich Van-Morrison-Songs sang und spielte:

She's as sweet as tupelo honey,
She's an angel of the first degree.

Ziemlich häufig machten wir genau das, wonach uns gerade zu Mute war. Was nicht selten bedeutete, dass wir Schule und Arbeit schwänzten. Hin und wieder entschied ich mich auch, früher zu gehen. Einmal holte ich Leigh von der Schule ab und erzählte der Schulsekretärin, dass sie einen Arzttermin hätte. Es war ein sonniger klarer Augusttag. Leigh war aufgeregt und voller Eifer, und beide waren wir in Hochstimmung.

Auf dem Weg zu ihrer Schule war ich zu Hause vorbeigefahren, hatte meinen Badeanzug und darüber meinen Rock und das trägerlose Oberteil angezogen. Ihren Badeanzug brachte ich ihr mit, sodass Leigh sich dann im Auto auf der Küstenstraße, unters Handtuch gekauert, umziehen konnte, was uns beide zum Kichern brachte. Den ganzen Nachmittag spielten wir im Wasser, bis wir sonnenverbrannt, schläfrig und restlos zufrieden waren. Auf dem Heimweg hielten wir bei Baskin Robbins, um uns eine Eistüte zu holen, die wir dann im Auto verschlangen. Unsere Gesichter und Hände waren klebrig von Eiscreme und Karamell, und wir schnitten uns gegenseitig Grimassen.

Daheim angekommen, durchforsteten wir, noch immer sandverklebt und in Badeanzügen, den Kühlschrank. Besonders viel war nicht drinnen – ein bisschen Kartoffelbrei, Spagettisauce und Erbsen –, und nichts davon wirkte besonders verlockend. Sehr appetitanregend sähe es zwar nicht aus, meinte Leigh, aber es müsste doch eine Menge Spaß machen, das Zeug als Fingerfarben zu benutzen. Wir holten also alles aus dem Kühlschrank und warfen es auf den Küchenboden. Immer noch in Badeanzügen kleckten wir das Essen in Fingermalerei über den sauberen weißen Resopalboden, rutschten darauf herum und lachten, bis uns der Bauch wehtat.

Freitagabend war Ausgehabend. Unser Städtchen besaß ein Autokino, sodass ich an diesem Abend Decken und Kissen in den Wagen packte, Leigh in ihren Schlafanzug und ihre rosa Häschenpantoffeln steckte und wir bei Kentucky Fried Chicken anhielten, um die kleine Box mit drei Hühnchenteilen, Brötchen, Kartoffelbrei und Krautsalat zu bestellen. Ich hatte eine Thermosflasche Sonnentee dabei, und dann kuschelten wir uns unter die Decken und teilten unsere kleine Mahlzeit.

Zwar war es nicht der Reis mit Kimchi und der Gerstentee meiner Kindheit, aber unsere Essensrituale waren im Grunde die gleichen: Wir teilten alles miteinander – einen Bissen für

Leigh, einen für mich –, und jede von uns sparte die köstlichsten Leckerbissen für die andere auf. Alles schmeckte viel besser, so fanden wir, wenn die andere jeweils den ersten Bissen kostete, sodass wir uns kichernd darum stritten, welche als Erste essen musste. Meist liefen irgendwelche schlechten B-Movies, und nach etwa einer Stunde schlief Leigh ein. Dann guckte ich mir den Rest an oder fuhr, wenn der Film allzu mies war, gleich nach Hause. Ich steckte sie ins Bett, schlüpfte in mein Nachthemd, nahm sie in die Arme, schmiegte mich an ihren Rücken und küsste sie auf den Scheitel. Wie Omma achtete ich stets darauf, zwischen meinem Kind und der Tür zu liegen.

Wir gingen zu Bett und fühlten uns durchaus nicht arm oder einsam. Manchmal unterhielten wir uns fast schon im Halbschlaf noch über die Vorzüge des Films; manchmal dachten wir uns auch alberne Lieder aus.

Wie Omma erfand ich Geschichten für meine Tochter, in denen ich uns ihre Zukunft ausmalte. Sie würde in einer schönen großen Stadt leben und dort all ihre Träume verwirklichen. In diese Erzählungen flocht ich die glorreichen Passagen ein, die wir Abend für Abend miteinander lasen; Coleridge und Shakespeare, C.S. Lewis und Roald Dahl – sie alle wurden Teil unseres üppigen, berauschenden Phantasiegewebes. Unsere Lesefrüchte machten wir uns so auf ganz persönliche Weise zu eigen: Schon seit Leighs frühester Kindheit hatte ich ihr Gedichte vorgetragen, in die ich aber immer ihren Namen einbaute. Coleridges »Kubla Khan« beispielsweise wurde umformuliert und damit zu ihrem ganz persönlichen Gedicht: »In Xanadu schuf Prinzess Leigh ein Lustschloss stolz und kuppelschwer: Wo Alph, der Fluss des Heiles, rann durch Höhlen, die kein Mensch ermessen kann, in sonnenloses Meer.«

Ob in Korea oder Amerika, dieser Phantasieteppich machte uns das Leben erträglich.

Auch als Leigh älter wurde, ließ unser Bedürfnis nach Beisammensein nicht nach. Anstatt mit Freundinnen zu spielen oder eigene Interessen zu verfolgen, gluckte Leigh ständig mit mir zusammen. Wir hatten beide starke Trennungsängste. Sicher fühlten wir uns nur, wenn wir zusammen waren.

Als Leigh elf oder zwölf war, beschlossen wir, Vegetarier zu werden. Diese Entscheidung fiel uns nicht schwer. Wir waren beide der festen Überzeugung, dass alles Leben heilig und jedes Lebewesen mit Güte und Respekt zu behandeln sei. Und als Leigh eines Tages in Tränen aufgelöst von der Schule kam und erzählte, dass sie einen Film über die grässlichen Zustände in Schlachthäusern gesehen habe, war es nur ein folgerichtiger Schritt, künftig kein Fleisch mehr zu essen.

Im Grunde hatte wir uns aus finanziellen Gründen sowieso schon mehr oder weniger vegetarisch ernährt. So wurden wir nun Veganer mit gelegentlichen Ausrutschern in den Bereich der Milchprodukte. Wir experimentierten mit Tofu, Sojafleisch und Eierersatz, hielten uns aber in der Hauptsache an die Grundnahrungsmittel: Reis, Nudeln, selbst gebackenes Brot, Gemüse und Obst. Ich glaube, wir waren die einzigen Vegetarier der Stadt und hatten es ziemlich bald satt, zum hundertsten Mal zu erklären, warum wir nun kein Fleisch, kein Geflügel und keinen Fisch aßen.

Damals wurde das Vegetariertum fast so seine Art von Ersatzreligion für mich. Ich vertrat es mit Leidenschaft. Ich identifizierte mich mit den Tieren, die nur für den menschlichen Verzehr aufgezogen wurden. Heulte über das Elend der Hühner, die man in winzige, schmutzige Käfige zwängte, denen man die Schnäbel absäbelte und deren Not niemand kümmerte.

Die Leute antworteten dann etwa: »Aber es sind doch bloß Tiere. Und Nutztiere obendrein.« Auf solche Phrasen reagierte ich allergisch, vielleicht, weil man mir in meiner Kindheit und Jugend unzählige Male erzählt hatte, dass ich »nicht besser als ein Tier« sei. Die meiste Zeit meines Lebens hatte ich leiden müssen, weil man mich nicht als vollgültigen Menschen ansah. Und auch die Tiere mussten leiden, weil man sie als dem Menschen unterlegen betrachtete.

Mir hingegen schien es, als könnten diese Menschen nicht viel haben, auf das sie stolz sein durften – wenn sie andere Lebewesen mit solch blinder Grausamkeit behandelten.

Meine Eltern hatten die Scheidung inzwischen akzeptiert, doch wir sprachen nicht viel darüber. Leigh und ich besuchten sie jedes Wochenende, und noch immer gingen wir in ihre Kirche – nicht, weil ich daran glaubte, sondern weil ich meine Ruhe haben wollte. Sie hielten Leigh die gleichen fundamentalistischen Vorträge wie mir, doch anders als ich verwahrte sie sich dagegen.

»Das ist aber nicht nett«, flötete sie, wenn Dad etwa behauptete, jeder, der nicht mit Christus sei, werde in die Hölle kommen. Leigh machte sich ihre eigenen Gedanken und zögerte nie, ihre Meinung zu sagen. Und je älter sie wurde, umso unerbittlicher wurde sie auch. Mit vier nahm sie an einer von Dads Predigten Anstoß und ließ ihn das wissen. »Damit bin ich nicht einverstanden«, sagte sie. Und als er sie fragte, ob sie wegen dieser ihrer Einstellung denn schon gebetet habe, kam ihre Antwort wie aus der Pistole geschossen. »Deswegen muss ich nicht beten. Ich weiß, was ich denke.«

Einer unserer ersten Befreiungsschläge bestand darin, dass wir aus der Wüste wegzogen. Ich sehnte mich so nach Grün. Immer hatte ich die Wüste gehasst, und ich hatte das Gefühl, ein Großteil meines Elends ließe sich lindern, wenn ich nur einfach zur Tür hinausgehen und draußen einen natürlichen Grashalm oder einen belaubten Baum sehen könnte.

In der Wüste, in der ich aufgewachsen war, gab es in abgelegenen Gegenden weiträumig verstreut einige Wochenendhütten. Dort konnte man brüllen und toben und niemand hörte einen. Die entsetzlichsten Dinge konnten sich hinter jenen wackligen Schindelwänden abspielen, und kein Retter würde sich zeigen. Die Hütten waren Meilen von den Hauptstraßen und voneinander entfernt.

Noch heute hasse ich die Wüste. Nie habe ich die karge Schönheit entdeckt, die andere in ihr sahen. Für mich ist sie ein trostloser Ort, an dem nichts Grünes, nichts Zartes gedeiht. Jeder hoffnungsfrohe Grashalm, jedes zarte Pflänzchen verdorrt in dieser gnadenlosen Hitze. Die unbarmherzige Sonne, der unerbittliche Wind scheuern alles wund. Die Haut der Menschen wird dunkel und ledrig. Ja, ich glaube, auch die Seelen vertrocknen hier – genau wie alles andere.

Jede Nacht hörte ich das Geheul der Kojoten und die Schreie irgendeiner elenden Kreatur, die sie gerade zerrissen. Oft fiel ihnen das Haustier eines Nachbarn zum Opfer, eine Katze oder ein Hund, die zufällig draußen waren, als die Kojoten auf ihrem nächtlichen Raubzug aus den Bergen herabstießen. Jede Nacht zog ich mir das Kissen über den Kopf, damit ich die Todesschreie nicht hören musste.

Mit jedem neuen Job zogen Leigh und ich ein wenig näher an die südkalifornische Küste heran. Ich belegte College-Kurse und arbeitete mich allmählich hoch und schrieb für größere Zeitungen. Wir zogen in andere Wohnungen – die zwar immer noch klein und karg möbliert waren, aber ohne Dattelpalmkäfer drinnen und Steppenläufer draußen.

Unser zweites Heim war ein winziges Steinhäuschen in einer dürren, trostlosen Gegend am Stadtrand. Verglichen mit der Barackensiedlung war das aber ein Aufstieg, und da uns das Eingezwängtsein zwischen anderen Häusern schon ganz klaustrophobisch gemacht hatte, waren wir von unserer neu gewonnen Privatsphäre sehr angetan.

Erst später erfuhr ich, welche Gefahren derartige Abgeschiedenheit in sich bergen kann.

Ich arbeitete bei meiner zweiten Zeitung, berichtete über Straftaten und Gerichtsverfahren und sah mich schon als eine Art Rächerin der Unschuldigen im Kleinstadtformat. Ich begann mit einer Artikelserie über Amtsmissbrauch im Büro des Sheriffs, interviewte jeden, der mir Auskunft gab, und forschte nach der Wahrheit. Am Ende verloren einige derer, über die ich geschrieben hatte, ihre Jobs, andere wurden degradiert.

Dennoch stand ich mit den meisten Polizisten in der Stadt auf gutem Fuß, da sie wussten, dass meine Berichterstattung fair und ehrlich war, und selber wollten, dass die üblen Figuren aus dem Dienst entfernt wurden. Oft kam einer der Polizisten die gewundene Schotterstraße zu unserer abgelegenen Hütte heruntergefahren, um zu fragen, ob ich zu einem Unfall oder einer Drogenrazzia mitkommen wollte. Alle wussten, wo ich wohnte.

Eines Nachts weckte mich grelles Scheinwerferlicht, das durchs Fenster hereinfiel, und mein erster Gedanke war, dass da womöglich eine Story im Anzug war. Leigh verbrachte die Nacht bei einer Freundin, ich war allein. Als ich die Tür öffnete, um einen Blick hinauszuwerfen, entdeckte ich einen der Männer, über die ich geschrieben hatte, und noch ehe ich reagieren konnte, war er schon im Haus.

Eine halbe Stunde später war er wieder verschwunden.

Aus irgendeinen Grund rief ich als erstes bei meinem Herausgeber an. »Ich bin vergewaltigt worden«, sagte ich zu ihm. »Ich werde morgen wohl etwas später kommen.« Es war noch keine Stunde vergangen, als er mit seiner Frau vor meiner Tür stand. Den Rest der Nacht und einen Teil des Morgens verbrachte ich im Krankenhaus und auf der Polizeistation.

Während meiner kurzen Zeit als Polizei- und Gerichtsreporterin hatte ich auch über einige Verwaltigungsprozesse berichtet und war von der Art, wie man die Opfer im Zeugenstand behandelte, entsetzt gewesen. Ob es nun richtig oder falsch war – diesen Weg wollte ich jedenfalls nicht beschreiten.

Und so kamen wir nach mehrtägigen Verhandlungen zu folgender Einigung: Der Mann verlor seinen Job bei der Polizei und begann eine Therapie; und damit, so dachte ich, sei die Sache erledigt.

Einen Monat später musste ich feststellen, dass ich schwanger war. Abtreibung schien mir der einzige denkbare Ausweg, aber ich wollte nicht, dass jemand davon erfuhr. Ich bat um einen Vorschuss, fuhr am Samstag nach Los Angeles, ließ abtreiben, fuhr spätabends zittrig wieder zurück und heulte den ganzen Heimweg auf der Interstate 15.

All das löste starke Schuldgefühle bei mir aus. Immer wieder warf ich mir vor, dass ich alles verkehrt gemacht hatte: Ohne genau zu sehen, wer draußen stand, hätte ich niemals die Tür öffnen dürfen; ich hätte mich nicht an einem so entlegenen Ort niederlassen dürfen, wo keiner meine Hilferufe hörte; ich hätte mutig sein und die Sache vor Gericht bringen sollen; und war Abtreibung denn wirklich die einzige Lösung gewesen?

Unzählige Male habe ich mich hinterher dafür kritisiert und um das Leben getrauert, das ein so jähes Ende fand. Inzwischen habe ich es allerdings aufgegeben, über die Richtigkeit oder Falschheit meines Handelns nachzugrübeln.

Vor dem Bekanntmachen meiner Vergewaltigung schreckte ich vor allem deswegen zurück, weil dann auch mein Privatleben an die Öffentlichkeit gezerrt worden wäre. Hätte mein Leben den Normen jener kleinstädtischen Gemeinschaft voll und ganz entsprochen, hätte ich mich vielleicht nicht so zurückgehalten. Doch so war es eben nicht. Ich hätte nicht den Zeugenstand einnehmen und mich als keusche Jungfrau präsentieren können. Ich schämte mich.

Das ganze nächste Jahr blieben wir noch in der Hütte wohnen. Etwa zwei Monate später, als ich draußen Wäsche aufhängte, sank ich plötzlich zu Boden. Es war Samstagnachmittag, Leigh war bei einer Freundin, und ich hatte keine Ahnung, was mit mir geschehen war. Schmerzen hatte ich keine, doch es war, als ob mir mit einem Mal die Wirbelsäule zusammengeschmolzen sei. Ich konnte die Beine nicht mehr bewegen, besaß keine Kontrolle mehr über meinen Unterleib.

Die Wäscheleine war gut dreißig Meter vom Haus entfernt, und ich brauchte den ganzen restlichen Nachmittag, um mich – unter Einsatz von Armen und Kopf – ins Haus zurückzuschleppen. Als die damals elfjährige Leigh nach Hause kam, lag ich auf dem Küchenboden, unfähig, das auf dem Küchenschrank stehende Telefon zu erreichen.

Leigh rief den Krankenwagen, und ein paar Stunden später erklärte mir ein Neurochirurg, dass sie mich sofort operieren müssten, um mir die fünfte Lendenbandscheibe zu entfernen, die völlig vorgefallen war und die in meinen Unterkörper führenden Nervenstränge blockierte. Er warnte mich, trug mir die Litanei seiner Befürchtungen vor: womöglich würde ich nach der Operation gelähmt sein, womöglich nie wieder ohne Hilfe gehen können, vielleicht müsste ich mich später einer Reihe weiterer Operationen unterziehen, um die entstandenen Schäden zu beheben.

Ich ließ mich operieren und kehrte in unsere kleine Hütte zurück. Es begann eine sehr langsame Genesung. Während dieser Zeit musste ich entweder flach auf dem Rücken liegen oder völlig aufrecht stehen. Leigh kochte und putzte und pflegte mich in ihrem eigenen unverwechselbaren Stil fast rund um die Uhr. Sie las mir Tolkien, Roald Dahl, Shel Silverstein und Shakespeare vor. Sie kochte mir Tee, stützte sich, ein Buch in der Hand, auf einen Kissenstapel – so wie noch wenige Jahre zuvor ich ihr vorgelesen hatte.

Leigh wurde auch meine Krankengymnastin. Sie assistierte mir bei meiner »Zehen-Aerobic«, indem sie so lange Druck auf meine Zehen ausübte, bis sie eine Reaktion verspürte.

Schon nach wenigen Wochen konnte ich stehen; und nach ein paar Monaten ging ich am Stock. Morgens und abends machte Leigh eine Reihe von Übungen mit mir, Übungen von einem Zettel, den sie im Sprechzimmer des Arztes entdeckt hatte.

Es war eine schlimme Zeit für Leigh, die sich nach Kräften bemühte, für mich und meine größtmögliche Bequemlichkeit zu sorgen. Lange konnte ich nur kriechen, sodass sie mich, wenn sie mich nachts hörte und nachsehen kam, dabei entdeckte, wie ich mich durch die Diele zum Bad schleppte.

Erst nach zwei Jahren hatte ich – wenn man vom Gefühlsverlust im rechten Schienbein einmal absah – wieder einen Zustand weitgehender Normalität erreicht. Nie habe ich erfahren, was die Ursache meiner Rückenprobleme war – der Arzt meinte, es könne das jahrelange wiederholte Prügeln gewesen sein, mit letzter Sicherheit aber könne er es nicht behaupten.

In der Zwischenzeit brachten uns mein Herausgeber und seine Frau jede Woche die Lebensmittel vorbei, und er sorgte auch dafür, dass ich regelmäßig mein Gehalt erhielt und keine Invalidenrente beantragen musste.

Am Tag unseres endgültigen Wegzugs aus der Wüste war uns, als öffneten sich die Gefängnistore.

Wir wohnten nun in Gehweite des Strands, und ich hatte meine Beweglichkeit fast vollständig wiedererlangt. Wir hatten eine größere Wohnung mit zwei Schlafzimmern, einem kleinen Patio und einem Rasenstreifen, den wir mit Tomaten und Blumen bepflanzten.

Reporter werden bekanntermaßen schlecht bezahlt, und obwohl ich inzwischen bei einer größeren Zeitung arbeitete, sah ich mich gezwungen, unser Einkommen mit Klavierstunden aufzubessern. Ich unterrichtete Nachbarskinder und auch einige meiner Kollegen, nicht aber Leigh. Allzu lebhaft erinnerte ich mich an die endlosen, quälenden Klavierstunden bei Dad.

Falls Leigh Klavier, Gitarre oder Zither lernen, oder lieber mit Löffeln oder mit gar nichts spielen wollte, mir sollte es Recht sein.

Wie ich war sie eine Leseratte. Und eine begabte Schauspielerin obendrein, sodass unser gemeinsames Spiel sich oft entlang komplizierter Handlungsstränge, Phantasien und Dialoge entfaltete. Auch als Schülerin war sie mir ähnlich – das Lernen fiel ihr sehr leicht, und sie verlor rasch das Interesse. Mit Leuten, deren Verstand nicht so flink war wie der ihre, hatte sie nur wenig Geduld; mehrere Male erhielt ich Mitteilungen, dass man sie nachsitzen lasse, weil sie die Grammatik, die Aussprache oder ein Zitat der Lehrerin korrigiert habe.

Kapitel 15

Als ich mich meinem dreißigsten Jahr näherte, wurden meine regelmäßig wiederkehrenden Albträume immer intensiver. Ich begann schlafzuwandeln, was ich vorher niemals getan hatte. Gewöhnlich schlief ich gegen Mitternacht ein und träumte, ich sei in eine Kiste eingesperrt und suche nach einer Öffnung. Während ich den inneren Radius meiner Traumbox abschritt, verließ ich tatsächlich mein Bett und spazierte in der Wohnung umher. Normalerweise erwachte ich dann vor einem Fenster, das ich im Schlaf geöffnet hatte und aus dem ich mich hinauslehnte und die kalte Nachtluft einsog.

Oft machte Leigh sich nachts auf die Suche und fand mich an irgendeinem unwahrscheinlichen Ort, manchmal im Freien, wo ich blind umhertappte, manchmal auf dem Boden, wo ich mich wie ein Fötus zusammengerollt hatte. Häufig, so erzählte sie mir, weinte ich dann und redete, während sie mich zu meinem Bett zurückführte, in einem Mischmasch aus Koreanisch und Englisch auf sie ein.

Da ich mich – abgesehen von wenigen Grundbegriffen – an nichts Koreanisches zu erinnern glaubte, war ich ziemlich verblüfft. Und in der Hoffnung, dass mir vielleicht die ganze Sprache wieder einfiele, schrieb ich einige der Wörter auf.

Nie hatte ich vor Leigh Geheimnisse gehabt; sie wusste fast ebenso viel über meine Vergangenheit wie ich selbst. Nun drängte sie mich immer öfter, mich um zweierlei zu bemühen: mir erstens Hilfe zu suchen, damit ich mit dem unmittelbaren Schmerz fertig würde, zum anderen aber Nachforschungen anzustellen und so viel wie nur möglich über meine Kindheit in Erfahrung zu bringen.

Etwa zur gleichen Zeit geriet ich in eine tiefe Depression, die mich fast gänzlich lähmte. Oft war ich unfähig, zur Arbeit zu gehen und meldete mich krank. An solchen Tagen hockte ich dann nur im Wohnzimmer und starrte die Wand an. Die Wäsche stapelte sich; die Spüle war voller Schmutzgeschirr. Ging ich dann doch zur Arbeit, musste ich meine letzten Kraft- und Konzentrationsreserven aufbieten, um den Tag zu überstehen, und meine Arbeit genügte natürlich kaum den in sie gesetzten Erwartungen.

Schließlich suchte ich um Hilfe nach. Die Selbstmordphantasien, die mich immer begleitet hatten, beherrschten inzwischen meine Tagträume und waren mein einziger Trost. Ich phantasierte über Selbstmord, wie manche Frauen von ihren Liebhabern träumen. Sehr ausführlich und sehr zärtlich.

Ich wusste genau, was ich anziehen, wie ich aussehen und riechen würde und wo er stattfinden sollte. Ich würde Weiß tragen, mir die Haare flechten und mit einem blauen Seidenband umwinden. Meine Füße sollten nackt sein. Und ich selber sauber und frisch. Ich würde in einen Wald gehen und mir einen schönen Baum aussuchen, bei dem ich so etwas wie Geistesverwandtschaft spürte. Ich würde ihn um Erlaubnis bitten, und mich dann, wenn ich das Gefühl hatte, der richtige Zeitpunkt sei gekommen, an seinen heiligen Zweigen erhängen.

Bis ins kleinste Detail hatte ich mir diese Phantasie ausgemalt. Keiner sollte über meine Leiche stolpern, vor allem kein Kind. Ich wollte niemanden schockieren – denn auf das, was er da zu sehen bekäme, konnte ja keiner vorbereitet sein.

Ich überlegte mir, Wegweiser zu hinterlassen, die den Polizisten helfen sollten, mich zu finden; plante, einen Brief zu hinterlegen, der die Hilfssheriffs und den Coroner zu meiner Leiche führen würde. Und Warnzeichen wollte ich aufstellen für den Fall, dass ein unbedachter Wanderer des Weges käme. Denn ich wollte niemanden erschrecken, niemanden traumatisieren.

Auch wie ich mich meiner persönlichen Habe entledigen würde, hatte ich mir genau überlegt. Ich würde mein Haus aufgeräumt hinterlassen, sodass nichts mehr zu tun bliebe. Niemand sollte durch mich Scherereien haben. Ich wollte doch nur dringend weg. Und wollte dennoch nicht, dass meine Tochter ihre Mutter verlor. Folglich war ich völlig zerrissen, und diese Zerissenheit machte mich zornig. Meinen einzigen Wunsch, meinen einzigen Traum konnte ich nicht verwirklichen. Meine Lage schien aussichtslos. Es gab keine Hoffnung für mich.

Wenn ich irgendwie weiterleben wollte – so viel war mir klar –, dann keinesfalls unter diesen Bedingungen.

Viele meiner Albträume kehrten nun wieder. Oft träumte ich davon, dass ich auf der Suche nach meiner Mutter durchs Haus irrte. Alle Zimmer waren wie ausgestorben, kein Laut zu hören. Schließlich kam ich ins Bad, öffnete das Medizinschränkchen und fand sie in winzige Stücke zerschnitten in einem Einmachglas.

Ich träumte von einem hölzernen Garderobenständer voller Hüte. Er machte mir Angst, dieser Garderobenständer, aber die vielen Hüte, die daran hingen – manche neu und elegant, andere zerbeult und speckig –, faszinierten mich. Als ich ihn drehte, stieß ich auf den gespenstischen Kopf eines Mannes. Sofort erkannte ich in ihm meinen Geliebten. Es war kein mir bekanntes Gesicht, das mir aus meinem Wachleben vertraut war, doch instinktiv wusste ich, dass ich ihn von Herzen liebte und dass er mein Seelengefährte war. Angst hatte ich allerdings auch. Er bat mich, ihn nicht anzusehen, weil er sich abstoßend und zum Erschrecken fand, und ich erwiderte ihm, für mich sei er der schönste und wunderbarste Mensch auf der Welt. Ich berührte sein Gesicht und küsste es immer wieder – Augen, Mund, Wangen und Stirn –, und beide weinten wir. Sehnsucht, Zärtlichkeit und Liebe stiegen in mir auf, wie ich es im Wachen niemals erlebt hatte.

Genau wie er hatte ich Angst, mein Gesicht – oder mein innerstes Wesen – in all seiner Nacktheit zu entblößen. Hatte Angst, andere zu verschrecken. Und trotz meiner Gespensterexistenz sehnte ich mich danach, gesehen, berührt und geküsst zu werden. Wie er versteckte ich mich unter vielerlei Hüten, die mir als Schutz dienten. In der Öffentlichkeit war ich charmant und witzig, innerlich aber blieb ich einsam. Ich war freundlich und großzügig, fühlte mich aber stets benutzt. Ich war mitfühlend und verständnisvoll, im tiefsten Innern aber voller Zorn.

Oft träumte ich davon, durch die Kirche meiner Kindheit und Jugend zu wandern – auf der Suche nach kleinen Kuchen mit rosa Zuckerguss. Ich durchstöberte alle Schränke und sämtliche Sonntagsschulräume, um endlich im Schrank des Hausmeisters – dort hatten sie ihn versteckt – auf den Kuchenteller zu stoßen. Wie mich nach diesem Kuchen, nach seiner cremigen Süße gelüstete! Doch als ich dann einen nahm, sah ich, dass er verschimmelt und an der Unterseite voller Maden war.

Oft träumte ich, im Haus meiner Eltern zu sein. Und dann begann die Toilette überzulaufen, ein Schwall von Kot und übel riechender Flüssigkeit ergoss sich über die Klobrille und auf den Boden. Ich musste aufwischen, aber es war wie in den Ställen des Augias – es floss schneller nach, als ich es wegputzen konnte. Und obwohl ich sah, dass es niemals zu schaffen war, wischte ich, wie unter Zwang, immer weiter.

In vielen meiner Träume kamen Tiere vor, angekettete, verwundete Kreaturen, die einen langsamen und qualvollen Tod starben. Füchse meist oder Opossums. Oft träumte ich auch, mit fest geschlossenen Augen im Bett zu liegen. Aus dem Hintergrund hörte ich jemanden sagen: »Wir müssen ihr den Kopf abtrennen, damit sie nicht sieht, was hier los ist.«

Als ich dann anfing, mit Hilfe von Therapie und Meditation nach Heilung zu suchen, als ich endlich über mich sprach und mich um Freundschaft bemühte, kämpfte ich weiter trotz meiner festen Überzeugung, meine Seele habe einen genetischen Defekt, der letztlich jede Hoffnung zu Schanden machen musste. Wie Blake glaubte ich, dass es Menschen gab, die einfach hoffnungslos waren, und dass ich zu ihnen gehörte:

Jede Nacht und jeden Morgen wachen manche auf in Sorgen.
Jeden Morgen, jede Nacht zum Entzücken wer erwacht.
Manche sind zum Entzücken erwacht;
Manche geboren zu endloser Nacht.

Ich war zu endloser Nacht geboren, daran hegte ich keinen Zweifel. Und einer der Gründe, warum ich so lange zögerte, mein Selbstbild und meine Todesverfallenheit wirklich zu revidieren, lag in dem stummen Pakt, den ich mit Omma geschlossen hatte.

Mein Traum einer Wiedervereinigung mit meiner Mutter

war mit der Überzeugung verbunden, dass ich ebenso schwer leiden müsse, wie sie es getan hatte. War sie bereit gewesen zu sterben, dann musste auch ich es sein.

Sonst, so glaubte ich, hätte mein lebenslanges Leiden keinen Sinn gehabt. Meine Therapeutin zitierte den berühmten Ausspruch: »Leiden ohne Sinn heißt Verzweifeln.« Für mich lag der Sinn meines Leidens darin, dass es mich mit meiner Mutter verband.

Als der quälende Heilungsprozess langsam fortschritt, veränderten sich auch meine Träume. Allmählich kehrten die Flugträume wieder, und oft suchte ich in ihnen nach einem Kind. Zuweilen fand ich es auch, stieß in die Tiefe und hob es auf. Dann schlang das Mädchen seine Arme um meinen Hals, ich hielt es fest, und gemeinsam flogen wir wieder auf. Manchmal zerrte es die Haut über meiner Brust auseinander und kroch hinein – das tat sehr weh.

Kapitel 16

Leighs Worte:

Durch unsere Eltern erfahren wir, wer wir einmal sein werden; in ihren Augen spiegeln wir uns. Ihre beständige Gegenwart beruhigt uns, bietet uns einen sicheren Ort und Anhaltspunkt zur Betrachtung der Welt. Meine Mutter hat diesen Ort nie besessen. Der Luxus dieser Sicherheit blieb ihr verwehrt, und sie verbrachte Jahre auf der Suche nach einem Menschen oder einer Sache, in dem oder der sie sich hätte spiegeln können. Ich hatte sie, sie aber hatte niemanden, und so wurde ich, als sie den Weg der Selbsterfahrung und Selbstverwirklichung beschritt, ihr Halt und Anker. Ich war ihr Spiegel, eine kleinere Ausgabe ihrer selbst und auch eine Möglichkeit, den

Schmerz, den sie in ihrer Kindheit erlitten hatte, zu tilgen. In mir sah sie wohl die Chance, die halb erinnerten Schrecken und Ungerechtigkeiten, die sie ihr ganzes Leben lang verfolgt hatten, wieder gutzumachen. Als ich noch klein war, sorgte sie sich jeden Augenblick um mein Wohlergehen und um mein Glück und schuf mir, auch wenn sie mich nicht vor allen Schrecken bewahren konnte, eine Welt, in der ich mich sicher und geborgen fühlte. Aber ich kann es an den Fingern einer Hand abzählen, wie oft ich sie damals lachen sah.

Unter all ihrer Großzügigkeit, Liebe und Zärtlichkeit schimmerte immer auch die Traurigkeit durch. Für mich war das etwas Selbstverständliches, und nie hätte ich daran gezweifelt, dass das Leben in der Hauptsache eine grimmige Angelegenheit sei. Dass ich dann irgendwann doch noch zu einem anderen Denken gelangte, das ging nicht ohne Kämpfe ab. Ihre Traurigkeit kann ich ihr natürlich in keiner Weise vorwerfen. Ich möchte mir kein Urteil anmaßen über einen Menschen, der so viel an Tragik und Schmerz erlitten hat. Eine liebevollere und engagiertere Mutter als sie hätte ich mir nicht wünschen können. Und dennoch lastete eine gewaltige Verantwortung auf mir: die Verantwortung, für sie zu sorgen, sie zu beschützen. Und natürlich konnte ich sie trotz aller Anstrengungen nicht vor der unausweichlichen Flut der Erinnerungen oder den Schrecken des Heilungsprozesses bewahren.

Als ich die Schwelle des Teenageralters erreichte, begann bei ihr die Phase des Erwachens und der Selbsterfahrung. Auch wenn ihre Erinnerung an diese Jahre in vielem nur schemenhaft ist, steht mir jeder einzelne Moment noch so deutlich vor Augen, als sei es gestern gewesen. Zuweilen wurde der Schmerz so unerträglich für sie, dass sie geistig abdriftete und ihre letzte Zuflucht wohl im völligen Ausblenden ihrer momentanen Situation fand. Immer wieder fragte ich sie, ob es nicht besser wäre, das Thema der Bewusstwerdung nicht *zu durchleben. Und oft wusste sie darauf keine Antwort.*

Im Rückblick wird mir immer klarer, dass es genau dieses Ende meiner Kindheit war, das den Beginn ihrer Reise markierte. Vorher hatte sie sich stets mit Haut und Haar von meiner Hilflosigkeit vereinnahmen lassen und konnte in der Sorge um mich sich selbst vergessen. So-

bald sie nicht mehr in jedem wachen Augenblick für mich da sein musste, begannen sich ihre eigenen quälenden Gedanken und Narben mit Nachdruck zu melden und jeden Aspekt ihres Lebens und oftmals auch ihr Verhältnis zu mir zu beeinträchtigen.

Es war kein schneller Prozess, doch in Relation zu einem ganzen Leben war diese Zeit von meiner Kindheit bis zur Erinnerung der ihren und dem Augenblick, in dem meine zu Ende ging, sehr kurz.

Und während all der Zeit ließ sie mich nie im Unklaren darüber, was sie gerade beschäftigte. Gedanke für Gedanke schilderte sie mir, was in ihr vorging, und wenn ich auch nicht viel davon begriff, so retteten mich diese Blicke in ihre Seele doch davor, völlig konfus zu werden. Nachts sprach sie zuweilen mit mir. Ich saß an ihrem Bett, und in einem seltsamen Mischmasch aus Koreanisch und Englisch lieferte sie mir und sich selbst Aufschlüsse über die Dinge, die sie durchgemacht hatte. Mit den Geschichten vom Waisenhaus und den Bergen bin ich groß geworden, und ich weiß noch gut, wie sie mich verfolgten.

Es ist leicht zu verstehen, dass ihre Erinnerung an diese Zeit sich am ehesten auf ihre Träume bezieht. Sie waren so eindringlich und konstant, dass man ihr Wachdasein darüber fast vernachlässigen konnte. Und dann, als ich etwa fünfzehn war, begann sie schlafzuwandeln.

Zunächst war es nicht weiter Besorgnis erregend; mitten in der Nacht entdeckte ich sie im Wohnzimmer oder in der Küche, und wenn ich sie ansprach, schien sie zwar verwirrt, ging aber bald wieder zu Bett. Dann wurden ihre Wanderungen ausgedehnter, häufiger, gefährlicher. Während sie sich an immer zahlreichere Einzelheiten der Vergangenheit erinnerte, führte ihr Unbewusstes sie immer weiter fort und an Orte, wo ich sie nicht mehr beschützen konnte. Sie wanderte in den Hof und auf die Straße hinaus, ohne auch nur das leiseste Bewusstsein von dem, was sie da tat. Dann fand ich sie verwirrt und weinend in der Dunkelheit draußen. Ich sprach sie an, schlug ihr Decken um die Schultern, und sie kam zurück ins Haus. Sie konnte zwar nicht sagen, was sie im Dunkeln gesucht hatte, wusste aber, dass sie es nicht gefunden hatte.

Viele Jahre arbeitete ich als Zeitungsreporterin in Südkalifornien und berichtete in der Hauptsache über Polizeiarbeit und Gerichtsverfahren. Ich liebte mein Revier, das vor allem wegen der potenziellen Gefahr einen so großen Reiz für mich besaß. Mit vollem Bewusstsein begab ich mich in lebensbedrohliche Situationen, ohne jemals recht zu begreifen, was mich eigentlich dazu trieb.

Den Polizeifunk ließ ich immer eingeschaltet, auch wenn ich zu Bett ging. Das Geräusch der Codes, die Stimmen der Funker, das Rauschen der Radiowellen hatten etwas Tröstliches für mich. Und kam dann über den Scanner etwas Nachrichtenwürdiges herein, war ich im Nu hellwach. Ich schrieb über Morde und Bandenkriege, Geiselnahmen und Brände und bemühte mich stets, möglichst nah am Geschehen zu sein.

Eines Nachts zog ich los, um über einen Bandenkrieg zu berichten und landete, Notizbuch in der Hand, mitten im Gefecht. Mitunter hat mich gewiss meine Naivität gerettet – mein Mangel an Vorsicht verwirrte die Leute oft derart, dass sie nur noch die Köpfe schüttelten und quasi die Aufpasserrolle für mich übernahmen. In jener Nacht gab mir einer der Bandenführer ein Interview und meinte abschließend, er werde nun fünf Minuten warten, damit ich mich in Sicherheit begeben könne.

Ein andermal berichtete ich über eine Geiselnahme und schob mich zentimeterweise in die Schusslinie vor, bis ein wütender aber fürsorglicher Bulle mich zurückzerrte. Allerdings gefiel den Beamten meine Verwegenheit auch – selbst wenn sie mich dafür schalten. Als Polizeireporterin erhielt ich, wenn ich eine Streife auf ihrer Nachtschicht begleitete, regelmäßig meine kugelsichere Weste zugeteilt.

Und die ganze Zeit versuchte ich, meine vermeintliche Aufgabe zu erfüllen: eine Verteidigerin des Rechtes der Öffentlichkeit auf Information und Hüterin der Wahrheit zu sein.

Meine Berufswahl entsprang meinen tiefsten Bedürfnissen. Ich wollte gehört werden, wollte, dass ich die Wahrheit sagen konnte und man mir glaubte, wollte für die Gerechtigkeit kämpfen. Einst hatte ich eine neue Sprache erlernt, nun machte ich sie zu meiner Lebensaufgabe. Ich hatte geglaubt, keine Stimme zu haben, und schrieb nun Sätze, die Tag für Tag von Tausenden gelesen wurden.

Als Reporterin hatte ich eine Schwäche für Menschen in Not, vor allem, wenn es sich um Kinder, ledige Mütter oder missbrauchte Frauen handelte.

Zwar hatte ich mich Lichtjahre entfernt von jener Frau, die ich während meiner Ehe gewesen war, doch wie sie gefühlt, gedacht und sich verhalten hatte, war mir noch lebhaft in Erinnerung. Wenn ich mitbekam, wie andere eines dieser Opfer häuslichen Missbrauchs kritisierten – »Warum verlässt sie ihn nicht einfach?« –, kochte ich innerlich. Wer es nicht selber erlebt hat, wird es nie ganz begreifen.

Auf einer meiner Begleitfahrten im Streifenwagen lernte ich eine Frau kennen, die bereits dreißig Jahre lang in einer Ehe lebte, in der sie regelmäßig geprügelt wurde. Eine Nachbarin hatte die Polizei gerufen, weil sie Schreie gehört hatte, doch als wir dann hinkamen, erklärte das Prügelopfer, es sei alles in Ordnung und sie wolle keine Anzeige erstatten. Ihr Mann hatte das Haus zwischenzeitlich verlassen. Der Polizist war barsch und ungehalten; die Frau entschuldigte sich verlegen. Und ich, die ich das Ganze aus dem Hintergrund beobachtete, dachte mir, wie leicht ich an ihrer Stelle hätte sein können.

Ehe wir uns wieder verabschiedeten, trat ich auf sie zu und streckte ihr hilflos und traurig die Hand entgegen. Mir standen die Tränen in den Augen und mir fiel nichts Besseres ein als: »Es tut mir Leid. Es tut mir so Leid.« Ich gab ihr meine Visitenkarte und sagte: »Ich will keinen Artikel über Sie schreiben oder so war. Ich war selbst schon in derselben Situation und würde Ihnen gerne helfen, falls ich kann. Auch wenn Sie nur mit jemandem reden oder irgendwo hingefahren werden wollen. Rufen Sie mich doch an!«

Etwa eine Woche später meldete sie sich tatsächlich, und wir begannen eine Telefonbeziehung, die etwa zwei Monate dauerte.

Treffen wollte sie mich nie; ihr Mann erlaube ihr nicht, dass sie das Haus ohne seine ausdrückliche Genehmigung verlasse, und sie könne nur anrufen, wenn er in der Arbeit sei. Ich verstand das vollkommen. Sie erzählte mir, dass sie selbst nie gearbeitet habe und nur einen High-School-Abschluss besitze. Sie glaube nicht, dass sie sich selbst ernähren könne, zumal sie ja nicht einmal wisse, wie man ein Girokonto eröffne oder sich ein Haushaltsgerät anschließen lasse.

Viel bedeutsamer jedoch als alle praktischen Probleme war ihre Grundüberzeugung, dass sie nichts Besseres verdient habe. »Sie haben mich ja gesehen«, sagte sie. »Ich bin nicht mehr jung. Bin nicht hübsch. Ich bin ein Nichts. Ich kann ihm nicht vorwerfen, dass er mich nicht liebt. Wenigstens habe ich ein Dach überm Kopf und was zu essen. Wahrscheinlich würde ich als Obdachlose enden. Für mich ist alles zu spät.«

Ich lauschte geduldig und versuchte ihr Alternativen aufzuzeigen – gab ihr die Telefonnummer des Frauenhauses, nannte ihr Leute, die ich kannte und die ihr helfen konnten, ein neues Leben zu beginnen –, und ich fragte mich, welche glückliche Wendung mich wohl vor diesem Schicksal bewahrt hatte. Irgendwann jedoch stellte sie ihre Anrufe ein.

Einige meiner damaligen Entscheidungen und Verhaltensweisen führten dazu, dass Leigh sich verletzt und vernachlässigt fühlte. So brachte ich hin und wieder Leute mit, die ich während meiner Recherchen kennen gelernt hatte: eine obdachlose Mutter mit Kind beispielsweise, eine ältere Frau, die mit ihrer Jammergeschichte in die Redaktion kam, sowie zwei Waisenkinder, die durch einen tödlichen Verkehrsunfall ihre Eltern verloren hatten.

Die beiden Waisen waren Schwestern, zwei und vier Jahre alt. Sie waren rumänische Immigranten, deren Eltern erst vor kurzem ins Land gekommen waren. Die Mädchen, auf ihren Kindersitzen im Fond des Wagen festgeschnallt, hatten den Unfall unverletzt überlebt. Sie hatten aber, nachdem ein Lastwagen den Kleinwagen gerammt hatte, die auf den Vordersitzen zusammengekrümmten Leichen ihrer Eltern sehen müssen.

Die Mädchen wurden mir zur Obsession. Nach dem Unfall besuchte ich sie jeden Tag bei ihrer Pflegefamilie. Ich brachte ihnen Spielsachen mit und erkundigte mich sogar nach der Möglichkeit einer Adoption.

Menschen, die Not litten, gab ich meinen letzten Cent, was am Ende darauf hinauslief, dass es für unsere Rechnungen beziehungsweise unseren Lebensunterhalt nicht mehr reichte.

Wenn ich anderen, die sich in ernsten Schwierigkeiten befanden, half, vergaß ich, wie arm wir waren, und konnte alle Trauer und alles Mitgefühl, zu denen ich ja durchaus fähig war, auf andere konzentrieren – statt auf mich selbst.

Meine Arbeit als Polizeireporterin brachte es mit sich, dass ich fast Tag für Tag Zeugin entsetzlicher Vorkommnisse wurde. Hier allerdings war ich Beobachterin und nicht mehr Opfer. Konnte zusehen, schreiben und mich heraushalten.

Auf Grund der Lage meines Reviers war ich ziemlich häufig mit dem Tod konfrontiert und näherte mich ihm so weit wie nur möglich. Einmal etwa hatte ich die Berichterstattung über eine Entführung übernommen, bei der es mir dann gelang, das als Geisel genommene Kind in dem Augenblick, als der Scharfschütze den Verdächtigen tötete, an mich zu reißen. Ich wollte das Kind fest halten und nicht mehr loslassen. Wollte den Jungen irgendwie heilen, ihm ein Gefühl von Sicherheit und Liebe vermitteln, doch ich war machtlos, konnte nichts weiter tun als darüber zu schreiben.

Einmal hielt ich eine sterbende Prostituierte in den Armen,

auf die ein wütender Freier geschossen hatte. Ich hielt sie fest und betrachtete sie, hoffte, ihr vielleicht noch etwas Wichtiges mitteilen zu können, ihr zu zeigen, dass sie unermessliche Bedeutung besaß und nicht völlig einsam und verlassen aus diesem Leben schied. Irgendwie bildete ich mir ein, magische Kräfte zu besitzen, mit deren Hilfe ich in der Lage war, einen Menschen, sofern ich ihn nur zärtlich genug in den Armen hielt und ihm tief genug in die Augen blickte, noch während seiner letzten Minuten zu retten – wenn mir auch nicht so recht klar wurde, wovor.

Ein andermal wurde ich zu einem Autounfall gerufen. Ich kniete mich neben die hinter dem Steuer eingeklemmte sterbende Frau, legte ihr meinen Pullover um die Schultern und sprach mit ihr während ihrer letzten Atemzüge. Zwar war sie eine Fremde, doch in diesen Sekunden kam es mir vor, als kenne ich sie schon lange. »Sie sind so ein Schatz«, sagte ich. »Und Sie sind nicht alleine. Ich liebe Sie. Mir sind Sie nicht gleichgültig. Ich bin so froh, dass ich bei Ihnen sein darf.«

Ich habe keine Ahnung, ob mein Verhalten irgendetwas bewirkte, aber ich konnte einfach nicht anders; immer wieder musste ich versuchen, diesen Menschen ihre letzte Reise zu erleichtern. Musste ihnen Lebewohl sagen – wie ich es bei meiner Mutter nicht gekonnt hatte. Allein die Vorstellung, dass jemand mit dem Gefühl von Einsamkeit und Ungeliebtheit aus diesem Leben schied, brach mir das Herz.

Kapitel 17

Während ich mich in meinem Berufsalltag ständig Gefahren aussetzte, litt ich gleichzeitig unter anhaltenden Angstzuständen.

Meine lebenslange Klaustrophobie etwa hatte derartige Ausmaße angenommen, dass mir alles, was meine Freiheit beschnitten hätte, so entsetzlich erschien, dass es schlicht über meine Vorstellung ging.

Lange Zeit hatte ich immer ein Steakmesser bei mir im Wagen, das ich unter den Becherhaltern zwischen den beiden Vordersitzen versteckte. Es gab mir Sicherheit – nicht, weil ich es gegen einen anderen richten wollte; nein, nur gegen mich selbst würde ich es richten – in dem Falle nämlich, dass man mich versehentlich verhaften sollte. Sollte man mir jemals Handschellen anlegen, mich auf den Rücksitz eines Streifenwagens verfrachten, ins Gefängnis schaffen und in eine Zelle sperren, dann – davon war ich felsenfest überzeugt – würde ich in derartige Panik geraten, dass ich den Verstand verlöre. Ich würde einfach durchdrehen. Ich sah das alles ganz plastisch vor mir. Ich würde schreien, hyperventilieren, um mich schlagen und mich in eine totale Panik hineinsteigern. Ehe ich dies noch einmal mitmachte, wollte ich lieber sterben.

Mich noch einmal einsperren zu lassen war undenkbar für mich. Deswegen hatte ich das Messer bei mir – so unwahrscheinlich eine Verhaftung auch sein mochte –, weil ich wusste, dass ich, wenn es denn sein musste, den Moment abpassen und im Nu mit zwei langen senkrechten Schnitten die Unterarme und mit einem einzigen die Kehle aufschlitzen konnte. Und ich wäre tot, noch ehe sie Gelegenheit fänden, mir die Handschellen anzulegen, die Chance hätten, mich noch einmal in einen Käfig zu sperren, aus dem ich nicht mehr herauskonnte. Ich betrachtete es als großen Sieg – und einen beängstigenden Vorstoß ins Unbekannte –, als es mir endlich gelang, das Messer wegzuwerfen, ohne Messer in meinen Wagen zu steigen.

Die Angst, in meiner Bewegungsfreiheit gehemmt zu werden, eingesperrt zu sein, war so intensiv und allgegenwärtig, dass sie alles andere überschattete. Sie manifestierte sich in einer Klaustrophobie, die es mir unmöglich machte, ein Flugzeug zu besteigen, weil sich ja irgendwann die schweren Türen schließen mussten und man nicht mehr hinauskonnte. Auch auf dem Rücksitz eines zweitürigen Wagens hielt ich es nicht aus. Erst wenn ich Zugang zu einem Türgriff hatte und wusste, dass ich hinausspringen oder mich hinausrollen konnte, fühlte ich mich etwas sicherer.

Aufzug fahren kam ebenfalls nicht in Frage, denn sobald die

Türen zugingen, saß ich im Käfig. Ein großer Teil meines Lebens war auf die Vermeidung Panik auslösender Situationen ausgerichtet. Und ich verachtete mich für diese Schwäche. Verachtete mich, weil ich kein Flugzeug besteigen konnte. Weil ich Schweißausbrüche bekam und unkontrolliert zu zittern begann, sobald ich einen Aufzug benutzen musste.

Einmal hatte ich einen Vorstellungstermin im Sicherheitshochhaus einer Zeitung. Als ich ins Foyer trat, sah ich nur den Rezeptionsschalter und den Aufzug. Ich betrat den Aufzug, mir blieb keine andere Wahl; es gab keine Treppe. Allerdings wusste ich nicht, dass man sich, um den Aufzug zu starten und auf die Redaktionsetage zu befördern, einen Spezialschlüssel beim Wachmann besorgen musste. Die Türen schlossen sich also, und der Aufzug rührte sich nicht vom Fleck.

Ich geriet in Panik. Ich hatte mich etwas aufgetakelt, mich in ein Kostüm geworfen und war perfekt zurechtgemacht und frisiert. Jetzt aber brach ich in Tränen aus, und die Wimperntusche lief mir über die Wangen. Ich schwitzte, zitterte. Und mein Herz hämmerte hart und schmerzhaft. Ich begann, gegen die Aufzugstüren zu trommeln und zu schreien. Der Wachmann öffnete die Tür und blickte mich an. Er reichte mir den Schlüssel und meinte lakonisch: »Den brauchen Sie, um in die Redaktion zu kommen.«

Wie eine Ewigkeit war mir die Zeit im Aufzug vorgekommen, doch als der Mann die Tür öffnete und ich auf die Uhr über dem Rezeptionsschalter sah, waren ganze drei Minuten verstrichen.

Ich war etwas über zwanzig, als ich mit einer Freundin eine Großstadt-Buchhandlung besuchte. In der Lyrikabteilung begann ich wie immer zu blättern und stieß dabei auf ein Buch von Edna St. Vincent Millay. Ich schlug es auf und las den Satz: »Was ist mein Leben mir, und was bin ich dem Leben?« Mitten in *Barnes & Noble* brach ich in Tränen aus. Da war es, da war das Gedicht, das ich mit zehn Jahren an jenem wunderbaren Nachmittag gelesen hatte. Da standen die Worte, die ich die längste Zeit meines Lebens im Herzen bewahrt hatte, dieses Gedicht, das ich so sehnlichst wiederzufinden gehofft und nach dem ich in all den Jahren immer wieder geforscht hatte. Da, endlich, hatte ich die Dichterin gefunden, die genau das sagte, was ich selber im Hinblick auf Tod, Verlust und Erinnerung empfand.

Ich hatte weitergeschrieben – nicht nur meine täglichen Artikel, sondern auch Tagebuch und Gedichte –, und das geschriebene Wort besaß nach wie vor allergrößte Bedeutung für mich. Was ich über den Schmerz und die Triumphe anderer las, bewahrte mich vor allzu großem Selbstmitleid. Das tägliche Interviewen von Menschen, die selbst mit Hoffnungslosigkeit und Verzweiflung zu kämpfen hatten, hielt mein Mitgefühl lebendig. Und die Lektüre von Dichtern wie Millay gab mir Hoffnung.

Über die Jahre entwickelte sich mein Literaturgeschmack zwar weiter, doch immer noch rezitierte ich gern die Verse meiner Lieblingsdichter, wie in der siebten Klasse vor Joe, der mir das Herz brach. Immer noch waren die Männer in meinem Leben – in jeder Hinsicht und durch die Bank – unfähig, mich zu begreifen, keiner verstand, warum das geschriebene Wort mir so viel bedeutete und es mich derart enttäuschte, dass es ihnen so gleichgültig war.

Ich steuerte die Gespräche auf das Feld der Literatur, rezitierte etwa ein Shakespeare-Sonett wie »Wann, von der Welt Aug' und vom Glück verschmäht« oder ein Gedicht von Edna St. Vincent Millay. Und meistens war das, auch wenn ich es selbst nicht oder höchstens im allerhintersten Winkel meines Bewusstseins ahnte, ein Test.

Ich beschloss, diese Verse vorzutragen und dann zu warten, was passierte. Und immer wurde ich enttäuscht. Meist sah mich der Betreffende nur groß an, wechselte das Thema oder sagte: »Oh, was ist das?« Worauf ich es ihm sagte und er wiederum meinte: »Hmm. Und du hast es auswendig gelernt. Wozu denn?« An meine Phantasien reichte das natürlich nicht heran. Gewünscht hätte ich mir einen, der bei diesen Versen dasselbe empfand wie ich.

Das allerdings erlebte ich nur ein einziges Mal. Einem der Männer, mit denen ich ausging, trug ich eine kurze Passage aus einem Michelangelo-Gedicht vor, und er spitzte die Ohren und sagte: »Ach ja, hatte ganz vergessen, dass Michelangelo nicht nur bildender Künstler sondern auch Dichter war.« Mein Herz machte einen Satz, und ich erwiderte: »Ja, er war wunderbar. Ich habe einen ganzen Gedichtband von ihm, falls du Lust hast, es zu lesen.« Ich reichte ihm das Buch und er blätterte darin herum und meinte: »Oh, und die italienischen Texte stehen auch dabei. Ich spreche nämlich italienisch.« Ich war hin und weg – obwohl ich mich Leuten, die Fremdsprachen können oder weit gereist sind, immer unterlegen fühlte. Jedenfalls dachte ich mir: »Vielleicht ist es das. Vielleicht finde ich ja bei ihm die Tiefe, Romantik und Schönheit des Geists, nach der ich mich immer gesehnt habe.«

Er las mir das italienische Gedicht also laut vor und übersetzte es und ich war völlig hingerissen. Das war bei der zweiten Verabredung.

Vom zweiten aufs dritte Rendezvous hatte ich mir dann ein absolutes Wunschbild von diesem Mann zusammenphantasiert, bildete mir ein, endlich einem Seelenverwandten begegnet zu sein. Er war romantisch und tief, sinnlich, leidenschaftlich und gleichzeitig treu, sexuell fordernd und dennoch sensibel, brillant und witzig, also alles das, was – wie ich immer gefürchtet hatte – ein Mann niemals in sich vereinen konnte. Bei unserer dritten Verabredung gingen wir zum Essen und er flirtete unverschämt mit der Kellnerin: ließ sich lobend über ihre Beine aus und bemerkte, was für ein schnuckeliges Püppchen sie doch sei. Er bekannte mir sogar, dass er seine Sekretärin lediglich wegen ihres tollen Aussehens eingestellt habe. Mein kleines Kartenhaus stürzte in sich zusammen und unser drittes Rendezvous sollte auch unser letztes bleiben.

Jede Therapeutin, die ihre Zulassung wert ist, könnte erklären, warum ich, die ich so viel Bestätigung brauche, stets Beziehungen zu Männern unterhalte, die nur höchst ungern bestätigen – ich weiß. Sämtliche Selbsthilfebücher und all die guten Ratschläge, man müsse lernen, sich selbst zu lieben, und Sicherheit in sich selbst finden, scheinen die Wurzel meiner Sehnsucht jedoch nicht zu berühren: der Sehnsucht nach jener Gewissheit nämlich, dass irgendwann einmal jemand bei mir bleiben wird. Dass mich der andere, falls ich ihn lieben und ihm vertrauen kann, nicht verlassen wird. Dass ich geborgen bin. Und dass der geliebte Mensch, wenn ich auf ihn zugehe, nicht zurückweicht und auch seinerseits auf mich zugeht.

Von Zeit zu Zeit fand ich mich in einer Art von Beziehung wieder und hoffte jedes Mal und wider alle Erwartung, diesmal möge es derjenige sein, der mir das Gesuchte geben würde. Doch jedes Mal schlug es fehl.

Während all dieser Episoden tastete ich mich blind durch die Dunkelheit und hielt nach Schatten Ausschau, die der Liebe ähnlich sahen. Die wahre Erfahrung jedoch, das, was Summe und Substanz der Liebe ausmacht, entzog sich mir. Ich sehnte mich nach etwas, das ich nicht einmal definieren konnte. Alle Männer waren nur Schatten für mich, während ich mich nach der leibhaftigen Liebe aus Fleisch und Blut verzehrte: Liebe, zärtlich und leidenschaftlich, schmutzig und rein, erfüllt und überströmend. Und nach hemmungsloser Intimität.

Ich hatte dieselbe Vorstellung von todgeweihter Liebe, wie sie wohl auch Omma zueigen gewesen war. Verlieben war ein unwiderruflicher Akt für sie, und das Ende war tragisch. Ich hatte diese Erinnerung in mich aufgenommen und sie durch die jahrelange Lektüre Shakespeares, der Brontës und trauriger englischer Lyriker vertieft.

Zwei Jahre nach meiner Scheidung lernte ich bei der Zeitung einen Mann kennen, der sich in mich verliebte. Heute ist mir das klar, damals jedoch glaubte ich, sein Gefühl für mich resultiere aus einer ernsthaften psychischen Störung. Unsere Schreibtische in der Redaktion standen sich genau gegenüber, und wenn ich hin und wieder den Blick hob, sah ich, dass er mich beobachtete.

Eines Abends besuchte er mich, wir saßen im Hof, betrachteten die Sterne und unterhielten uns. Es war Sommer und ich trug ein leichtes Sonnenkleid mit weitem, viereckigem Ausschnitt. Im Mondlicht schimmerte meine Haut und Mike beugte sich nach vorn und strich mir mit dem Finger über das nackte Schlüsselbein. »Wie schön deine Knochen sind«, sagte er. Wie ein Elektroschock trafen mich diese Worte – ich hatte mich immer so hässlich gefühlt, hässlich bis in mein innerstes Wesen, bis ins innerste Mark –, ich war überwältigt, dass er sogar in meinen Knochen Schönheit entdeckte.

Eine Sekunde lang glaubte ich es fast.

Wir sahen uns etwa sechs Monate lang, bis zu dem Tag, an dem er mir einen Heiratsantrag machte. Mike war ein ernster Mensch, der mit Verve und Ausdauer um mich warb. Er schrieb Lieder und Gedichte über mich – sehr sinnliche und romantische Sachen.

Er schenkte mir Blumen, war zärtlich und einfühlsam. Auch an Leidenschaft und Sinnlichkeit mangelte es ihm nicht. Ich habe ihm das Herz gebrochen. Ich fand es entsetzlich, dass er mich liebte.

Nach Mike kamen dann Männer, die unbekümmerter mit mir umgingen. Sobald es einem aber ernster zu werden schien, wurde er mir sofort verdächtig – denn wenn es einer ernst meinte, davon war ich überzeugt, konnte er nur eine schräge Type sein; oder aber er spielte ein sadistisches Spielchen mit mir.

Oft hatte ich Beziehungen zu verheirateten Männern. Absicht war das nicht, aber es schien mir immer wieder zu passieren. Verheiratete Männer stellten zumeist keine allzu hohen Forderungen, und ich musste mir auch keine Gedanken darüber machen, ob sie mich wirklich liebten. Bei ihnen hatte ich keine Angst vor Zurückweisung, denn die Regeln waren von vornherein klar. In diesen Beziehungen fühlte ich mich sicher und unbedroht, und gewöhnlich lösten sie sich ohne großes Gezänk und allzu viel Schmerz für beide Seiten wieder auf.

Manchmal traten jedoch Komplikationen ein. Gelegentlich spielte ich die Rolle der verständnisvollen Geliebten so gut, dass meine jeweiligen Liebhaber beschlossen, ihre Ehefrauen zu verlassen. Das erste Mal stand der Geliebte einfach eines Abends mit dem Koffer in der Hand und der Erklärung, er habe seiner Frau von uns erzählt, vor meiner Tür. Ich war sprachlos. Dann begann die Frau mich mit Anrufen zu bombardieren, und auf Grund meiner Wut auf ihn (der seine Frau so verletzt hatte) wie auch meiner eigenen Schuldgefühle (ich war ja daran beteiligt) ging das, was einmal zwischen uns gewesen war, ziemlich rasch in die Brüche.

Doch auch weiterhin suchte ich mir die Männer aus, die mich letztendlich verließen, so wie mein Vater einst Omma verlassen hatte. Dass wahre Liebe für Menschen wie mich erreichbar sei, glaubte ich nicht, und jedes Mal, wenn eine Beziehung zu Ende ging, konnte ich mich aufs Neue zerfleischen. »Siehst du? Bei dir wird nie einer bleiben. Hast du dir denn tatsächlich eingebildet, diesmal wäre es anders? Du bist erbärmlich und widerwärtig.«

Was Ausgehen und das Kennenlernen von Männern anging, empfand ich meine amerasischen Züge natürlich stets als gewaltiges Hindernis für die Liebessuche. Vor etwa zwei Jahren fragte mich eine Nachbarin, mit der ich einige Male geplaudert hatte, ob ich vielleicht Lust hätte, ihren Bruder zu treffen. »Oh, er wird hingerissen sein«, sagte sie. »Er liebt Mixturen.«

»Mixturen?« fragte ich. »Meinen Sie Fertigmixturen für Kuchen? Oder Getränke?«

»Sie wissen doch, was ich meine«, sagte sie und tätschelte mir den Arm. »Mischlinge. Leute wie Sie.«

Obwohl ich innerlich kochte, erwiderte ich ihr Lächeln, da ich ja wusste, dass sie es auf ihre typisch amerikanisch-kleingeistige Art gut meinte.

Mit dem Bruder allerdings verabredete ich mich nicht.

Männer waren eine Art Balsam für mich. Wenigstens vorübergehend beruhigten ihre Aufmerksamkeiten den Schmerz, der mich ständig begleitete. Unter der anästhesierten Oberfläche aber wucherte und eiterte die Wunde. Ich musste aufhören, sie zu betäuben und sie der heilenden Kraft der Luft aussetzen.

Gleichzeitig wich ich, um Schmerz zu vermeiden, echten Bindungen fortwährend aus, und bildete mir dann ein, das Leben sei nichts als ein sinnloser Teufelskreis. Ich mied die Lust und behauptete, das Leben habe keine zu bieten.

Ich versuchte, mir die Sehnsucht auszutreiben. Versuchte, mich zusammenzustauchen. Verspottete und verhöhnte mich. Die Sehnsucht aber blieb. Und eine Zeile aus einem Nine-Inch-Nail-Song ging mir nicht mehr aus dem Sinn: »I just want something I can never have.« Was, wie ich fand, den Nagel genau auf den Kopf traf.

Was für ein Rätsel die romantische Liebe doch war! Oft grübelte ich darüber nach: Wie sie sich wohl anfühlte? Wie sah sie aus, wie schmeckte, wie roch sie? Welche Gedanken gehen dir durch den Kopf, wenn du weißt, dass dich jemand liebt und du diese Leidenschaft erwiderst? Ich hatte keinen blassen Schimmer. Ich wusste nur, dass ich mir diese Liebe wünschte. Und hatte gleichzeitig Angst davor: Vielleicht war sie ja am Ende zu wunderbar – und daher auch schrecklich. Weil wir letztendlich alles, was uns das Leben gibt, auch wieder verlieren. Weil all unser Besitz eines Tages vergeht. Sollte nun aber die Liebe in mein Leben treten, so wäre das Wissen, sie werde sich eines Tages auch wieder verabschieden, vernichtend für mich. Wir alle müssen sterben. Das Leben verändert uns. Erfahrungen und Umstände erzwingen neue Entwicklungen. Und in der Liebe verwandelt sich Entzücken in Abscheu – immer wieder hatte ich es erlebt.

Ob irgendetwas solchen Schmerz, solche Furcht überhaupt lohnte? Ich wusste es nicht. Denn hätte mir einer gesagt: »Ich liebe dich«, und ich hätte dasselbe empfunden und ihm darüber hinaus auch noch vertrauen können, hätte ich dann nicht ängstlich an der Beziehung festgehalten, so ängstlich, dass jeder künftige Augenblick von Panik begleitet gewesen wäre? Ich wusste es nicht. Nur eines war mir klar, dass ich selbstverständlich niemals die Möglichkeit haben würde, es herauszufinden.

Kapitel 18

Das Einschlafen ist mir nie leicht gefallen, und mit drei, vier Stunden Schlaf pro Nacht schätzte ich mich schon glücklich. Übermüdet schleppte ich mich durch die Tage und konnte mich nachts dann doch nicht entspannen. Ich war hypernervös, jeder Laut konnte mich wecken.

In den Nächten geschahen grässliche Dinge, das war mir klar, und jedes Nachlassen meiner Wachsamkeit barg die Gefahr, dass mir etwas zustieß. Das Schlimme war, dass trotz meines ständigen Auf-der-Hut-Seins fürchterliche Dinge passierten.

Obwohl ich damals, als sich die Dämmerung herabsenkte, hellwach in meinem Korb gekauert hatte, hatten sie Omma getötet. Obwohl ich das Baby im Waisenhaus die ganze Nacht lang beobachtet hatte, war es am nächsten Morgen tot. Obwohl ich mich in meiner Ehe bemüht hatte, nachts wachzubleiben, war ich immer wieder jäh hochgeschreckt, um dann feststellen zu müssen, dass mir mein Mann das Kopfkissen aufs Gesicht presste. Wie sehr ich mich auch bemühte, wachsam zu sein, nie hatte es genügt.

Ganz langsam musste ich nun lernen, dass Wachsamkeit allein uns nicht vor Tragödien bewahren kann. Ich begriff, dass nicht meine nachlassende Aufmerksamkeit daran Schuld war, dass ich nichts davon hätte verhindern können.

Leighs Worte:
Ich wusste, dass meine Mutter oft an Selbstmord dachte. Im Nachhinein wäre es mir womöglich lieber gewesen, sie hätte mich eine Zeit lang im Dunkeln gelassen, doch in einer wirklich ehrlichen Beziehung kann man sich nicht aussuchen, was gesagt und was verschwiegen wird. Ich glaube, meine Mutter empfand Heimlichtuerei als etwas Schlimmes – weil sie ihr so viel Schmerz bereitet hatte –, aber auch als eine Schande, die ihre frühen Jahre überschattete. Also achtete sie in meiner Erziehung darauf, nichts vor mir zu verbergen.

Ich denke, Kinder wissen weit mehr, als wir ihnen zutrauen, und vermutlich auch sehr viel mehr, als wir uns manchmal wünschen würden; mit Sicherheit war mir bereits in einem sehr frühen Alter klar, was mit meiner Mutter los war. Irgendwie wusste ich, dass meine Mutter nicht mehr leben wollte.

Das auszudrücken fällt mir heute fast ebenso schwer, wie es damals schwer war, es zu fühlen.

Ich war etwa dreizehn, als sie sich eines Abends zu mir setzte und mir erklärte, dass sie es womöglich eines Tages nicht mehr schaffen werde. Da ich in etwa wusste, was sie durchmachte, musste ich sie nicht fragen, was sie damit meinte. Obwohl sie mich schrecklich vermissen werde, werde sie womöglich eines Tages ihrem Leben ein Ende setzen und mich verlassen müssen. Wenn (und »wenn« hieß in diesem Fall nicht »falls«) es einmal so weit wäre, würde ich es schon alleine schaffen, und ich müsse wissen, dass es in keiner Weise meine Schuld sei.

Doch dann schlossen wir einen Pakt: Sie wollte durchhalten, bis ich erwachsen war, damit ich nicht allein und ohne mütterliche Fürsorge aufwachsen musste. Was natürlich auch hieß, dass sie sich später dann, wenn ich älter war und besser damit umgehen konnte, freier fühlen und eher ihrem »wahren« Verlangen folgen durfte.

Ich kann wirklich kaum ausdrücken, was ich damals empfand: Diese Mischung aus Entsetzen, Verwirrung und Wut, dass ich die einzige Verbindung zwischen meiner Mutter und dem Leben sein sollte. Im Grunde konnte ich ihr nur sagen, dass ich sie schon verstehen und ihr nicht böse sein würde. Ich war wie gelähmt, ließ es mir aber nicht anmerken und wusste, dass ich – auch wenn sie schon am nächsten Tag tot sein konnte – um jeden Augenblick kämpfen musste, als sei er der letzte.

Auch wenn sie nicht die Absicht hatte, sich umzubringen, solange ich noch jung war, sah ich nicht so recht ein, warum sich meine Gefühle mit dem Erwachsenwerden ändern sollten; und ich habe mich immer wieder gefragt, ob es vielleicht Versprechen und Abmachungen gab, die man brechen durfte. Ich glaube, die nächsten acht Jahre habe ich ständig dem Augenblick entgegen gebangt, an dem sie es nicht mehr schaffen würde.

Als ich dann erwachsen war, schlossen wir einen neuen Pakt: Sie würde sich niemals das Leben nehmen. Und erst da konnte ich die Bürde, die so viele Jahre auf mir gelastet hatte, abwerfen.

Als ich etwa Mitte dreißig war, begann ich zu meditieren. Ich hatte keine Ahnung von Meditation und neigte dazu, mich über Dinge, die ich bei mir als New-Age-Schwachsinn bezeichnete, lustig zu machen. Aber ich war ziemlich am Ende. Aus irgendeinem Grund war es mir nicht mehr möglich, das Elend eines ganzen Lebens zu ignorieren. Wie ein Flutwelle schlug es mir nun entgegen.

Immer noch dachte ich ständig an Selbstmord. Nachts konnte ich nicht einschlafen, und schlief ich dann endlich ein, so schlafwandelte ich. Meine beste Freundin überredete mich, mit ihr einen Kurs zu besuchen. Von den Referenten hatte ich zwar noch nie gehört, doch da ich meiner Freundin vertraute, begleitete ich sie. Unsere Mit-Zuhörer strapazierten meine Geduld allerdings gewaltig. Und ich flüsterte meiner Freundin meine bissigen Beobachtungen ins Ohr: »Guck dir mal diesen Typen an. Warum schmeißt er bloß dieses Batikding nicht weg? Ich wette, der hat auch diese blöden Totenkopf-Teddybären auf seinem VW-Bus.« Ich begriff einfach nicht, warum sie alle diesen tranigen, süßlichen Ton anschlagen mussten, und offenbar war ich auch die Einzige im Gebäude, die Wimperntusche und Lippenstift benutzte.

Doch als das Seminar dann begann, verstummte meine innere Kritikerin. Wieder zu Hause beschloss ich, es doch einmal mit Meditation zu probieren, aber nach meinem eigenen Gusto: Ich würde weder in Birkenstock-Sandalen noch wie ein ruhig gestellter Zombie herumlaufen – und es grundsätzlich etwas lockerer angehen.

Ich machte verblüffende Entdeckungen. Wenn ich früher versucht hatte, die mich quälenden Gefühle wegzuschieben, hatte ich stets mit heftigster Panik gerungen. Nun stellte ich fest, dass ich das Gefühl lediglich akzeptieren musste, und die Panik ließ nach. Nur Kummer, Qual und Einsamkeit blieben zurück. Die Schmerzen eines ganzen Lebens. Zehntausend Schmerzen.

Diese Empfindungen versuchte ich mit provisorischen Beruhigungsmitteln und Trostpflastern wie etwa Männerbeziehungen zuzudecken. Doch ich spürte, dass die provisorischen Hilfsmittel mir letztendlich schadeten und ihren eigenen bitteren Schmerz erzeugten. Dauerhaften Trost fand ich nur, wenn ich den Schmerz einfach an die Oberfläche kommen ließ – wo er atmen und auf seine eigene Art und in seinem eigenen individuellen Tempo verheilen konnte – und ihn nicht weiter maskierte, überspielte, oder sonst wie verkleisterte.

Ich lernte nun auch, alleine zu leben. Leigh war im ersten College-Jahr und wohnte nicht mehr zu Hause. Die Notwendigkeit, mich an ein Leben ohne meine Tochter und beste Freundin, meinen Halt und Anker, gewöhnen zu müssen, machte mir große Angst. Beide mussten wir nun zu uns selbst finden; seit Leighs Geburt waren wir emotional derart miteinander verwachsen und verstrickt, dass wir erst jetzt Loslösungsprozesse durchliefen, die normalerweise schon Jahre zuvor hätten stattfinden müssen.

Ihr Wegzug zwang mich zu schonungsloser Selbstkonfrontation und zur Suche nach einem anderen Daseinsgrund. Bisher hatte ich mein gesamtes Selbstwertgefühl von Leigh abgeleitet: Sie war so brillant, so schön, war witzig, vielschichtig und ungestüm – sie in die Welt gesetzt zu haben, schien mir meine einzige Lebensberechtigung. Mit zunehmendem Alter wurde ihr diese Art von Verherrlichung fast unerträglich. Sie empfand es als gewaltigen Druck, mich nicht zu enttäuschen. Und sie fühlte sich für mein Glück, ja, für mein Weiterleben auf dieser Erde verantwortlich.

Damals beendete ich eine Beziehung, die einen Wendepunkt in meinem Leben markierte. Zum ersten Mal glaubte ich, womöglich doch liebenswert und der Liebe würdig zu sein.

Der Mann war ein verheirateter Kollege, und aus einer zunächst auf langen Gesprächen basierenden Beziehung entwickelte sich allmählich eine sexuelle. Er war unglücklich, unzufrieden, und ich bot ihm die Gelegenheit, seine Frau zu verlassen und sein Leben neu zu überdenken.

Diese gescheiterte, aber auch neue Maßstäbe setzende Beziehung wurde zum Katalysator, der es mir ermöglichte, einen viel tieferen Schmerz zu empfinden; schon damals, als ich noch mittendrin steckte, war mir klar, dass Größeres auf dem Spiel stand. Auf ihren Kern reduziert, war es eine ziemlich einfache Geschichte: Er entschied sich für eine andere. Was für mich auf eine weitere Zurückweisung hinauslief. Diesmal jedoch ließ ich das Gefühl zu und begann so, all die über die Jahre angesammelten Zurückweisungen zu spüren. Ich empfand ihr Gewicht und ihre Intensität und mir wurde deutlich, dass ich nun zum ersten Mal einen lebenslangen Schmerz erkannte und anerkannte.

Das Ende seiner Ehe und den Scheidungsprozess hatten wir zusammen durchgestanden, doch kaum war die Scheidung rechtsgültig, meinte er, dass er nun auch andere Leute sehen müsse.

Zuweilen konnte ich über die Ironie des Ganzen lachen: Das Einzige, was unsere beschissene kleine Beziehung überhaupt so lange am Laufen gehalten hatte, war unsere beschissene kleine Beziehung. Denn einzig und allein unsere Beziehung und deren Schwierigkeiten wurden fortwährend diskutiert. Immer litt einer von uns an irgendetwas; und stets fragte ihn dann der andere, woran denn eigentlich. Permanent redete einer von uns darüber, was an unserer Beziehung nicht in Ordnung war.

Tatsächlich hatten wir uns verdammt wenig zu sagen. Wäre unsere Beziehung normal und befriedigend gewesen, wäre uns der Gesprächsstoff ausgegangen. Und hätten wir keinen Gesprächsstoff gehabt, wäre sie nicht normal und befriedigend gewesen. Wir hatten keine gemeinsamen Interessen; auch keine gemeinsamen Ziele. Wir hatten nichts gemeinsam außer dem Schmerz.

Sobald er mich nicht mehr so dringend benötigte, zog er sich von mir zurück. Die längste Zeit hatte er sich wie ein Ertrinkender an mich geklammert und zuletzt stieg er mir dann auf den Kopf, um sich selber zu retten. Und sah sich nicht ein einziges Mal nach mir um – wollte nicht wissen, ob ich unterging.

Im Grunde war meine Trauer um ihn die Trauer um das

erste Erlebnis meines Lebens, das ich für Liebe gehalten hatte. Nicht den Verlust eines Menschen betrauerte ich; eher eine missglückte Geburt. Denn schon hatte ich mir eingebildet, zuletzt doch noch in der wirklichen Welt angekommen zu sein.

Damals hatte ich mich bereits völlig vom christlichen Glauben distanziert, wenn ich es meinen Eltern auch niemals erzählte – ich sah keinen Sinn darin, ihnen wehzutun. Immer noch verabscheute ich alles, was nach organisiertem Fundamentalismus roch,und las begeistert die Worte des Dalai Lama: »Meine Religion ist Barmherzigkeit«. Ich spürte: Dies hieß Barmherzigkeit gegenüber allen Menschen meines Lebens, in Vergangenheit, Gegenwart und Zukunft, auch Barmherzigkeit gegenüber mir selbst – in meinem Schmerz, meiner Eifersucht, meiner Angst.

Als ich zögernd zum ersten Mal das »Om mani padme hum« rezitierte, war ich verblüfft über meine Reaktion. Ich spürte ein scharfes, kühles Kribbeln unter der Kopfhaut. Einen Moment lang war mir, als schwebe ich über dem Boden, als erlebe ich – bei vollem Bewusstsein – einen Flugtraum. Dann brach ich in Tränen aus. Die Reaktion war so heftig, so körperlich und spontan, dass ich mir keinen Reim darauf machen konnte. Aber ich konnte sie stehen lassen, ohne sie analysieren oder erklären zu müssen.

Ich weiß nicht mehr genau, welche Verse Omma rezitierte – an ihre Worte kann ich mich nicht erinnern. Aber die Beschäftigung mit dem Buddhismus vermittelte mir das Gefühl, ihr und auch meinem eigenen innersten Wesenskern näher zu kommen. Das bot mir die Möglichkeit, mich mit meiner Vergangenheit auszusöhnen und mich der falschen Persönlichkeiten und Rollen zu entledigen, die andere mir aufgedrängt hatten.

Ich wusste – und nahm es erschrocken und erstaunt zur

Kenntnis –, dass beim Rezitieren und Meditieren vergangene, einst mit Omma erlebte Meditationsmomente zurückkehrten. Ich hockte mit gekreuzten Beinen auf dem Boden, schloss die Augen und begann zu rezitieren, und plötzlich spürte ich, wie sich meine Umgebung völlig veränderte: Der Teppich, auf dem ich saß, verwandelte sich in gestampfte Erde, die von draußen hereindringenden Verkehrsgeräusche verstummten, der Duft von Ommas Räucherstäbchen und das Lispeln ihrer süßen Stimme erfüllte die Luft.

Ich wollte, dass Barmherzigkeit nicht nur ein religiöses Konzept für mich blieb, sondern mein Leben bestimmte. Inzwischen sah ich, dass die Trennung das Beste war, was mir hatte passieren können. Ein weiteres Zusammensein mit diesem Mann hätte meine Sinnsuche unmöglich gemacht. Tag für Tag hätte ich weiter mit meinen alten Dämonen gerungen, Dämonen der Eifersucht und des Zweifels, der Unsicherheit, Unbefriedigtheit und Langeweile. So jedoch hatte ich die Chance, mich dem Schmerz zu stellen, ihm die Hand zu reichen und ihn schließlich hinter mir zu lassen. Endlich konnte ich diese Zwangsgemeinschaft aufkündigen.

Dennoch bewahrte ich mir ein gesundes Maß an Skepsis. Ich durfte nicht vergessen, dass Karma, sofern man es zu dogmatisch auffasste, der Prädestination nah verwandt war. So wie man Menschen ihres Nicht-Prädestiniert- oder ihres Nicht-Erwählt-Seins wegen abtun konnte, konnte man sie auch dafür verachten, dass ihr Leiden karmisch und folglich verdient war.

Allerdings war ich überzeugt, dass es sich bei meinem Schmerz über meine gescheiterte Beziehung um Karma im elementarsten Sinne handelte. Meine unmittelbaren Gefühle hatten mich zu einer Affäre mit einem verheirateten Mann verleitet – eine Handlung, mit der ich seiner Frau sehr wehgetan hatte. Auch früher schon hatte ich durch mein Verhalten Menschen, einschließlich meiner selbst, verletzt. Nun erntete ich also den Sturm. Doch ich wollte dieses lebenslange Muster des

Begrabens der Gefühle und der Missachtung der Wahrheit nicht fortsetzen.

Ich wusste nicht, was zu tun war, wusste nur, dass es darum ging, jeden Moment von Einsamkeit und Verlorenheit, Sehnsucht und Traurigkeit, Hoffnung und Ermutigung bewusst zu erleben. Und ich versuchte, jedes dieser Gefühle ohne Furcht, ohne Klammern oder Panik zu akzeptieren. Dabei wurde mir immer klarer, dass dies unsere *condition humaine,* unser aller menschliches Schicksal ist. Jeder von uns erlebt Verluste, und so wird es bleiben bis zum Ende aller menschlichen Beziehungen. Worum ich kämpfte, war dies: mir selbst und allen anderen, die jemals gelitten hatten oder leiden würden, Barmherzigkeit und Zärtlichkeit entgegenbringen zu können.

Zum ersten Mal in meinem Leben hielt ich es für denkbar, dass sich alles zum Guten wenden könnte. Ich glaubte, meine Heilung stehe unmittelbar bevor und bis zur Ganzheit sei es nur noch ein Atemzug. Ich begann mich selbst zu schätzen. Obwohl meine Situation damals äußerst schwierig war. Mein Job hing an einem seidenen Faden, es gab keinen Mann in meinem Leben, ich war einsam und voller Zukunftsängste.

Ich bewegte mich auf dem noch unerforschten Terrain der Heilung.

Die ganze Zeit aber hielt ich an der einen Hoffnung fest: dass ich, wenn der Weg auch verdammt steinig war, am Ende ankommen würde. Mein Ziel hieß innerer Friede, Erfüllung, Liebe. Das war der Anfang – vorher hatte ich solche Dinge niemals für mich in Erwägung gezogen. Ich begann, an meine eigene Stärke zu glauben und rief mir in Erinnerung, was ich bis dahin schon alles überstanden hatte. Im Vergleich zu früheren Erlebnissen – so sagte ich mir – war dieses jüngste Chaos im Grunde der reinste Sonntagsspaziergang.

An die Stelle der alten Selbstmordphantasien trat der Traum, mich zu einer gesunden und integrierten Persönlichkeit zu entwickeln. Allmählich begriff ich, dass alles möglich war.

Zum ersten Mal in meinem Leben erlebte ich Augenblicke der Introspektion und die sich darin eröffnenden Möglichkeiten erschreckten und begeisterten mich.

Ich lernte, auch kleine Dinge staunend zu genießen. Nach Leighs Weggang zog ich in ein winziges Appartement, das im Parterre eines Hauses in den Hügeln über der Stadt gelegen war. Das Haus schmiegte sich an das herrliche Bergmassiv und war auf allen Seiten von Kiefern, Eukalypten und blühenden Pflanzen umgeben.

Kurz nach meinem Einzug machte ich eine Wanderung über die Hügel und hatte mich schon nach etwa einer Stunde verlaufen. Gefahr drohte mir keine, um mich herum standen verstreut einige Häuser, der Sommerabend war lind, und dennoch spürte ich, wie die alte Panik in mir hochstieg. Ich war müde, sehr durstig und hatte Angst, nicht mehr heim zu finden.

Als ich einen von dichtem Laubwerk gesäumten Pfad hinabwanderte, entdeckte ich, eingezwängt zwischen Nadelgehölzen, einen wilden Pflaumenbaum. Ich pflückte eine der dunkelroten Früchte, aß sie langsam, schmeckte genüsslich jeden Bissen und jeden Tropfen des unglaublich frischen und süßen Safts. Im Handumdrehen war mein Durst gelöscht, meine Müdigkeit verschwunden, und ich erlebte einen verblüffenden Augenblick absoluter Klarheit. Die Pflaume war vollkommen – vollkommen wie dieser Augenblick.

Während ich noch dastand und staunte und mir dieses Gefühl der Dankbarkeit für immer einprägen wollte, trat ein Reh aus dem Dickicht und begann an den zur Erde gefallenen Pflaumen zu schnuppern. Das Reh blickte mich an, ließ sich aber nicht stören. Eine Weile beobachtete ich es noch, wandte mich dann ab und schlug instinktiv die richtige Richtung ein.

Das Leben bestehe aus zehntausend Freuden und zehntausend Schmerzen, hatte Omma immer gesagt. Nun verstand ich, dass ich die Pflaume, das Reh und den Tag den zehntausend

Freuden zuschlagen durfte, und dass man – wenn man ihn nur voll auskostete – auch jeden anderen Augenblick dazu zählen konnte.

Zur gleichen Zeit fing ich an, Kinderfotos von mir zu betrachten – all die Bilder, die ich so viele Jahre unter Verschluss gehalten hatte. Immer hatte ich dieses Kind gehasst und Verachtung für es empfunden. Nun versuchte ich ganz bewusst, es anzuschauen, es wirklich wahrzunehmen. Und allmählich gewann ich es lieb, das ernste Mädchen auf diesen Bildern, das seine Mutter – die einzige Sicherheit, die es je kannte – verloren hatte, als Gefangene in einem Waisenhaus verwahrt und schließlich bis ins Erwachsenenalter systematisch misshandelt und missbraucht worden war. Ich bat es um Verzeihung für meine frühere Kälte und dafür, dass ich es, genau wie alle anderen, verlassen hatte.

Ich begann mich nun ernsthaft mit dem Buddhismus auseinander zu setzen, und es war in der Tat wie eine Heimkehr. Als besonders fruchtbar erwies sich für mich die Lehre, dass niemand auf der Welt die Liebe mehr verdiente als ich. Dies war die absolute Antithese zu allem, was mich meine Erfahrung bis dahin gelehrt hatte. Mein ganzes Leben lang hatte ich geglaubt, dass niemand der Liebe unwürdiger sei als ich. Ich wollte nun versuchen, mich zu lieben, und zwar in jedem Augenblick: in all meinen Berufsproblemen, all meinen traurigen, ängstlichen Momenten, durch all die Geburtswehen meiner Selbstfindung hindurch.

Eines Nachts zündete ich Räucherstäbchen an, kochte Gerstentee und schrieb meiner Mutter einen Brief:

Meine Omma,
Du sollst teilhaben an den Veränderungen, die sich in meinem Leben vollziehen. Immer glaubte ich, leiden zu müssen wie du – weil ich deine Verbündete sein wollte. Jetzt aber erkenne ich, dass ich damit Schande über dein Andenken brächte. Ja, du sollst deinen Willen haben. Sicherheit und Geborgenheit hast du dir für mich gewünscht. Und da du nicht mehr bist, mich nicht mehr beschützen kannst, werde ich das übernehmen. Dir zu Ehren tue ich es, in liebendem Gedenken an den liebsten Menschen der Welt. Dort, wo du aufhören musstest, mache ich weiter. Und so werden wir immer Verbündete bleiben. Und wahrhaft vereint. Wir arbeiten für dasselbe Ziel: den Schutz und das Glück des Kindes, das du liebtest.
Ich wollte sein wie du. Wollte dir nahe sein. Jetzt begreife ich, dass dies der einzig mögliche Weg für mich ist. Wenn ich sein will wie du, muss ich die Tochter, die du geboren hast und um deren Rettung willen du gestorben bist, wertschätzen. Und das werde ich tun, meine liebste Omma. Ich will mich nach Kräften bemühen, ihr Glück, ihre Freiheit und Unversehrtheit zu sichern. Das nämlich hast du dir gewünscht, und das werde ich tun.
Ich habe dich so lieb! Und du fehlst mir so sehr! Ohne dich bin ich einsam. Jetzt aber spüre ich deinen Geist, der in mir weiterwirkt.

Immer hatte ich das Gefühl gehabt, in einer Luftblase zu leben. Die äußere Welt war sichtbar, wenn auch ein wenig verschwommen, und ich selbst durch diese unsichtbare Barriere vom Rest der Welt getrennt. Ich wollte die Isolation durchbrechen, Teil der wirklichen Welt, eine wirkliche Person werden. Doch ein schwarzer öliger Film umgab die Blase, der sie am Boden hielt und mich hinderte, sie zu sprengen. Als meine Sicht des Lebens sich allmählich veränderte, änderte auch die Welt ihr Gesicht, wurde strahlender, klarer, gewann eine geradezu schmerzhafte Schärfe und Deutlichkeit. Das war gleichzeitig beunruhigend und wunderbar. Und mir war, als erlebte ich die Geburtswehen neuer körperlicher und seelischer Empfindungen.

Als ich mich dann nach Hilfe umzusehen begann, waren die ersten Veränderungen nicht nur angenehm. Zum ersten Mal wurde ich mir meiner ungeheuren Wut, Trauer und Eifersucht bewusst, und diese Gefühle machten mir Angst. Auf praktisch jedermann war ich eifersüchtig und fühlte mich gleichzeitig schuldig deswegen. Stets hatte ich meine Gefühle verborgen und mich gesellig, aufgeschlossen und selbstbewusst gezeigt. Was bewirkte, dass ich mich am Ende immer allein, ungekannt, ungehört und wie eine Betrügerin fühlte.

Mein erster Schritt hieß einfach nur: Fühlen. Und es kostete mich viel Zeit und enormen Mut, bis ich endlich in der Lage war, mich in Angst, Schmerz und den bodenlosen Abgrund meiner Verzweiflung hineinfallen zu lassen. All die Jahre hatte ich in meinem Versuch, mich zu betäuben und über allem zu schweben, das Fühlen beiseite geschoben. Doch um die lange, schmerzhafte Reise der Heilung überhaupt antreten zu können, musste ich all das Vergangene erst einmal spüren.

Wenn ich mich in diese Gefühle hineinbegab – so fürchtete ich –, würden sie mich überwältigen, würde ich darin untergehen. Was allerdings nicht geschah. Nachdem der erste Schrecken überstanden und ich immer noch da war, merkte ich, dass ich es nicht nur überlebt hatte, sondern in der schlichten Hingabe an den Schmerz auch unerwarteten Trost fand.

Wann immer ich als Erwachsene meine Adoptionspapiere durchgesehen hatte, hatte ich mich in emotionaler Hinsicht distanziert. Ich las sie, gewiss, doch ich ließ mich nicht wirklich darauf ein. Eines Tages dann zog ich sie aus ihrer zerfledderten Aktenmappe, strich die vergilbten Seiten glatt und gestattete mir, sie einmal wirklich und wahrhaftig zu lesen: *Mutter: unbekannt. Vater: unbekannt. Geburtsdatum: unbekannt.* Ich schlang die Arme um den Leib und schluchzte, bis ich glaubte, das Herz müsse mir brechen. Ich griff nach der Urkunde mit der kalten, klinischen Beschreibung jenes namenlosen ungewollten Kindes und küsste sie: küsste die Zeile, in der es hieß, *Waise: Mädchen;* die Zeile, in der stand, *Mutter: unbekannt.*

Beim Einschlafen flüsterte ich zuweilen: »Ich liebe dich. Ich liebe dich.« Und ich war mir nie ganz sicher, ob dieser Satz an einen imaginären Liebhaber, ans Universum, an mich selbst oder an ein Traumbild gerichtet war, doch im Grunde spielte es auch keine Rolle. Manchmal reichte es schon, nur die Worte laut auszusprechen und sie durch die Luft zittern zu hören.

Trotz allem, was gewesen war, besaß ich immer noch Hoffnung.

Wie viele Menschen verliere ich leicht die Nerven, wenn ich fürchte, aufs Neue verlassen zu werden. Ich werde zerstörerisch, klammere mich zu fest an den Menschen, mit dem ich gerade zusammen bin, oder provoziere ihn so lange zur Flucht, bis er wirklich glaubt, dass ich ihn loswerden will. Ich habe entsetzliche Angst vor dem Verlassenwerden und bin absolut überzeugt, dass es letztendlich geschehen wird. Wenn ich spüre, wie viel mir jemand bedeutet, liefere ich ihm jeden Trennungsvorwand, der mir nur in den Sinn kommt. Verlassen wird er mich sowieso, denke ich, warum also den Schmerz nicht gleich auskosten, statt die Luft anzuhalten und zu warten, bis er in irgendeiner Zukunft über mich hereinbricht.

Und die ganze Zeit hoffe ich sehnsüchtigst, dass er diesmal bleibt, versteht, verzeiht und mich trotz meiner Angst und Verzweiflung liebt. Nur wer selbst auf so traumatisierende Weise verlassen wurde, kann in derart unsinnigem Verhalten einen Sinn entdecken. Ich habe Angst vor mir selbst. Ich existiere am Rande des Wahnsinns und zu Zeiten spüre ich, wie ich in diesen finstren Schlund hinabrutsche. Mir graut vor der, die ich dann womöglich werde, oder wie mich die Menschen, die ich liebe, erleben könnten. Werden sie im entscheidenden Augenblick, dann, wenn ich sie am dringendsten brauche, vor mir zurückweichen?

Ich hasse das Wort »Problem«. Alle haben »Probleme«. Ich habe ein »Problem« mit dem Verlassenwerden. Ich habe einen Freund, der immer nur von »Problääämen« spricht, das erleichtert es mir ein wenig, das Wort überhaupt in den Mund zu nehmen – das nimmt ihm etwas von seiner unheilschwangeren Aura und weist es in die Schranken. Aber es ist immer noch grässlich. Und so arbeite ich mein verdammtes »Probläääm« immer wieder durch, grübelnd, meditierend, in meinen Therapiestunden.

Bei meiner Suche nach der Kraft zum Weiterleben und Durchhalten konnte ich nie an »Gott«, an »höhere Macht« oder Ähnliches denken. Inzwischen hatte ich einen Punkt erreicht, wo ich an nichts auch nur Gottähnliches mehr glauben konnte, und mein Hass auf alles, was nach Religion roch, war unerbittlich.

Als meine Therapeutin mich bat, ich solle mir eine Kraft oder auch ein Wesen vorstellen, das in der Lage sei, das von mir Befürchtete zu ertragen, erschien mir dies unmöglich – bis mir schließlich die Person einfiel, in die ich mich während meiner Flugträume verwandelte. In diesen Träumen war ich stark, mächtig, furchtlos, wenn ich, ganz nach eigenem Belieben und Ermessen, über die Erde dahinglitt. Dieses Bild meiner selbst wurde mir zu dem, was noch am ehesten an so etwas wie eine »höhere Macht« heranreichte.

Von meiner Liaison mit dem Suizid zu lassen, fiel mir sehr schwer. Noch immer denke ich zuweilen daran, mich umzubringen, auch heute noch, allerdings nicht mehr mit der romantischen Sehnsucht von damals. Das Verschwinden meiner selbstmörderischen Lust ähnelte in vieler Hinsicht dem Verlust eines lebenslangen Liebhabers.

Selbstverständlich quälte mich die »Schuld der Überlebenden«, und die Suizidphantasie linderte mein Schuldgefühl. Und natürlich verschaffte mir der Gedanke an den Tod auch die Gewähr, nie wieder verlassen zu werden – denn ich würde als erste gehen und mich damit jenseits aller irdischen Schmerzen, jenseits von Verlassenwerden und Liebesleid befinden.

Ich bin immer skeptisch, wenn ich höre, dass Amerikaner Kinder aus anderen Ländern adoptieren. Gewiss werden auf diese Weise viele Kinder aus grauenhaften Lebensumständen errettet und in liebevollen Familien untergebracht. Man kann nur hoffen, die neuen Eltern vergessen nicht, dass ihre Kinder Fremde in einem fremden Land sind, die jedes Fünkchen von Einfühlung und Geduld, dessen die Eltern fähig sind, dringend benötigen.

Niemand, am wenigsten jedoch ein traumatisiertes Kind, kann den Sprung von einer Kultur in eine andere in Rekordgeschwindigkeit bewältigen. Die Herkunftskultur muss ins neue Heim eingebracht und dort geachtet werden. Die Kinder brauchen das Gefühl, dass mit ihnen alles in Ordnung ist und sie sich nicht verbiegen müssen, um dazuzugehören. Sie müssen so, wie sie sind, geliebt und respektiert, vor allem aber gehört werden.

Die Angst, kein Gehör zu finden, hat mich mein Leben lang begleitet. In einem meiner wiederkehrenden Albträume stellt sich das etwa so dar: Ich habe einen Unfall gehabt und bin vollständig gelähmt. Mein Verstand jedoch ist ungetrübt; ich weiß genau, was um mich herum vorgeht, kann aber nicht sprechen. Doch statt dass mich nun einer ansieht – wenn es einer täte, so bilde ich mir in meinem Traum ein, könnte ich mit den Augen kommunizieren –, reden sie nur über mich, schubsen mich herum und tun mir weh. Innerlich schreie ich, doch äußerlich ist mir nichts davon anzumerken.

Die meiste Zeit meines Lebens habe ich allen nach dem Mund geredet. Schon am allerersten Tag vermittelten mir meine Adoptiveltern eine eindeutige Botschaft: Nur, wenn du wirst wie wir, werden wir dich hören und dir zuhören; wenn du mit uns kommunizieren willst, musst du unsere Sprache sprechen. Folglich bemühte ich mich fortwährend, die Sprache der anderen zu sprechen. Ich griff ihre Eigenheiten und Jargons auf und zeigte mich mit fast allem, was sie sagten, einverstanden.

Kein Gehör zu finden war so entsetzlich für mich, dass ich bereitwillig in jede Rolle schlüpfte, nur um mich mit den anderen zu verständigen. Ich hatte Angst vor jeder Meinungsverschiedenheit, hatte Angst, eine eigene Ansicht zu vertreten. Ein echter Austausch der Herzen aber ist etwas so Sublimes, dass ich, um ihn erleben zu können, zunächst einmal lernen musste, meinem eigenen Herzen treu zu bleiben.

Während der letzten Jahre habe ich mich sogar in den Gesprächen mit meinen Eltern um ein wenig Authentizität bemüht. Auch sie haben sich über die Jahre weiterentwickelt, und die Strenge, die während meiner Kindheit so typisch für sie war, hat sich etwas gemildert. Nie habe ich ihnen erzählt, welch tiefe Narben ihr Verhalten bei mir hinterlassen hat, und auch nicht, wie weit ich mich von ihrer Religion entfernt habe. Aber sie haben eingeräumt, dass auch sie Fehler machten und ihre Interpretation christlicher Elternschaft vielleicht ein bisschen zu weit ging.

Heute lieben sie mich. Dessen bin ich mir sicher, wenn sie auch nicht so recht wissen, wer ich eigentlich bin. Sie erzählen mir, dass sie stolz auf mich sind – Worte, für die ich in meiner Kindheit alles gegeben hätte.

Auch ich liebe sie. Ich weiß, dass auch sie als Kinder gelitten haben und mit ihren eigenen Dämonen ringen mussten. Gemessen an ihren Überzeugungen und ihrer rigiden Erziehung, haben sie wohl ihr Bestes gegeben. Sie wollten einfach nicht, dass ich in die Hölle käme.

Als ich sie vor nicht langer Zeit besuchte, brach Dad in Tränen aus und bekannte, dass er vieles, was in meiner Kindheit geschehen sei, bedaure. »Ich war nicht reif genug«, sagte er. »Ich wusste einfach nicht, was es heißt, ein guter Vater zu sein. Ich schäme mich dafür, wie ich dich behandelt habe.«

Am erstaunlichsten aber sind die mit Mom vorgegangenen Veränderungen. Das Alter hat sie sanfter gemacht. Ihre Erinnerungen an meine Kindheit sind heiter und voller Zärtlichkeit, und ich versuche nicht, sie in Frage zu stellen. Als ich die beiden mit Leigh besuchte, saß sie am Esszimmertisch und schob Mohrrüben auf ihrem Platzdeckchen hin und her. »Da«, meinte sie glücklich und reichte jedem von uns ein paar Karotten. »Die sind lecker.« Leigh und ich wunderten uns später darüber: Früher durfte nicht mal ein Milchkarton auf Moms Tisch stehen; sie bestand darauf, die Milch in einem Glaskrug auf den Tisch zu stellen. Und da saß sie nun und spielte mit Karotten.

Klaglos sitzt sie auf ihrem Stuhl und wartet, dass Dad sich um sie kümmert. Sie freut sich riesig, wenn ich anrufe und nennt mich »Darling«. Sie schwelgt in Erinnerungen an die Adoption und meine Kindheit und behauptet, ich sei das Beste gewesen, das ihr je widerfahren sei. Und was für ein wunderhübsches Kind ich doch gewesen sei.

Kapitel 19

Koreanische Mütter sind erstaunliche Muster an klagloser Selbstaufopferung. Sie plagen sich ab, kümmern sich um ihre Männer, ihre Kinder, und ihre Geduld ist unerschöpflich. Omma war quasi der Inbegriff dieses kulturellen Phänomens. Sie gab mir ihr Bestes und dies unter Umständen, die mir heute als Erwachsene die Sprache verschlagen.

Sie besaß weder Familie noch Freunde. Es gab niemanden, der sie unterstützt hätte oder auch nur höflich zu ihr gewesen wäre. Der Mann, den sie liebte, hatte sie verlassen, und nun musste sie allein für ein Kind sorgen, das niemand außer ihr selbst zu akzeptieren bereit war. Tag für

Tag leistete sie Schwerstarbeit, lebte sie in bitterster Armut.

Sie wusste, dass sie nicht auf Besserung hoffen durfte– es gab keine Träume, die sie aufrecht erhielten, keine Aussicht auf Rettung.

Dennoch tat sie alles ihr Mögliche, um mich glücklich zu machen. Sie lächelte, sie sang mit mir; sie blieb abends auf und spielte mit mir, obwohl sie todmüde sein musste. Sie bezeigte mir unerschöpfliche Zuneigung und Zärtlichkeit.

Als gute koreanische Mutter sorgte sie dafür, dass ich von allem, was es bei uns zu essen gab, das Beste bekam. Sie wartete, bis ich genug Reis hatte, ehe sie sich davon nahm. Und den heißesten und stärksten Tee goss sie in meine Tasse. Sie wickelte mich in sämtliche Decken, die wir besaßen, und schützte mich dann noch zusätzlich mit ihrem Körper vor der Kälte. Sie ließ mir meinen Willen und verwöhnte mich, und ich kann mich nicht erinnern, dass sie auch nur ein einziges Mal wütend die Stimme erhoben hätte. Sie hat mich niemals geschlagen. Ihre Liebe war bedingungslos.

Heute fragt man mich zuweilen, wie ich denn Heilung gefunden hätte, und ich weiß nie so recht, was ich darauf erwidern soll.

Ich fühle mich nicht »geheilt«. Ich fühle mich stärker – sicherlich; ich fühle mich menschlich, lebendig. Ich weiß nicht, ob es hier auf Erden überhaupt so etwas wie Heilung geben kann. Ich hoffe es zwar, aber immer noch kann es geschehen, dass ich in Trostlosigkeit versinke und weit und breit keinen Hoffnungsschimmer erblicke. Und auch heute noch zweifle ich an meiner Fähigkeit, in einem anderen Liebe zu erwecken.

Und wie alle fühle ich mich häufig sehr allein und voller Angst.

Dennoch spüre ich, sobald ich mich in andere hineinversetze, Mitleid, Zärtlichkeit und Trauer, wenn ich an die Schmerzen denke, die sie erlitten haben, und auch ein Verlangen, diesen Schmerz auszulöschen und ihnen Trost und Frieden zu spenden. Aber ich kann es nicht. Oft bringe ich es nicht einmal für mich selbst zu Stande. Alle müssen wir uns allein durch die zehntausend Freuden und zehntausend Schmerzen unseres Lebens hindurchkämpfen.

Doch gerade weil wir letzten Endes allein sind und das Leben so hart ist, wird jeder gelungene Augenblick, jedes ungehemmte Lachen, jeder Kuss so mächtig und kostbar. Ich bin sehr dankbar für jeden dieser fragilen Augenblicke des Glücks.

Das Grauen des Verlassenseins begann für mich in der Todesnacht meiner Mutter. Zahlreiche Ängste nahmen in jener Nacht ihren Anfang. Das Verlassenheits-Mantra – »Alle, die ich liebe, verlassen mich« – aber hat jeden Augenblick meines Lebens begleitet. Immer wieder kehre ich zu jener Nacht zurück, und jedes Mal scheine ich etwas Neues zu erfahren.

Lange konnte ich mir nicht eingestehen, wie zornig ich auf meine Mutter war, weil sie mich auf diese Weise verlassen hatte – zugelassen hatte, dass ich es sah. Warum hatte sie mich nicht fortgeschickt? Warum hatte sie mich nicht selbst ins Waisenhaus gebracht? Warum ließ sie mich dort bleiben, wo ich – das wusste sie doch – alles so deutlich sehen musste?

Ich habe zwar keine Antwort auf diese Fragen, glaube aber, dass sie ihr Bestes versucht hat.

Sie war das Produkt einer Zeit und eines Landes, wo man Ehre und Tapferkeit hoch schätzte, und sie bemühte sich sehr, diese Tugenden auch ihrer Tochter einzuflößen. Ich glaube, sie wollte, dass ich einmal fähig sein würde, allem standzuhalten. Erkennen würde, dass wir beide Opfer und Verfolgte waren. Und sie wusste auch, dass ich dazu einen Mut und eine Unerschrockenheit benötigte, wie sie sich nur in den Feuern der Hölle kultivieren ließen. Davon abgesehen aber glaube ich, dass sie mich mehr als ihr eigenes Leben liebte und all ihre schlechten Entscheidungen aus Furcht und Unwissenheit traf – und stets in liebevoller Absicht.

Könnte ich ihr heute noch einmal von Angesicht zu Angesicht begegnen, würde ich als Erstes zu ihr sagen: »Ich verzeihe dir.« Und dann: wie lieb ich sie habe. Wie lieb!

Auch wenn man nicht viel darüber weiß und kaum darüber spricht: Die Ehrentötung ist keine Praxis, die mit dem Tod meiner Mutter ausgestorben wäre. Die Tragödie meiner Mutter war kein Einzelfall.

Vor kurzem unterhielt ich mich mit einem Koreaner, der sich nicht überrascht zeigte, als ich ihm vom Tod meiner Mutter erzählte. »Ja«, sagte er, »war wohl wegen eines sexuellen Fehltritts, nicht wahr?« Er wirkte resigniert. »Ich will ja nicht behaupten, dass es richtig ist, aber Sie müssen das verstehen. Es ist nun mal Teil dieser Kultur.«

In der Redaktion, in der ich arbeite, erhalten wir immer wieder Meldungen über derartige Tötungen. Es gibt sie nicht nur in Korea, sondern auch in Israel, China, im Iran, in Indien und vielen anderen Ländern. Aber man hört nicht viel davon, zum einen, weil sie weit weg von uns und unserem beschränkten Gesichtskreis geschehen, und zum anderen, weil sie in der Berichterstattung meist als Selbstmorde deklariert werden. Abgesehen davon akzeptieren viele Menschen in diesen Ländern Ehrentötungen als einen zwar unangenehmen, aber altehrwürdigen Teil ihrer Gesellschaftspraxis. Und diese wird nicht in Frage gestellt.

Wir wissen nicht, wie viele Frauen wegen derartiger Verstöße umgebracht wurden, können uns aber vorstellen, dass es zahllose andere Kinder gibt, die Zeugen solcher Ermordungen wurden und sich die Schuld daran gaben – Menschen, die mit dem Gefühl aufwuchsen, gesichtslos, ohne Seele und nur halbe Menschen zu sein.

Und es gab zahllose andere Frauen, deren Lebensfaden man auf brutale Weise abgeschnitten hat – schöne, brillante und unauffällige, wilde und schüchterne, durchschnittliche und ganz und gar außergewöhnliche Frauen. Ihr Tod hat die Welt ärmer gemacht.

Kapitel 20

Immer wieder träume ich von Ommas Todesnacht, mit zunehmendem Alter aber verändern sich diese Träume. Und heute finde ich sogar etwas Tröstliches darin.

Heute kann ich diesen Raum betreten und das Seil durchschneiden, die Schlinge von ihrem Hals lösen und sie in meinen Armen halten. Kann ihr armes, blau angelaufenes Gesicht küssen, bis es wieder jene schöne porzellanfarbige Rosigkeit annimmt, und sie wiegen, wie sie mich so oft gewiegt hat. Kann ihre weit geöffneten Augen schließen und sie in den Schlaf singen.

Gott, wie sehr sie mir fehlt!

Und im selben Traum betrete ich

jenen Raum nun als Erwachsene, hebe jenes verängstigte, blutverschmierte Kind auf und drücke es an mein Herz, bis meine Brust sich öffnet und es mit mir verschmilzt. Jetzt kann ich ihm sagen, dass es nie wieder allein sein wird. Und dass es keine Schuld hat an Ommas Tod.

Jetzt kann ich ihm sagen, dass es wert war, gerettet zu werden.

Jene Nacht und diese Nacht sind wie winzige Steine im riesigen, vielfarbigen Mosaik des Lebens. Sind wie flüchtige Schatten in einem Traum. Ich blicke aus meinem Fenster und sehe die Wirklichkeit: Dieses Leben ist wie der dichte Nebel, der morgens um mein Wagenverdeck wirbelt – ganz real und kompakt sieht er aus, nimmt unterschiedliche Formen und Gestalten an. Doch wenn die Sonne ihn genügend erwärmt hat, verschwindet er – spurlos.

Vielleicht ist dieses Leben ja so. Und auch dieser Schmerz. Ängste und Hoffnungen, Träume und Schmerzen, alles wird sich auflösen wie Nebel – denn nichts als Nebel sind sie –, und zurückbleiben werden allein das Licht und die Wärme meines tiefsten Selbst oder meiner Seele oder wie immer man es auch nennen mag.

Wahre Liebe ersehne ich mir in diesem Leben, wahres Glück, wahren Frieden. Aber vielleicht werde ich diese Dinge erst dann erreichen, wenn ich mich gelöst habe von der Überzeugung, dass dieses Leben meine wahre Wirklichkeit sei.

An Omma

Ich küsse dein Gesicht eintausendmal
Aufs Neu, aufs Neu, aufs Neu.
Ich schließe deine Lider, streiche glatt dein Haar
Und falte deine sanften Hände sacht.
Schmetterlingsflügel, die einstmals
An die gewölbte Kuppel dieses Lebens schlugen,
Flattern befreit nun unter freiem Himmel.
Und diese Wahrheit will ich flüstern
In die unsichtbaren Winde:
Ich lieb dich, lieb dich, lieb dich.

Epilog

Vor nicht allzu langer Zeit besuchte ich mit einer Freundin ein koreanisches Restaurant in San Francisco. Wir bestellten eine Reihe verschiedener Kimchi-Sorten sowie Reis und Tee. Als wir etwa in der Mitte unserer Mahlzeit angelangt waren, betrat eine koreanische Familie das Lokal: Eltern, zwei Kinder, eine Großmutter. Offensichtlich kamen sie von einer vergnüglichen Unternehmung – die Kinder hatten Ballons dabei und wirkten etwas verschmuddelt, so wie man aussieht, wenn man einen Tag lang im Freien gespielt hat. Die Erwachsenen lachten und waren liebevoll zu den Kindern; die Kinder verlangten bestimmte Sachen zu essen – in der ausgesprochen selbstbewussten Art von Kindern, die sich der Liebe ihrer Eltern sicher sind.

Ich beobachtete sie, wie sie auf der gegenüberliegenden Seite des Raumes saßen, und blinzelte meine Tränen fort. Widmete mich meinem Kimchi und starrte sie an, während sie kicherten und ein aus verschiedensten Gerichten bestehendes Festmahl genossen. Wie sehnlich ich mir wünschte, bei ihnen zu sein. Wie gern wäre ich an ihren Tisch getreten und hätte gesehen, wie ihr Lächeln auch mich einschloss, wie gern wäre ich Teil jenes engen, heilen Familienkreises gewesen.

Als wir hinausgingen, kamen uns fröhlich plaudernd drei dem Restaurant zustrebende Mädchen entgegen. Es waren Freundinnen, wahrscheinlich nicht älter als sechzehn, beglückt, weil sie alleine ausgehen durften. Die ersten beiden fegten schwatzend an mir vorüber, doch die dritte war langsamer. Unsere Blicke trafen sich, und ich lächelte sie an, sie gefiel mir – vielleicht einfach nur deshalb, weil sie ein junges koreanisches Mädchen war, ganz ähnlich aussah wie ich früher und ein wenig verloren wirkte. Schüchtern erwiderte sie mein Lächeln und verbeugte sich dann. Verblüfft verbeugte ich mich ebenfalls, und meine Augen füllten sich mit Tränen. Mir war, als habe mir jemand ein Geschenk gemacht, auf das ich mein Leben lang gewartet hatte. Zum ersten Mal hatte ein koreanischer Mensch mich nicht mit Verachtung oder Neugier betrachtet, sondern wie einen Menschen, den man anerkennt und respektiert. Ich wurde akzeptiert, und am liebsten hätte ich vor Freude laut aufgeschrien und sie ans Herz gedrückt.

Das Mädchen vor dem Restaurant hatte keine Ahnung, welch tiefe Wirkung ihre schlichte Höflichkeitsgeste auf mich hatte. In der koreanischen Kultur ist die Verbeugung alles. Der gesellschaftlich Geringere verbeugt sich als Zeichen seines Respekts als Erster. In meinem ganzen Leben hatte sich, außer meiner Mutter, noch nie jemand vor mir verbeugt. Ich erwiderte ihre Verbeugung, wie ich mich so viele Male vor Omma verbeugt hatte, und Liebe und Trauer überwältigten mich.

Alles ist möglich, hatte Omma gesagt. Denn sie hatte daran geglaubt, dass ich eines Tages ein Mensch sein würde, dass die anderen mich anlächeln, sich vor mir verbeugen und mir in die Augen blicken würden. Sie hatte geglaubt, dass das Leben ihres Kindes eines Tages Wert besäße.

Und nun glaubt es auch ihr Kind.